货币新纪元

区块链重塑金融生态

[加] 唐·塔普斯科特
[加] 亚历克斯·塔普斯科特
著

王丹 译

FINANCIAL
SERVICES
REVOLUTION

"数字经济之父"
继畅销书《区块链革命》之后再出力作

中国出版集团 东方出版中心

图书在版编目（CIP）数据

货币新纪元：区块链重塑金融生态 /（加）唐·塔
普斯科特，（加）亚历克斯·塔普斯科特著；王丹译. 一
上海：东方出版中心，2024.4
（区块链革命丛书）
ISBN 978-7-5473-2362-5

Ⅰ.①货… Ⅱ.①唐… ②亚… ③王… Ⅲ.①区块链
技术－应用－金融学－研究－研究 Ⅳ.①F830-39

中国国家版本馆CIP数据核字(2024)第058736号

上海市版权局著作权合同登记：图字09-2024-0374号

货币新纪元：区块链重塑金融生态

著　　者　[加]唐·塔普斯科特　　[加]亚历克斯·塔普斯科特
译　　者　王　丹
责任编辑　徐建梅　　周心怡
装帧设计　青研工作室

出 版 人　陈义望
出版发行　东方出版中心
地　　址　上海市仙霞路345号
邮政编码　200336
电　　话　021-62417400
印 刷 者　徐州绪权印刷有限公司

开　　本　890mm×1240mm　1/32
印　　张　13.625
字　　数　240千字
版　　次　2024年7月第1版
印　　次　2024年7月第1次印刷
定　　价　88.00元

序言

正如曾经的互联网是第一个数字信息媒介，如今的区块链则是第一个本土数字化价值媒介。在区块链研究所，我们跨越企业和行业进行持续的关注，以便了解区块链将如何撬动整个经济和社会。金融服务部门是此转变中的关键杠杆。基于区块链的应用程序，如在移动设备上以最小化的方式运行的数字身份和智能钱包，将使超过10亿人参与全球经济。

本书着眼于区块链对全球货币、银行和金融市场等概念的影响。在第1章中，我们将探讨全球金融系统在以下领域中的九大颠覆：① 身份验证，遵守"了解你的客户"（Know Your Customer，KYC）宗旨和反洗钱法规；② 支票和价值转移服务；③ 储蓄和存款；④ 贷款和信贷账户；⑤ 贸易和交易所；⑥ 风险资本和证券市场；⑦ 保险和风险管理；⑧ 财务分析；⑨ 会计和财务报告。真是好长的一份"罪证单"！

Facebook推出的新数字货币Libra只是个开始。尽管最初的28个支持者中有7个已经退出了该项目——万事达（Mastercard）、贝宝（PayPal）和Visa就在其中，但该项目得到了英国央行行长马克·卡尼（Mark Carney）的支持。他说英国必须正视其支付系统的缺陷。"在这个时代，这些付款应该是即时的，就像我们在网上交换钞票一样，"他说，"支付系统也应该是即时的，无成本的，而且具有100%的弹性[1]。我们考虑其他FAANG公司[2]，亚马逊（Amazon）、苹果（Apple）、网飞（Netflix）和谷歌（Google）可能会用自己的数字代币来回应。"本章为在职者、创新者和央行行长们提供了方向。最后，我们对2030年的金融服务业进行了展望，以便读者能够清楚地认识到金融服务业独自前行的意外后果以及现在不作为的潜在成本。

在第2章中，迈克尔·凯西（Michael Casey）阐述了他对代币经济的设想。在数字商品趋近充裕、可复制性和可适应性的全球金融体系中，代币（如比特币）代表着数字稀缺性，即有限、不可变、不可复制。更重要的是，代币作为可编程货币，具备将共同资源的内部管理实现自动化的潜力。正如迈克尔所写，"这

---

[1]　Tom Rees, "Carney Defends Facebook's Libra in Call for Digital Payments Revolution," *Telegraph*, Telegraph Media Group Ltd., 15 Oct. 2019. www.telegraph.co.uk/business/2019/10/15/carney-defends-facebooks-libra-call-digital-payments-revolution, 17 Oct. 2019.

[2]　译者注：FAANG是五家科技公司股票的缩写：Facebook（FB），Amazon（AMZN），Apple（AAPL），Netflix（NFLX），Alphabet（GOOG），即我们熟知的谷歌。

是一种具备动态使用性的货币"——它不仅是一种交换单位，更是实现社区团体目标的直接手段，是一种管理我们日益增长的数字化经济的全新方法。稀缺的数字代币，对于在价值创造方面存在共同兴趣的社区团体，可以将其共享价值嵌入这些代币中，并将其用作这些价值的工具。

根据迈克尔的说法，"向数字货币注入政策和激励措施的影响"是深远的。有些人看到游戏规则异动中的转变，即在融资活动或经济战略上，和在缓和公地悲剧方面。有些人则警告不计后果的首次代币发行（initial coin offering，ICO）骗局和迫在眉睫的监管打击。这些人之间出现了巨大的观点分歧。每个人都应该阅读迈克尔清晰的阐述并参与这场辩论。

谈到ICO欺诈，第3章深入探讨了基于区块链系统的监管意义，其中一些系统符合生态系统，如比特币和以太坊，另外一些则是去中心化应用。尽管ICO解决了首次公开募股（initial public offering，IPO）的缺点，但它也面临自身的挑战。这些挑战被强调为高调的骗局，《在连线》（WIRED）杂志称其为经常出没的"直接套利"。其中Prodeum①，周四公开发行，几乎没有募集到任何资金，下周一就消失了，连同它的网站、它的新闻稿和社交

_____

① 译者注：一个ICO项目的网站，已被关闭。

媒体账户。^① 黑客攻击也是一个重要的问题。专业服务公司安永（Ernst & Young）分析了300多个ICO，并查明其筹集到的37亿美元中，大约有10%（4亿美元）被"吸"走了——网络钓鱼者每个月的诈骗金额高达150万美元。^②

因此，对于证券法监管机构来说，ICO代表着一个复杂的难题。美国证券交易委员会（Securities and Exchange Commission，SEC）及其在其他司法管辖区的等效机构正在评估能够平衡区块链初创企业的生存能力和投资者面临的风险所必需的监管水平，尤其是陷入炒作的散户投资者。该章采用全明星研究团队——王芬妮（Fennie Wang）、普里马韦拉·德·菲利皮（Primavera De Filippi）、亚历克西斯·科隆博（Alexis Collomb）和自动化法律应用联盟（Coalition of Automated Legal Applications，COALA）的克拉拉·索克（Klara Sok），他们巧妙地描述了各种法律解决方案，这些解决方案可以支持创新和精简的生态系统，同时对所有利益相关者都公平。这是迄今为止最有思想性和权威性的研究之一。

在第4章中，鲍勃·塔普斯科特（Bob Tapscott）解释了分布

---

① Louise Matsakis, "Cryptocurrency Scams Are Just Straight-Up Trolling at This Point," *WIRED*, Condé Nast, 5 Feb. 2018. www.wired.com/story/cryptocurrency-scams-ico-trolling, accessed 27 Feb. 2018.

② Anna Irrera, "More than 10 Percent of $3.7 Billion Raised in ICOs Has Been Stolen: Ernst & Young," *Reuters*, Thomson Reuters, 22 Jan. 2018. www.reuters.com/article/us-ico-ernst-young/more-than-10-percent-of-3-7-billion-raised-in-icos-has-been-stolen-ernst-young-idUSKBN1FB1MZ, accessed 27 Feb. 2018.

式账本如何通过替换复杂系统的各个层级以便相互通信，同时在支付过程的每一步通过增加费用和延迟这两种方式显著改善国际清算和结算的。基于区块链技术提供必要的唯一版本的真相，即一种经过验证的数学来代替容易犯错甚至偶有腐败的人，这将提升用户对系统的信任。此外，大幅降低的手续费、小额支付能力和移动基础设施将有助于10亿无银行账户人口参与全球经济。鲍勃详细介绍了目前的支付系统是如何演变的，以及我们可以做些什么来转变该系统使之适应数字经济。区块链创业公司正在用分布式账本技术打破银行业晦涩难懂的程序。当权者们接受区块链的脚步可能相当缓慢；根据鲍勃的说法，如果他们抵制变革，那么他们会发现自己在全球经济中失去了位置。这是一个有分量的信息。

第5章通过深入研究政府用例，探讨了区块链技术在改变记录、存储和管理信息（不一定是金融方面的）方式上的可能性。同样的基本原则完全适用于金融服务。参与的公民比以往任何时候都更希望得到倾听和告知。他们希望成为积极的合作者，而不是被动的接受者。他们希望当选官员明智地使用税收资金。区块链技术使这些目标更容易实现。在本章中，安东尼·威廉姆斯（Anthony Williams）重点介绍了通过一个针对所有政府账户的数字账本来简化和改善政府服务的方式。他评估了加拿大目前的总分类账系统，将其与爱沙尼亚和瑞典等地的最佳实践进行了比较，并提出了一种可能的基于区块链的解决方案。分析结果并不乐观；安东尼列出了相关的挑战和实施成本，包括风险管理和与现有政策、程序的联系。

本书的最后一章让人想起了美国最高法院法官路易斯·布兰代斯（Louis D. Brandeis）的话："阳光是最好的消毒剂。"透明度对市场、公司和政府的稳健运作至关重要。考虑到安然公司[①]资产负债表的低迷和美国次级抵押贷款市场的不透明性：前者导致了当时最大规模的企业倒闭，一家著名的会计师事务所永久关闭，损失了8.5万个工作岗位，数名高管被定罪；后者则是2008年市场崩盘的一个因素。如今，数万亿美元的资金不足衍生品（一些专家认为，实际数额比这要高得多），有可能引发一场经济大崩溃，而2008年则变成了崩溃前的一场地震。

这就是为什么透明性是区块链最重要的优点之一；它使资产混淆更加困难，如果不是不可能的话。首先，两个人不能声称拥有同一资产的所有权，账本不允许这样做。这让我想起了布兰代斯法官的下一句话："电灯是最有效率的警察。"[②] 该章的作者安德烈亚斯·帕克（Andreas Park）是罗特曼管理学院（the Rotman School of Management）的金融学教授。他研究股票市场，并就技

---

① 安然公司（Enron Corporation）：原是世界上最大的综合性天然气和电力公司之一，在北美地区是头号天然气和电力批发销售商。官方网站网址：http://www.enron.com/。

② "Justice Louis D. Brandeis," Louis D. Brandeis Legacy Fund for Social Justice, Brandeis University, 2017. www.brandeis.edu/legacyfund/bio.html, accessed 4 Nov. 2017.

术对金融产业的经济影响向监管机构提供建议。在最后一章中，他论证了透明度是一种设计选择，并主张即使在许可的区块链上也应该公开披露。他的观点令人信服，且对于那些权衡公共/私有区块链设计选项的人来说也十分值得考虑。

正如你所看到的，这本书是对未来金融服务、市场和货币快速变革的场景的一个预览。这是一个全球性的、已经处在颠覆成熟期的行业，全球的区块链创业公司都瞄准了这一行业的方方面面。时间已成为稀缺的商品。诺贝尔奖获得者罗伯特·席勒（Robert Schiller）说："犹豫往往就像拖沓。一个人可能会有模糊的疑虑，觉得有必要仔细考虑；同时，其他问题也会干扰我们的思考，而不会做出任何决定。"① 这里有很多想法和机会，让每一个有远见的领导人现在就付诸行动。

亚历克斯·塔普斯科特

联合创始人

区块链研究所

---

① Robert J. Shiller Quotes, *BrainyQuote.com*, BrainyMedia Inc., 2019. www.brainyquote.com/quotes/robert_j_shiller_824806, accessed 17 Oct. 2019.

目 录

02

代币经济

03 融资开放的区块链生态系统

04 重塑国际清算和结算

05

区块链整合多个账本

06 管理区块链透明性

附录

Chapter 1

THE COMING
CATACLYSM

01

即将到来的
金融大动荡

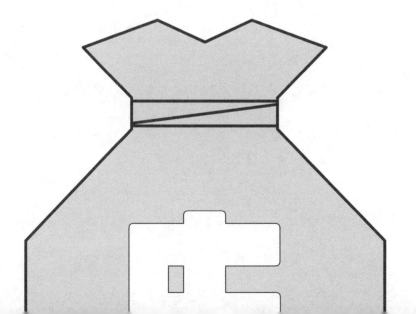

区块链和金融服务

亚历克斯·塔普斯科特

金融服务业简述

在第一个互联网时代，软件吞噬了世界。从广告、电视到零售业和教育，在这个过程中许多行业发生了改变。[①] 第二个互联网时代将使这些变化看起来十分离奇，因为区块链破坏了所有产业和人类经济活动的基础——金融行业。它将重组全球经济的深层结构。

[①] A paraphrase of Marc Andreessen, "Why Software is Eating the World," Review, *Wall Street Journal*, Dow Jones & Company, 20 Aug. 2011. www.wsj.com/articles/SB10001424053111903480904 576512250915629460, accessed 8 Sept. 2019.

风险很高。 下一个货币、商业和经济活动的时代悬而未决。Facebook、Google 和其他当今拥有数字"地产"的大地主们无疑将使用区块链来控制未来的数字世界。他们将与那些维持现状者们对峙，即被庞大金融帝国保护的大银行和被系统性权力和货币政策维护的政府。

银行和其他金融中介机构转移资金。 他们转移得越多，储蓄就越多，放贷也越多。支付轨道是整个工业的心血管系统，而货币是全球商业的血液。没有它们，其他器官就不能工作。因此，想要将中介与资产分离并将其迁移到原生数字媒体以实现价值，价值数字化仅仅是第一步。

我们关注针对工业的五种破坏。 开放金融和金融资产的数字化；一切事物的"金融化"；作为可信、共享真相账本的区块链；去中心化金融（decentralized finance，DeFi）的优势和局限性；自我主权身份的作用。

全新的金融去中心化模型和正在形成的加密资产类别将很快让银行和企业集团这样的金融系统当权者，争先恐后地避免过时，并去除无关紧要的内容。 比特币和其他加密货币将挑战政府背书的法定货币这一教条理论，并让数十亿人与全球经济接轨。

在这个新的未来，我们同时看到了希望和危险。 压制第一个互联网时代的独裁政权已经开始为自己的目的而攫取第二个时代的技术，这一趋势无疑将蔓延到缺乏治理和公众警惕下更加民主的社会之中。

利用资产管理和负责领导，区块链将开创一个更加开放、包容、高效、安全和自由的金融服务新时代。如果我们能做好这一点，新兴经济系统将为多数人而非少数人带来更大的财富。

导论

金融服务业中的区块链大革命

在我开始投行业务仅仅一周后，雷曼兄弟（Lehman Brothers）破产了，全球经济也陷入了混乱。22岁的我，跌跌撞撞遭遇了这场"火灾"的炼狱。这场金融危机最终吞噬了世界上许多大银行，当它们的灰烬尘埃落定时，我的公司依然屹立不倒，而我（不知何故）仍在工作。我是幸运儿之一。对我们这一代的大多数人来说，2008年开始了一个迷失的十年：结构性失业、增长乏力、政治不稳定，以及对我们许多机构的信任和信心的坍塌。这场金融危机暴露了相关机构的贪婪、渎职和超级无能，这些都将经济推向崩溃的边缘。有人不禁发出感叹："腐败到底有多严重？"

在这场金融危机中，一位名叫中本聪（Satoshi Nakamoto）的匿名人士（也可能是不止一个人）发明了比特币区块链。尽管他曾声称"我更喜欢用代码而不是文字",但中本聪的白皮书《比特币:点对点电子现金系统》(*Bitcoin: A Peer-to-Peer Electronic Cash System*)精彩而清晰,其中引入了一个激进的新概念:互联网上的现金———种无须银行和政府等中介机构转移和存储价值的方式。[①] 比特币的非凡之处在于它成功运行,引发了一股如野火般熊熊燃烧的火焰,吸引了技术专家、企业家和商业领袖的想象力。2009年1月,中本聪说:"如果10年后,我们没有使用电子货币,我会感到万分惊讶。……如果有足够多的人以同样的方式思考,这将成为一个自我实现的预言。"[②] 如今,比特币的价值达到2 000亿美元,从唐纳德·特朗普到马克·卡尼(英国央行)、史蒂文·姆努钦(Steven Mnuchin)(美国财政部)、杰罗姆·鲍威尔(Jerome Powell)(美国联邦储备委员会)和克里斯蒂娜·拉加德(Christine Lagarde)(国际货币基金组织),这些世界上最具权势的人对它褒贬不一。每个人似乎都有自己的观点,而这些观点似乎都在迅速发展。

比特币也迎来了区块链革命,即如比特币之类的完全数字化的资产成为可能的底层区块链。区块链是点对点(peer to peer,P2P)网络中无须许可的分布式交易账本。在这种网络中,信息

---

① "Motives," *The Quotable Satoshi*, Satoshi Nakamoto Institute, Nov. 2008. satoshi. nakamotoinstitute.org/quotes/motives, accessed 8 Sept. 2019.

② "Miropayments," *The Quotable Satoshi*, Satoshi Nakamoto Institute, Jan. 2009. satoshi. nakamotoinstitute.org/quotes/micropayments, accessed 8 Sept. 2019.

（不一定是金融性信息）将被及时、安全和防篡改地记录下来。它们之所以存在和可信，源于大规模协作、共识和代码，而非传统的中介。它们使可编程的稀缺数字资产能够实现几乎所有形式的价值。人类历史上第一次，经济实体不需要依赖银行和其他第三方来转移、存储、协调和管理价值。

可以肯定的是，尽管比特币仍是迄今为止最重要的区块链创新，但创新者和企业家使用区块链的目的要多得多。区块链是第一个原生数字价值媒介，正如互联网是第一个数字信息媒介一样。严格来说，我们几乎可以将其运用于任何类型的资产。同时，它也迫使我们从金融开始重新思考许多行业的深层结构和运作方式。

Facebook加入区块链革命——系好安全带

2019年6月，Facebook宣布了一项为全世界创造货币的计划。Libra是一个大胆的新加密货币项目，它可以让Facebook的27亿用户如同在WhatsApp上发送信息一样轻松地汇款。[1] 从银行和大型科技公司到政府和汇款服务机构，这一声明把这些强大机构的大门震得隆隆作响。

---

[1]　Dan Noyes, "The Top 20 Valuable Facebook Statistics," *Zephoria.com*, Zephoria Inc., last updated July 2019. zephoria.com/top-15-valuable-facebook-statistics, accessed 8 Sept. 2019.

Facebook将Libra作为一种向没有银行账户的人提供银行服务的方式，这无疑是一项宏伟的事业。脸书将尝试在其自身平台上部署这种货币，用于各种形式的线上和线下商业活动，从而将Facebook定位为一个强大的全球金融体系新参与者。它可以改变数十亿人如何、在哪里、与谁一起消费、储蓄、借贷，以及为他们的生活和生计提供资金和保险的其他方方面面。一个很大胆的**猜测**——如果Facebook成功了，那么这种转变将颠覆金融服务业，这是一个既令人振奋又令人担忧的展望。这是一个分水岭。Facebook是我们最大的数字经济体地主之一，它的行动影响深远。

首先，Facebook在公民用户中与立法者和监管者争夺对金融、资金和影响的控制权的行为，正将自己置于众矢之的。在美国，两党议员都批评这项计划，且国会要求举行听证会。几周后，特朗普总统在推特上写道："Facebook推出的Libra'虚拟货币'将几乎没有地位或可靠性。"① 美联储主席杰罗姆·鲍威尔在几天后也补充了相关证言，"Libra对隐私、洗钱、消费者保护、金融稳定等方面引发了大众的严重关切。"②

---

① Donald J. Trump, Twitter Post, 11 July 2019 (5:15 PM). twitter.com/realdonaldtrump/status/1149472284702208000, accessed 8 Sept. 2019.

② Jerome Powell, "Fed's Powell: Facebook's Libra Raises 'Serious Concerns' About ..." Video, 00:04:12, *CNBC.com*, CNBC LLC, 11 July 2019. www.cnbc.com/video/2019/07/11/powell-facebooks-libra-raises-serious-concerns-about-regulation.html, accessed 8 Sept. 2019.

Facebook面临着重建用户、政府和其他利益相关者信任的艰巨任务。Libra老板大卫·马库斯（David Markus）在国会完成听证后，货币中心的杰瑞·布里托（Jerry Brito）告诉《华尔街日报》："Libra面临着巨大的挑战。……这不是一个密码技术问题，而是一个Facebook企业问题。"[1]

其次，通过涉足庞大而复杂的金融服务领域，Facebook正在与大银行展开厮杀。想想Facebook、亚马逊、网飞和谷歌是如何颠覆广告、零售和电视等行业的。如果我是一个银行家，我会在安乐窝里瑟瑟发抖。同比特币一样，Libra可能永远改变法币在全球经济中的传统地位。正如蜂窝技术允许数十亿美元跨越固定线路一样，Libra基于区块链的平台有可能取代目前华而不实的金融基础设施。

迄今为止，华尔街一直谨慎地接受。如Visa和万事达卡这样的主流金融机构都签署了非约束性投资意向书来加入Facebook的风险项目。随着超过十亿人开始在网上进行交易，它们可能有短期的金融中介机会。Facebook需要与银行交好，至少在一开始要分它们一杯羹。然而，从长远来看，金融服务业的方方面面都会被抢占。以无银行账户的人为例，生活在非洲或南亚的任何人都

---

[1]　Dave Michaels and Paul Vigna, "Facebook Questioned on Cryptocurrency, But Battle Looms with Global Regulators," *Wall Street Journal*, Dow Jones & Company Inc., last updated 16 July 2019. www.wsj.com/articles/facebook-faces-critics-potential-allies-at-senate-hearing-on-digital-currency-11563289251, accessed 8 Sept. 2019.

有可能拥有Facebook账户，而不是银行账户。同样也要考虑到年轻人，数以千万计的年轻人还没有开设银行账户，可能永远也不会为此费神，但这些25岁至34岁的年轻人是Facebook上最常见的人群。[①] 支付服务仅仅是Facebook的第一个金融产品。

监管者和政策制定者一直以来都谨慎行事，这是有充分理由的。Facebook在推出Libra、赢得用户和政府信任方面面临许多实施上的挑战。它必须优先考虑用户的隐私和安全。不过，Facebook显然也考虑过治理问题。Libra由非营利的瑞士基金会管理，其基金会潜在会员超过30人。通过为其他公司和组织提供参与治理的保护伞，Facebook限制了自身对这个平台的控制。尽管如此，这个最初的小集团成员大多是大公司，它们都是出于利益的目的，而非为了把无银行账户的人带到网上或降低向贫穷国家汇款成本。

尽管Libra在美国和欧洲的监管迷宫中游刃有余，Facebook在发展中国家仍面临着另一场战斗。相比于世界上许多更小、更边缘化的货币，Libra可能是一个更可靠、更实用的价值储存、交换媒介或记账单位。如果一个国家决定让其货币贬值，以使出口更具竞争力或投资更具吸引力，个人将能够放弃本币而选择"硬美元"数字替代品。那些生活在委内瑞拉的人可能并不完全信

---

① Dan Noyes, "The Top 20 Valuable Facebook Statistics."

任Facebook，相比于让他们货币贬值的领导无方的独裁者，他们可能更信任Facebook。在较小程度上，这种替代性的价值储存品可能会给世界上富裕的国家以及那些重视其货币主权的国家带来挑战。

北美和其他地方的政策制定者需要保持开放的心态。如果他们禁止了Libra，那么像百度或阿里巴巴这样的中国互联网巨头，也会推出自己的货币，进而拥有用户进行追踪和分析的能力。早在比特币推出之前，腾讯就推出了一个名为QQ币的项目，用户只需花1元钱就可以购买到QQ币，而且不可退款。在中国政府对QQ币进行打击之前，QQ币很快就在网络支付中流行开来。[①]十多年过去了，我们已经可以畅想私营部门的参与者与喜欢揽权的政府携手推出某种东西。这应该引起北美地区领导人的关注，并促使立法者进行监管，而非禁止。我们将在本章探讨这个问题及其他深远的影响。

Libra对比特币和其他加密货币意味着什么？因为它将是一种稳定币，也就是说它的价值将与一篮子传统货币挂钩，因此其价格不会像比特币那样波动。当交易对方希望有一些可预测性时，Libra可能是一个更有效的支付交换媒介。但是，这并不构

---

① Matthew De Silva, "Tencent created QQ Coin long before Facebook's Libra," *Quartz*, Quartz Media Inc., 11 July 2019. qz.com/1663249/chinas-tencent-launched-qq-coin-before-long-facebooks-libra-cryptocurrency, accessed 8 Sept. 2019.

成对比特币本身的威胁。创造比特币的区块链技术仍然是这一代中最重要的计算机科学发明。它为一个新的价值互联网铺平了道路。正如互联网对新闻媒体这样的信息产业所做的那样，该技术正为资产的价值数字化做准备。区块链的不可阻挡的力量正与迄今为止全球金融不可撼动的势力发生碰撞。请大家系好安全带。

比特币是"数字黄金"，《纽约时报》作家纳撒尼尔·波普尔（Nathaniel Popper）让这一短语流传开来。[1] 它是一种去中心化的货币，不受政府或企业管控，具有固定的供给曲线，并且具有非常高的安全性，而所有这些品质，Libra是永远不会在设计上具备的。如果有什么不同的话，Libra可以被证明是最宽和最快的林荫大道，或是入口匝道，为数字金融产业带来数十亿美元。

最后，Facebook将面临来自最大竞争对手的挑战。在未来的几个月甚至几年里，许多大型科技公司可能会相继推出自己的加密货币。在一次采访中，卡梅隆（Cameron）和双子星[2]的联合创始人泰勒·温克莱沃斯（Tyler Winklevoss）说："我们预计在24个月内，所有的FAANG都将拥有自己的加密货币。"[3] 他们还补

① Bethany McLean, "Nathaniel Popper's 'Digital Gold' Looks at Bitcoin," *New York Times*, New York Times Company, 2 July 2015. www.nytimes.com/2015/07/05/books/review/nathaniel-poppers-digital-gold-looks-at-bitcoin.html, accessed 8 Sept. 2019.
② 译者注：双子星（Gemini）隶属于Gemini Trust Company公司所有，是一家总部位于纽约的数字资产交换平台，为个人和公司机构提供服务。
③ Cameron Winklevoss and Tyler Winklevoss, interviewed by Alex Tapscott, 11 July 2019.

充道:"诸如星巴克等拥有自己数字奖励项目的公司显然也很可能效仿,甚至越来越保守的银行也会效仿。"

亚马逊在北美和其他地区的电子商务领域是个巨人。有没有人期待杰夫·贝佐斯(Jeff Bezos)会允许Libra在亚马逊平台上使用,而不会推出替代品?除非你想让你公司的支付轨道运行在其他公司的基础设施上,并将大部分好处拱手相让,那么你最好集中精神、奋发图强,设计出自己的货币。

Libra:最新创新

Facebook进军加密货币应该不会让技术学者们感到惊讶。毕竟,除了银行业,数字革命几乎改变了我们生活的方方面面。金融中介机构或多或少地依赖于先前的互联网技术。Libra只是在旧模式上突破的最新创新,为我们未来的数字经济拉开了战线。

风险很高:商业、经济活动和货币的下一个时代尚不确定。计算机科学家正在为经济电网重新布线,软件工程师正在重新编辑人类事务的秩序,这暴露了我们对隐私、言论自由和大公司在我们生活中扮演的角色等基本概念的理解不足。随着新经济时代数字王国的地主们(Facebook、Google以及其他互联网公司)挑战大银行的霸主地位,像比特币这样的去中心化加密货币迫使我们同货币、价值的理解，以及围绕这些概念建立起来的监管堡垒进行对抗。这座堡垒最初是为了保护那些使用该系统的人，现在却成了保守派维持现状的工具。随着乐于揽权的政府、传统金融机构、大型社交媒体公司和其他数字集团、技术新贵以及其他利益相关者都在争相扩大影响力，最终将演变成一场争夺控制权的斗争。

在许多行业和日常生活中，人们已经越来越习惯于用软件和技术取代原本的人类工作。金融业是其中规模最大、最具影响力、迄今为止最顽固不化的行业。传统的银行体系、Facebook之流的数字集团、比特币之类自由开放的加密货币平台，当然还有各国政府正不可避免地走向历史性的碰撞。这次碰撞将是灾难性的。请大家做好被波及的准备。

金融服务业的区块链转型

加密资产和开放金融

"他们说软件正在吞噬世界。很快，他们将改口说代币将吞噬整个世界。"泰勒·温克莱沃斯如是说。他是对的。区块链是第一个将价值数字化的原生产品：我们可以利用它全程透明地编程几乎任何资产。在最新一版的《区块链革命》中，我们提供了这些资产的分类方法，以帮助读者了解它们的许多不同之处。它们是加密货币（比特币、大零币、莱特币），平台代币（以太币、ATOM币、EOS币），公用事业代币（Augur的REP），证券代币（the DAO代币、Munchee的MUN币、Vocean的加密债券），自然资源代币（碳币、水币、空气币），加密数字收藏品，稳定币和加密法定货币（委内瑞拉石油币、中国即将发行的加密人民币）。

在本节中，我们将重点关注以证券代币和法币支撑的稳定币为主要形式的现有金融资产数字化。这是**开放金融**的世界，它不同于我们稍后讨论的去中心化金融。开放金融是指传统封闭、模拟模式且专有的系统转向区块链技术、数字资产模式的系统。对世界各地的当政者、监管者和市场参与者来说，开放金融既是机遇，又是挑战。

考虑股票。全球"股市"实际上是由地方和地区交易所、银行、股票经纪商、托管人、票据交换所、监管者、资产管理者、基金管理人，以及其他市场参与者和中介机构组成的松散拼凑。尽管订单和做市业务在很大程度上都是数字化的，但是以上提及的各个参与者清理、结算、保管和登记资产所有权的基本功能的方式已经过时了。

投资银行摩根大通（J. P. Morgan）前总经理、数字资产控股公司（Digital Asset Holdings）前CEO布莱斯·马斯特斯（Blythe Masters）告诉我们：

> 请记住，金融基础设施几十年来都没有改进。尽管前端有所发展，但后端没有。这是一场以加速交易执行为导向的技术投资军备竞赛——如今，竞争优势是以纳秒级来衡量的。[①]

她在提及高频交易时说："具有讽刺意味的是，交易后的基础设施根本没有真正发展。"区块链具备通过允许市场参与者即时连接、清除和结算点对点来彻底降低市场成本、复杂性和摩擦的潜力。

0x是一个开放的协议，它允许在以太坊区块链上进行P2P资产交换，是这方面的先驱。虽然并非所有在这家交易所交易的资产都是金融资产，但也有一些是金融资产。到目前为止，0x协议交易所已经完成了价值7.5亿美元的71.3万笔交易。[②] 随着以太坊、Cosmos、Polkadot、EOS等底层平台的扩展，使用它们的应用程序和金融业务承接案例的容量也将随之扩大。tZERO是上市公司Overstock的子公司，其在这方面也取得了长足的进步。2019年夏天，Overstock宣布上市公司股东将获得tZERO上市的数字代币作为分红。Overstock的前CEO帕特里克·伯恩（Patrick

---

① Blythe Masters, interviewed via telephone by Don and Alex Tapscott, 29 July 2015.

② 0x, n.d. 0x.org, accessed 8 Sept. 2019.

Byrne）在谈到这一举措时说："5年前，我们着手打造一个平行的世界：一个合法的、基于区块链的资本市场。我们已经成功了。"① 伯恩有理由乐观地认为，这个平行的数字资产世界将为新加入者和现有参与者同等地带来挑战和机遇。

证券代币不仅减少了市场的摩擦、成本和复杂性，还使人们能够更广泛地参与资本市场。因为它们降低了壁垒，并使我们能够构想出为各种资产建立流动性市场，从房地产到私人股本和风险资本（venture capital，VC）。更高的透明度、更深的市场深度和更强的流动性必能改善价格、降低准入门槛和提升市场整体运行的健康度。

并非所有的资产都能作为代币运作。当满足以下几个条件时，我们认为代币化是有效的：

（1）对某项资产是否存在已建立或未开发的需求？

（2）是否存在个人或者机构希望购买资产但是近期无力承担？

（3）某项资产是否存在很高的可转让性壁垒或者流动性壁垒？

---

① Nikhilesh De, "CFTC: LedgerX 'Not Approved' to Launch 'Physical' Bitcoin Futures," *CoinDesk*, Digital Currency Group, last updated 1 Aug. 2019. www.coindesk.com/beating-bakkt-ledgerx-is-first-to-launch-physical-bitcoin-futures-in-us, accessed 8 Sept. 2019.

（4）是否由于交易成本过高、价差过大，还是其他壁垒过严，导致市场参与者选择完全避开资产类交易？

（5）是否需要区块链来数字化资产，即资产在传统系统中根本不可用？

（6）工业部门是高度分散还是高度整合？

如果大多数问题的答案都是肯定的，那么该资产很可能是证券代币的候选对象。同时，高度分散的市场会使实验或创新变得更容易。代币化的股权、债务和房地产已经存在。我们最终可能会看到代币化的运动队、音乐目录、葡萄酒投资组合、美术作品和活动门票等等。证券代币可以通过降低准入门槛和扩大投资选择来帮助大众获得创造财富的机会。

这一机遇暗藏着挑战：它缺乏技术、业务、市场和监管基础设施。摩根溪数字公司（Morgan Creek Digital）联合创始人兼合伙人安东尼·蓬皮亚诺（Anthony Pompliano）认为，证券监管机构"采纳了富人变得更富有的想法……并将其写入法律。他们拿走了表现最好、回报最优的资产，并将它们放在防火墙后。"[1] 他指的是《1933年证券交易法》（Securities Exchange Act of 1933），该法将许多投资机会限制在高净值财富人士身上。他称之为"对

---

① Anthony Pompliano, interviewed by Alex Tapscott, 10 July 2019. For more information, see Morgan Creek Digital Assets, digitalassetindexfund.com.

美国梦的违背"[1]。如果这种投资机会仍然局限于富人中的富人，那么我们还没有真正实现区块链金融创新收益的民主化。

让我们聊聊道具代币（Props）。Props是一个由流行的视频应用程序YouNow创建的原生数字代币，不过它可以在任何应用程序中工作。YouNow获得了美国证券交易委员会的特别授权，可以对其代币Props的发行进行监管。Props于2019年7月获得批准，并已发布。把Props看作数字经济的股票期权，比如Uber司机、把房子放在Airbnb上的房主或者内容创造者。在YouNow上，这些人可以通过在平台上分享东西来赚钱。否则，他们就无法直接参与到Uber或Airbnb等当前流行平台的增长带来的价值创造之中。类似地，Uber司机可能会因为完成一次代驾而获得报酬，但他们无法从Uber 750亿美元的价值中分得一杯羹。所谓"共享经济"实际上是一种"聚集经济"，强大的平台占据了大部分收益，而贡献者只得到了面包屑。

有了Props，诸如YouNow之类的平台（很快还会有Uber、Airbnb和其他平台），它们的贡献者，可以获得他们的贡献报酬并获得道具代币。Props的供应是有限的，并且以可预测的速度增长。因此，使用原生代币的应用越多，赚取和持有的人越多，Props的价值就越高。任何应用程序都可以插入Props**应用程序编**

---

[1]　Anthony Pompliano, interviewed by Alex Tapscott, 10 July 2019.

程接口（application programming interfaces，API），并允许贡献者开始赚取 Props 的实际价值。创始人和投资者将不再是平台增长的唯一受益者。在金融服务的背景下，我们可以将 Props 视为一种新的支付轨道，用于组织网络中的贡献者；也可将其视为一种激励机制，类似股权，用于让用户驻留在平台上并为其增值。已经有 20 万人在 YouNow 上使用 Props，每天有 10 万 Props 交易。理想的规划是让更多的应用程序随着时间的推移添加道具代币。当 Props 变得无处不在时，其他应用程序可能被迫将其提供给贡献者——你瞧，一个新的数字经济诞生了！

这种新型数字代币大杂烩需要共同的标准，而诸如企业以太坊联盟（Ethereum Alliance，EEA）这样的团体将起到带头作用。微软的马利·格雷（Marley Gray）是 EEA 代币联盟的重要贡献者，他告诉我们，通用标准"将消除定义资产的障碍。区块链会像今天使用支付网络一样。人们应该会使用它"[1]。他还补充道："你不需要为了使用代币了解区块链。让我们来谈谈我们真正推动商业价值的地方。现在抽象化其内容，让它具备普遍性。将代币商品化，这样任何行业或公司都可以创建代币。"[2]

如果不同的资产存在于互不通信的仓储中，那么代币化的影响将是有限的。只有通过通用标准和相互操作性，代币化才能

---

[1] Marley Gray, interviewed by Alex Tapscott, 17 July 2019.

[2] 同上。

充分发挥其潜力。法币支撑下的稳定币，如 Tether、USD Coin 和 Libra 都是开放式金融的一些例子。并不是所有的稳定币都有美元支持，成为美元储备的一部分；还有一些完全存在于加密资产领域，比如 MakerDAO 平台创建的 DAI 币。

现在，稳定币的价值已经呈爆炸式增长，这是有原因的。它们提供了一种简单的方式实现即时的点对点价值转移，而其成本只有 Venmo 这样的传统支付系统的很小一部分。为机构投资者提供数字货币交易工具的供应商 TradeBlock 称："目前，链上最大的稳定币转账额已超过 Venmo 的支付总额。" TradeBlock 发现，批发商和 Venmo 服务相关的费用让通过以太坊区块链传输稳定币的费用相形见绌："在五个最大的 ERC-20 代币中，客户仅在以太坊网络费用上花费了 82.7 万美元，转移了超过 370 亿美元。而在同一时期，支付给 Venmo 的相关服务费用预计将达到 1.5 亿美元。"[1]

考虑到这种爆炸式的增长，Facebook、沃尔玛、摩根大通，或许还有谷歌和亚马逊（Amazon）都将稳定币纳入其增长计划。[2]

---

[1] "Stablecoin On-chain Transaction Volumes Soar, Outpace Venmo," *TradeBlock Blog*, 12 July 2019. tradeblock.com/blog/stablecoin-on-chain-transaction-volumes-soar-outpace-venmo; PYMNTS, "PayPal Q1 Payments Volume Dips, Venmo User Base Grows," *PYMNTS.com*, What's Next Media and Analytics LLC, 24 April 2019. www.pymnts.com/earnings/2019/venmo-paypal-q1-payments-volume-user-base, both accessed 8 Sept. 2019.

[2] Daniel Palmer, "Walmart Wants to Patent a Stablecoin That Looks a Lot Like Facebook Libra," *CoinDesk*, Digital Currency Group, last updated 2 Aug. 2019. www.coindesk.com/walmart-wants-to-patent-a-stablecoin-that-looks-a-lot-like-facebook-libra, accessed 8 Sept. 2019.

卡梅伦·文克莱沃斯（Cameron Winklevoss）说道："我们将看到许多公司发行货币。像Facebook这样规模和地位的公司在验证加密技术支持的更好、更新的支付轨道的普遍想法方面非常令人鼓舞。不管Libra还是其他数字货币取得成功，时间都会证明一切。"再看看亚马逊："如今你几乎可以从世界各个地方收到包裹。但你却无法为那个产品付钱。亚马逊的货币可以创造出将支付系统扩展到地球边缘的能力。"① 毫无疑问，Libra不过是世界科技巨擘在新一轮竞争中的开门红而已。

蓬皮亚诺（Pompliano）认为Libra是一个积极的发展，且它对比特币和其他加密货币也有好处。他说："根据代币密度理论，如果你在一家餐馆的街对面开另一家餐馆，两家餐馆的客流量通常都会增加。随着密度的增加，人均流量都会增加。因此，随着每一个合法的加密货币被创造和添加，它增加了比特币的整体价值主张。"② Messari公司③的创始人瑞安·塞尔基斯（Ryan Selkis）简单总结道，Libra将成为其他加密资产的"领头羊"。④

并不是所有人都对企业私人货币如此乐观。"我不怕核泄漏或恐怖袭击。我唯一害怕的是Facebook的加密货币，"Cosmos的

---

① Cameron Winklevoss and Tyler Winklevoss, interviewed by Alex Tapscott, 11 July 2019.
② Anthony Pompliano, interviewed by Alex Tapscott, 10 July 2019.
③ Messari公司是一家纽约的创业公司，旨在增加加密货币市场的财务披露透明度。
④ Ryan Selkis, interviewed by Alex Tapscott, 23 July 2019.

联合创始人伊桑·布克曼（Ethan Buchman）如是说，"Facebook 完善了数字殖民主义。早期的殖民主义企业奴役肉体，而 Facebook 奴役心灵。这将成为'自身'的历史遗产。"[1] Facebook 分别与美国联邦贸易委员会（Federal Trade Commission）、美国证券交易委员会（SEC）达成了50亿美元和1亿美元的和解，又受到了立法者的质疑，可以说 Facebook 推出 Libra 的道路是十分艰难的，它的领导者们需要重新赢得那些对他们失望的人的信任。这绝对是一项艰巨的挑战。

不过，这项技术有其自身的动力，这使得它不太可能在这一点上偏离初心。包含股票到债券以及介于两者之间衍生品的金融市场将面目全非。在区块链上下大赌注的现有企业将在这场即将到来的革命中幸存下来。

万物的金融化和数字化

如果说土地是农业时代最重要的资产，石油是工业时代最重要的资产，那么数据就是数字时代最重要的资产。信息是我们数字经济的基石，是世界上规模最大和收益最优的公司（如 Facebook 和谷歌）的生命线。表1-1列出了过去20年世界上最有

---

[1]　Ethan Buchman, interviewed by Alex Tapscott, 10 July 2019.

价值公司的排序。[①] 由表可见，数据已取代石油成为全球商业价值的主要驱动力，信息巨头们也取代了工业霸主。

表1-1　目前全球最具价值公司

最大市值，1997.10	最大市值，2019.04
通用电气（美）	微软（美）
皇家壳牌集团（荷）	苹果（美）
微软（美）	亚马逊（美）
埃克森美孚（美）	Alphabet（美）
可口可乐（美）	伯克希尔哈撒韦（美）
英特尔（美）	Facebook（美）
日本电信电话株式会社（日）	阿里巴巴（中）
默克（美）	腾讯（中）
丰田（日）	强生（美）
诺华（瑞士）	埃克森美孚（美）

数据来源：*Ranking The World*，"全球十大最具价值公司（1997—2019年）"，视频，YouTube.com网站，YouTube LLC，2019年4月28日。

　　我们创造了所有这些数据，但我们却无法拥有这些数据，它们都在数字地主手中。这存在很多问题，因为这意味着我们不能

---

① "Top 10 Most Valuable Companies in The World (1997-2019)," Video (4:28), *YouTube.com*, RankingTheWorld, 28 April 2019. www.youtube.com/watch?v=8WVoJ6JNLO8, accessed 8 Sept. 2019.

利用这些数据来更好地安排我们的生活，我们不能将其货币化，而且它很可能会落入坏人之手。

有些资产没有开放、透明的市场，利益相关者可以发现价格或交换其价值，而信息就是这样一种资产。许多资产一直处于市场之外，容易被大型中介机构过度使用或掠夺。就像水、空气或海洋一样，实力雄厚的公司会利用数据，并继而剥削产生数据的人。

在区块链研究所的一份重要研究报告中，技术理论家迈克尔·凯西提出，由加密资产带来的代币化和数字稀缺性意味着一种解决方案：

> 区块链技术，以及由此产生的加密货币、代币和其他数字资产，可能正在推动我们走向一种可编程货币模式，该模式整合了公共资源的自动化内部治理，并鼓励社区团体之间的协作。当数字稀缺性应用到这些代币上时，它将使我们日益数字化的世界与数字化前的世界大大不同。它增加了货币本身成为实现一般性成果的工具的可能性。
>
> 新去中心化应用程序的开发人员正在代币化各种资源，如电力和带宽，甚至包括观众对在线内容的关注度或者实事求是之类的人的品质……一旦某个企业将稀缺代币与这些资源的权利联系起来，它就可以对代币的使用形成控制，以帮

助管理公共物品。这是一种动态货币，它的作用超出了交换单位，而成为实现社会目标的直接工具。[1]

在他的报告中，凯西为这些代币制定了一个新的分类法，并认为至少存在5种不同的类型：媒体、身份、诚实、去中心计算和环境。

这一潜力对于这些代币围绕特殊资产实现新经济是非常重要的。这些资产要么是以前的公共资产（比如环境），要么是由一些大型技术中介机构单方获取的（如我们的身份信息）。此外，我们可以代币化一切有价值的东西，以确保创新者得到公平的补偿。现在，个人可以从他们自己在线生成的数据中获得价值，选择对其保密或提供使用的知情同意书，并在这个过程中赚钱。当歌曲在互联网上流行开来并收取版税时，个人艺术家可以从创作的音乐中得到公平的报酬。人们可以通过智能合约签订协议，并通过预测市场的判断进行验证。毫无疑问，这些能力将从微不足道的领域（体育博彩）扩展到更具意义的市场，如衍生品市场。

随着所有事物都成为资产，而所有人都成为市场参与者，定义"金融服务业"的边界将开始变得模糊。

---

[1] Michael J. Casey, "The Token Economy: When Money Becomes Programmable," foreword by Don Tapscott, Blockchain Research Institute, 28 Sept. 2017, rev. 28 March 2018.

作为国家机器的区块链

区块链是对网络或其他实体事件（从公司账户到全球供应链或投票登记处）状态及时、准确、共识的快照。它们是一种新型记录形式。我们称之为三式会计法。复式账簿通常被看作资本主义和我们现代生活方式的基础，其使大量的财务信息得以组织和理解。区块链同样可以做到。

区块链研究所的作者安东尼·威廉姆斯写道："由于记录在账本上的交易可以即时地搜索和发布，基于区块链的账本也可以提高……透明度，满足和加快……审计要求，并提高账户的完整性。"[①] 换句话说，这将是事实的共识版本。

在金融领域，这种共享账本将使市场参与者能够更清楚地看到伊桑·布克曼（Ethan Buchman）所说的 "明文企业——一种人和机器便捷可读的企业状态表示形式"。[②] 对这些网络的状态进行可靠和及时的洞悉有助于发现风险集聚或资金短缺问题。威廉姆斯在其报告《利用区块链整合多个账本》中概述了该功能的4个优势：

---

① Anthony Williams, "Consolidating Multiple Ledgers with Blockchain: A Single Digital Ledger for the Government of Canada Accounts," foreword by Don Tapscott, Blockchain Research Institute, 16 Nov. 2018.

② Ethan Buchman, interviewed by Alex Tapscott, 10 July 2019.

（1）**对账和报告自动化：**可即时验证的交易将消除不同系统之间密集耗时的离线状态或大批量对账过程。

（2）**透明性和粒度**[①]**：**利益相关者几乎能够实时可见通过网络或实体（如公司）进行的个人交易。

（3）**减少欺诈：**区块链解决方案将确保财务记录无法篡改，并将缩小进入欺诈交易或伪造信息的范围。使用加密链接的区块将确保没有人可以在没有检测的情况下更改或删除记录。

（4）**增值审计：**区块链账本将允许审计师（和其他利益相关者）验证公司、政府和其他团体机构财务账户背后的大部分最重要的数据。[②]

考虑各种基于区块链的账本可以从根本上简化金融服务行业的内部运作方式：

分布式账本无法编辑，即使是持有所有访问密钥的个人也无法编辑。股东记录可以追加，但不能追溯调整。这一过程产生了一个高度可靠的审计轨迹，清楚无误地表明每个

---

① 译者注：粒度就是同一维度下，数据统计的粗细程度，计算机领域中粒度指系统内存扩展增量的最小值。

② Anthony Williams, "Consolidating Multiple Ledgers with Blockchain."

股东是如何获得股票的以及从谁处获得。如果原告对股东在某一时刻是谁有争议，那么这条轨迹在法庭上是必不可少的。

消除纸质记录是一个重大的胜利，但通过加快公司注册、合并、收购、IPO和其他复杂的商业交易，还有可能获得更高的效率。例如，基于区块链的智能合约可以在满足特定条件（如期权到期）时能够自动更新、删除和处理记录。其他可能性包括对反映名称和地址更改、对抵押品描述和担保权人修改的自动更新。[①]

好处是，进行财务审计所需的成本和时间将大幅下降。审计人员还可以部署更多的自动化、分析和机器学习功能，如，几乎实时地自动向相关方发出异常交易警报。技术支持的文本（如合同、采购订单和发票）可以被加密并安全地存储或链接到区块链。这些改进将使审计人员腾出更多的时间来从事增加价值的事务，如分析复杂的交易、为改进公共开支程序提出建议，以及确保适当的内部控制和流程来衡量和报告他们的业绩。

---

① Anthony Williams, "Consolidating Multiple Ledgers with Blockchain."

一个身份的新模型

我们可以把互联网经济看作"数字封建主义"，数字精英可以在其中拥有大量的虚拟景观。我们这些农奴在这片土地上工作，搜寻、学习、出版、合作和经商。但是，数字地主们正在捕捉数据的真实价值，尤其是我们在生活中丢弃的那些，并将它们本身货币化。经济学家罗伯特·夏皮罗（Robert J. Shapiro）说："试想一下，如果通用汽车不为其钢铁、橡胶或玻璃——即其投入品付费。大型互联网公司就是这样。这真是个诱人的交易。"[①]

隐私是自由的基石，然而这些数字地主们却彻底地侵犯了我们的隐私权和其他人权。区块链和加密货币可能产生积极的影响，也有可能产生消极的影响。区块链可以使我们的个人信息具有更大的隐私性和自主权，也有可能加剧原就很糟糕的局面。准确地说，Libra与大银行及其他现有机构的类似举措，可能会将有关人们经济生活的更具价值的数据整合到几个权威的中介机构手中，并将基于区块链的平台用作加强监控的工具。

在Facebook雄心勃勃的新Libra项目背景下，CoinShares首席战略官Meltem Demirrors提及隐私和身份时表示：

---

① Steve Lohr, "Calls Mount to Ease Big Tech's Grip on our Data," *New York Times*, New York Times Company, 25 July 2019. www.nytimes.com/2019/07/25/business/calls-mount-to-ease-big-techs-grip-on-your-data.html, accessed 8 Sept. 2019.

问题不在于Facebook是否有权发行Libra。这里必须存在两件事：同意这个系统以及同意这个系统的制度规则。您需要选择退出一个拥有所有和您相关的完整数据的系统。这些都是复杂的问题。区块链行业的一个问题是，我们试图为复杂问题创建简单的解决方案。[1]

这涉及了一个更广泛的问题，该问题是由COALA的Greg McMullen、Primavera De Filippi和Constance Choi合著的一份区块链研究报告中指出的。在报告《区块链身份服务》（Blockchain Identity Services）中，他们认为，我们越来越依赖"政府或企业，即它们管理与特定证书或属性相关的唯一标识符和集中的私有数据存储库。这些中心化管理机构，即一般代表单点故障，通常与数据隐私侵犯、数据滥用和泄露问题联系在一起"。[2] 这是由于诸多原因产生的问题：

私人数据市场和身份管理服务市场之间界限的模糊加剧了这种情况。一方面，Facebook或领英等服务供应商以

---

[1]　Meltem Demirors, interviewed by Alex Tapscott, 3 July 2019.

[2]　Greg McMullen, Primavera De Filippi, and Constance Choi, "Blockchain Identity Services: Technical Benchmark of Existing Blockchain-Based Identity Systems," foreword by Don Tapscott, Blockchain Research Institute and Coalition of Automated Legal Applications, 30 July 2019.

身份管理的营销服务为由正在收集大量个人信息，并开发高盈利的私人数据经纪业务模式。另一方面，诸如益博睿（Experian）这样的数据代理，其对个人进行非感官分析的基础上已经建立了高收益、不透明的商业模式，正在向被分析的个人推销其服务。

关于收集到的信息的种类、如何使用、与谁共享或向谁售卖，这些系统的运作几乎没有透明度。数据主体无法了解这些平台所保存信息的安全性、准确性或使用情况。原来的身份认证的把关功能已经演变成一个远超认证目的的、复杂的身份收集、分析和销售过程。随着这些平台成为我们日常生活中必不可少的一部分，它们获得了关于数据收集、使用等条款的权力，这往往会对我们这些主体造成损害。国家身份管理系统的发展（如印度的阿达哈尔），将导致身份认证的缓慢变化和监视状态。[①]

COALA团队认为："通过区块链技术，个人有可能从中心化的实体（如公司和数字平台）收回对其身份和个人数据的主权，并从自身数据的价值中获益。"[②] 换句话说，个人可以获得其自身拥有并控制的自主权身份。

[①] Greg McMullen, Primavera De Filippi, and Constance Choi, "Blockchain Identity Services."
[②] 同上。

所以，解决办法不是要求政府通过像欧盟一般数据保护条例这样的法律来保护隐私。隐私和身份管理的新方法赋予公民对其身份、生活状况以及他们在生活中创建的数据的所有权。通过自主身份识别技术，我们可以在一个虚拟黑箱中记录和存储不可变的事件和其他个人数据，并通过智能合约管理对这些数据的访问路径。自主权身份是区块链研究所的"相互依存宣言：迈向数字经济的新社会契约"的支柱之一，对于向更开放、更包容和更私人的金融体系转型至关重要。[1]

去中心化金融：9大功能

宇宙网络（Cosmos Network）的联合创始人伊桑·布克曼（Ethan Buchman）说道："金融的去中心化实际上就是金融的民主化。它的作用是消除壁垒。"[2] 在《区块链大变革》中，我们将金融业分为8个部分：身份验证和价值认证，转移价值，储存价值，借贷价值，交换价值，融资与投资，价值核算，保险价值与风险管理。本书增加了第9个类别"分析价值"，以反映数据、信息在全球经济中不断增长的重要性，和这一领域提供服务的企业数量

---

① Don Tapscott, "A Declaration of Interdependence: Toward a New Social Contract for the Digital Economy," Blockchain Research Institute, rev. 14 Jan. 2019.

② Ethan Buchman, interviewed by Alex Tapscott, 10 July 2019.

的激增现象。如今，几乎有几十个已经启动或准备启动的项目和公司将破坏上述金融现实的支柱们（见表1-2）。

表1-2 九大功能

功能	区块链影响	区块链	项目名称
1. 身份验证和价值认证	可验证、可靠和加密安全的身份将确保对客户的了解程度/反洗钱合规性。	Corda	BlockOne IQ
			DreamzChain KYC
			Whistle Blower
		Ethereum	3Box
			Bloom
			SelfKey
		Hyperledger	Blinking
			BlockR（REALTOR Association Blockchain）
			HealthVerity
2. 存储价值	与可靠的价值储存相结合的支付机制将淘汰传统的金融服务。	Bitcoin	Blockstream Green
		Corda	21st Century Banking
			Piston Vault
			PropineCustody
		Ethereum	Argent
			MyEtherWallet
			Trustology
3. 转移价值	无中介的超大或超小的价值转移会大大降低支付的成本和速度。	Bitcoin	Lightning Peach
		Corda	B2P for Procure-to-Pay
			Wildfire

功能	区块链影响	区块链	项目名称
		Cosmos	e-Money
		Ethereum	DAI
			TrueUSD
		Hyperledger	Aabo
			LedgerKitchen
			TEKO LLC
		Ripple	RippleNet
4. 借贷价值	各方可以根据基于区块链的声誉得分进行点对点发行、交易和结算债务等业务；这将使得无银行账户者和创业人士更容易参与其中。	Corda	BSOS AR Financing
			Invoice Discounting Platform
			Letter of Credit
			Loan-Finance Application
			Promissory Note Loan Platform
		Ethereum	Compound Finance
			Cred
			Lendoit
			MakerDAO Collateralized Debt Position
5. 融资与投资	新的点对点融资与企业行为记录模式，如通过智能合约自动支付	Corda	Automated Issuances
			TINA
			Unlisted Share Trading

（续表）

功能	区块链影响	区块链	项目名称
	的股息。产权登记处对租金收入和其他形式收益会自动索赔。	Ethereum	ConsenSys Digital Securities
			Mattereum
			Melonport
		Hyperledger	D3Ledger
			OmegaX
			Peloton Blockchain
6. 交换价值	区块链耗费所有交易的结算时间从几天、几周到几分钟和几秒钟不等。这种速度和效率也为无银行账户和未得到充分金融服务的人创造了参与财富创造的机会。	Corda	Digital RFQ
			Shipping Trade Finance Platform
			Three parties DvP Atomic TX
		Cosmos	Binance Chain
			Kira Interchain Exchange
		Ethereum	Augur
			Bounties Network
			DutchX
			Ethlance
		Hyperledger	AID Tech
			Altoros
			healthDigit
			Smart Block Laboratory

功能	区块链影响	区块链	项目名称
7. 保险价值与风险管理	利用声誉系统，保险公司将更好地估计精算风险，从而为保险业创造去中心化的市场。更透明的衍生品。	Corda	Adappt
			B3i Reinsurance
			Interest Rate Swap
			Personal Auto Claims Management
			Workers Comp Claims Process
		Ethereum	Etherisc
			VouchForMe
		Hyperledger	Energy Savings Insurance（ESI）
		Hyperledger	openIDL（open Insurance Data Link）
8. 分析财务数据（分析价值）	前沿信息一如既往的至关重要。基于区块链的公共数据流使得审计便捷化，并可作为智能合约中的预言机。	Bitcoin	Block Explorer
			Cryptocurrency Data Feed
		Corda	Property Listing
			Topaz
		Ethereum	Augur Leaderboard
			Prediction Global
			Stablecoin Index
		Hyperledger	Ocyan
9. 价值核算	分布式账本将审计和财务报告变得实时、迅速、透明，这将大大	Bitcoin	Crystal Blockchain
			Verady
		Corda	BlockProvenance

功能	区块链影响	区块链	项目名称
	提高监管机构对公司内部财务行为的审查能力。	Corda	Cheque Verifier
		Cosmos	BigchainDB
		Ethereum	Sweetbridge Accounting Protocol
			XribaBooks
		Hyperledger	Avanza Innovations

以太坊已经成为去中心化金融应用的示范平台，许多项目来自ConsenSys。项目的广度令人印象深刻。ConsenSys的詹姆斯·贝克（James Beck）说："从稳定币、去中心化交易所和数字钱包到支付网络、借贷和保险平台、重点基础设施开发、商业活动，以及投资引擎，去中心化金融生态系统正在蓬勃发展。"[1] 以太坊联合创始人兼ConsenSys首席执行官约瑟夫·卢宾（Joseph Lubin）补充说：

现在正在出现的是一系列去中心化金融体系：一方面，开放的金融平台使世界各地的个体都能参与到重塑的金融体系中；另一方面，去中心化金融的解决方案正在通过发挥去中心化解决方案的作用改变现有机构的做法。[2]

---

[1] James Beck, e-mail message to Alex Tapscott, 7 Aug. 2019.

[2] Joseph Lubin, e-mail message to Alex Tapscott, 7 Aug. 2019.

用新的基础设施取代旧的基础设施令人望而生畏，同时也会产生诸多问题：我们正在努力解决哪些问题？我们是不是让大公司转包给未经证实的小企业？这些企业是否有助于包容性？转型会真正实现金融民主化，还是只是将财富整合到强大的区块链网络中新的一批大型利益相关者（如以太坊和比特币）手中？

去中心化金融与开放式金融有何不同？ConsenSys的科林·迈尔斯（Collin Myers）将其划分为0到10的等级体系，其中0表示创造性破坏，10表示渐进式变革："开放式金融是9到10的创新，即对我们现有金融系统的温和改进。去中心化金融是一个0比1的创新，即创造了一个平行的金融系统，它将允许人们以从未经历过的方式传递价值和分配财富。"[1] 在迈尔斯看来，Libra并非去中心化金融的例子，但却有助于为去中心化金融铺平道路："Libra是一个特洛伊木马，让人们能够自如地交易和使用数字货币。十年后，我们将把Libra视为一个中间步骤，使核心区块链社区能够实现我们期望的目标，即一个真正的无许可和开源的金融系统。"[2]

与此同时，为什么每个人都对去中心化金融如此兴奋？MakerDad的创始人鲁内·克里斯滕森（Rune Christensen）说：

---

[1]　Collin Myers, interviewed by Alex Tapscott, 12 July 2019.

[2]　同上。

"DeFi（去中心化金融）的主要优势和特点与开源软件非常相似，它们都是为了释放网络效果和价值，使人们能够在没有中间人的情况下以无须许可的方式无缝协作。"根据克里斯滕森的说法，某项应用要被视为DeFi去中心化应用程序（Dapp），它必须满足以下三个要求：难以关闭、运行在区块链上以及无须信任[①]。从克里斯滕森的角度来看，有五个好处：降低成本、有效的会计核算、完全透明、低转换成本和更广泛的访问。

　　去中心化金融已经取代了ICO，成为以太坊网络的主要应用。以太坊上运行的几十个Dapp组成的新兴市场总体上代表了以太坊原生代币以太币（ether）中非常有意义的一块。据defipulse.com网站，在任何时候，有4亿到7亿美元的以太币被锁定在这些DeFi应用程序中（见表1-3）。

表1-3　十大去中心化金融应用中的价值锁定

名　　称	区块链	类　别	锁定值/百万美元
Aave	以太坊	贷款	1 340.0
Maker	以太坊	贷款	1 260.0
Curve Finance	以太坊	汇兑	948.3
Uniswap	以太坊	汇兑	787.1
SushiSwap	以太坊	汇兑	679.4
Balancer	以太坊	汇兑	666.9

---

① Rune Christensen, interviewed by Alex Tapscott, 24 July 2019.

名　　称	区块链	类　别	锁定值/百万美元
Compound	以太坊	贷款	666.1
Yearn.finance	以太坊	资产	661.3
Synthetix	以太坊	衍生品	651.8
WBTC	以太坊	资产	642.6

数据来源：defipulse.com网站，截至2020年9月17日。

　　DeFi应用程序的部分好处是匿名性或伪匿名性。传统的金融中介机构要求提供你是谁的证明（认证值），但是很多人没有身份证明或者不愿意透露身份。Demirrors将此视为DeFi的一个关键属性：

　　　　如果你抽象出对身份的需求和中心化中介，我们突然创造了一个开放的世界市场，这个市场由一套全新的标准定义，所有可编程和可交易的东西都可以在这里全天候交易。市场、资产、结构——这些现在在你能力范围的领域开始发生变化。[1]

　　以规模最大、最成功的DeFi应用程序MakerDAO及其相关的稳定币DAI为例：MakerDAO是"数字金融基础设施，其旨在为

---

[1]　Meltem Demirors, interviewed by Alex Tapscott, 3 July 2019.

每个人创造无偏见的货币和信贷渠道",其创始人克里斯滕森说。更简单地说,MakerDAO将其使命视为比特币之后的合理发展。MakerDAO的格雷格·迪·普里斯科(Greg Di Prisco)表示:"比特币本来应该是更好的点对点现金。但它不是好的现金。比特币是一种很好的储值工具,也是中央银行的支票,但它不是好的现金。"那么Maker是如何解决这些已被察觉的缺点的呢?"Maker是一家去中心化的中央银行。每个人都有能力用自己的资产来赚钱。而在传统上,你需要一家商业银行充当中间人",但现在任何拥有以太币的人都可以这样做。[①]

个体可以通过抵押换取以太币的方式来创造稳定币DAI。关键是,智能合同的建立使得每个DAI都必须超额抵押。例如,如果你在MakerDAO智能合约上承诺了150美元的以太币,就意味着你可以创造100美元的DAI,但不能再多了。其目标是确保DAI不会"跌破面值",也就是说,保持与美元挂钩。选择美元的决定更多是出于实际而非理论。目前,美元是全球储备货币,也是最广泛认可的交换媒介,因此从这一参考点开始是合乎逻辑的。

考虑到以太币的波动性如此之大——过去三年里,以太币从20美元飙升至1 400美元以上,随后又跌破至100美元,目前

---

① Greg Di Prisco, interviewed by Alex Tapscott, 17 July 2019.

坐稳380美元。我们可能想知道，在这样一种波动的资产中进行抵押的东西，怎么可能保持与相对稳定的资产挂钩。[①] 对于DAI，如果以太币的价值下降到预设的阈值以下，智能合约将清算锁定在其中的以太币，以确保合约始终得到适当的抵押，价格便得以维持。额外的缓冲是个人在创建DAI时向系统支付的稳定费。

如果这一切听起来有点牵强的话，试想DAI已经经历了一场炼狱。它于2018年推出，在保持盯住汇率制度的同时，经受住了以太币价格暴跌的冲击。智能合约自动管理这一过程的所有机制。目前，DAI的价值稳定在5.97亿美元上下（同时Maker锁定的总价值为12.6亿美元），但MakerDAO计划通过开放任何类型资产的抵押品来更快地增长。[②]

积极的一面是，任何人都可以在没有中介的情况下创造新的资金。你将成为你自己的银行。如今，DAI被技术专家和业余爱好者所使用，人数很少但是在不断增长，不过克里斯滕森有更大的目标："DAI长期扩展的方式与现有的密码世界关联不大。它是关于代币化其他资产的，即对财产、股票或债券的债权。"[③]

DAI发展路径的核心是要认识到尽管DAI建立在以太坊上，

---

① Ether, *CoinMarketCap.com*, as of 17 Sept. 2020.

② Dai, *CoinMarketCap.com*, as of 17 Sept. 2020.

③ Rune Christensen, interviewed by Alex Tapscott, 24 July 2019.

但不会存在某个区块链控制所有DAI。对于不同类型的使用情况会有不同的权衡，行业需要建立桥梁。他希望MakerDAO成为一个"超越去中心化应用程序的区块链"。

正如克里斯滕森所言："通过建立能够获得某种程度认可的滩头阵地，你就为这个产业打开了一个充满可能性的世界。"[1] 如今，对这些新生的小规模项目的潜在威胁，银行家们也许还没有警觉，这可以理解。DAI是宏大计划中的一个凑整误差。但千里之行，始于足下：一旦某项创新被证明有效，就义无反顾地一路向前了。正如Demirors对DeFi的描述："它还处于早期阶段，但这些都是重要的实验，可以证明一系列的想法。既然全世界都接触到了这些想法，就不能把它们再放回盒子里。"[2]

尽管如此，DeFi并不是金融服务领域的一个独立类别。Abra的首席执行官比尔·巴希特（Bill Barhydt）表示，去中心化金融是一个系列：

> 如果你单纯在比特币领域内操作，并不接触银行系统，同时个人持有自己的钥匙，那么这是一个完全去中心化的应用程序。你正在与所有的比特币节点进行交互操作。但是，如果你用Abra来购买苹果公司的混合股股票，Abra就是你的

---

① Rune Christensen, interviewed by Alex Tapscott, 24 July 2019.

② Meltem Demirors, interviewed by Alex Tapscott, 3 July 2019.

对手方，所以它是准去中心化的。……任何与物质世界结合的事物都会带来信任。

通过这种结合，它为全球领先的金融机构创造了机遇和挑战，这将是我们接下来需要讨论的内容。

挑战与影响

有多少当权者意识到他们的赚钱平台在燃烧殆尽，他们管理经济的工具正在削弱，他们追踪罪犯的方法严重侵犯了守法公民的隐私权，他们在经济发展和金融包容方面的努力很大程度上依赖于财富的再分配，而他们无所作为的风险比跃入未知世界的风险更大？正如退休的美国陆军上将埃里克·新关[1]（Eric Shinseki）所说："如果你不喜欢改变，你将更不喜欢走向边缘化。"[2]

当权者面临的困境与机遇

在范式的转变下，旧范式的领导人往往是最后一个接受新

---

[1] 日语：新関健——译注。

[2] Glenn Gruber, "A Tech Reality: If You Don't Like Change, You're Going to Like Irrelevance Even Less," *PhocusWire*, Northstar Travel Group, 20 Dec. 2012. www.phocuswire.com/A-tech-reality-If-you-don-t-like-change-you-re-going-to-like-irrelevance-even-less, accessed 11 Sept. 2019.

范式的，如果他们能活下来接受后者的话。那么为什么百视达（Blockbuster）没有创建网飞，为什么西尔斯（Sears）没有创建亚马逊？原因之一是创新者的困境，旧范式的颠覆者很难自我颠覆，主要出于良好的管理。哈佛商学院教授克莱顿·克里斯坦（Clayton M. Christensen）解释说：

> 老牌公司成功的关键——决策和资源分配过程就是拒绝颠覆性技术的过程：倾听客户意见，细心追踪竞争对手的行动，以设计和建立更高的绩效为目的。投资资源，将产生更高利润的更高质量的产品。[①]

这并不是说，当创业公司在他们身边涌现时，现有企业却袖手旁观——恰恰相反。曾经任职于哈佛和伦敦商学院的战略与企业学教授唐·索尔（Don Sull）发现，成功企业的领导者会在曾经让他们成功的事物上加倍努力，将更多的资金投入到过时的技术上，而不是将资金投入创新。索尔称这种现象为**积极惯性**（active inertia）："当世界发生变化时，陷入主动性惯性陷阱的企业会做更多同样的事情。"[②] "陷入主动性惯性旋涡的企业就像一辆

---

① Clayton M. Christensen, *The Innovator's Dilemma* (Cambridge, MA: HBS Press, 19 Nov. 2013): 98.
② Donald N. Sull, *Why Good Companies Go Bad, and How Great Managers Remake Them* (Cambridge, MA: HBS Press, 2005).

后轮卡在车辙中的汽车，"索尔写道，"经理人会选择踩油门。这样不但没有让车子摆脱泥淖，反而让自己陷得更深。"①

许多所谓的数字转型项目通常都会落入做更多相同事情的大营，只带些许数字光泽。这些举措往往是不成功和浪费的。也就是说，据福布斯杂志（Forbes）的史蒂夫·佐贝尔（Steve Zobell）称，70%的数字化转型举措都没有达到其原有的目标。② 尽管在数字化转型上花费了1.3万亿美元，但大约9 000亿美元都被浪费了。③

然而，有时旧范式的领导人的确接纳新的范式。到目前为止，IBM已经实现了从穿孔卡片到大型机、PC机，再到互联网的多个转变。40年来，联邦快递（FedEx）一直是供应链和航运领域的创新者；现在，联邦快递就如何成为一家建立在区块链上具备开放标准的金融服务公司方面有着宏图大志。④ Facebook或许认为自己在推出Libra时也是这么做的。众多案例的共同点是关

① Donald N. Sull, "Why Good Companies Go Bad," *Financial Times*, The Financial Times Ltd., 3 Oct. 2005. www.donsull.com/wp-content/uploads/2013/07/ft_why_good_go_bad.pdf, accessed 8 Sept. 2019.

② Steven Zobell, "Why Digital Transformations Fail: Closing the $900 Billion Hole in Enterprise Strategy," *Forbes*, Forbes Media LLC, 13 March 2018. www.forbes.com/sites/forbestechcouncil/2018/03/13/why-digital-transformations-fail-closing-the-900-billion-hole-in-enterprise-strategy/#28cfab527b8b, accessed 8 Sept. 2019.

③ Steven Zobell, "Why Digital Transformations Fail."

④ Don Tapscott and Rob Carter, "Blockchain, FedEx, and the Future," *Tech Minutes*, ed. Jason Baker, About FedEx, FedEx Corp., 29 May 2018. about.van.fedex.com/blog/blockchain, accessed 8 Sept. 2019.

注客户试图解决的问题。

在金融服务业，区块链经常被吹捧为一种神奇的节省成本的灵丹妙药，随时准备从现有市场上去掉不必要的部分、减少浪费、降低复杂性。这很可能成为现实，但远不是全部。**规定区块链可以从一个细分市场中削减某个具体数值成本**，前提是该细分市场本身将继续存在。历史告诉我们，技术不仅可以大规模地影响工业，更可以彻底消灭它们。

在任者并不是袖手旁观。摩根大通和富达（Fidelity）的策略反映出这些在任者采取了不同的做法。摩根大通代表了一些主要金融机构在这一领域的所作所为。该银行推出了Quorum①，这是一个经许可的以太坊网络应用。该行吹捧Quorum是公共区块链技术的变体，具有强大的权限和隐私。这种对隐私的关注是可以理解的，因为许多金融交易都是敏感且需要匿名的。准确来说，早在2017年，摩根大通就将Zcash的零知识证明整合到了Quorum中。同样在2017年，该行推出了自己的银行间信息网络，并将其形容为行业首个由区块链驱动的可扩展P2P网络。②

银行仍然活跃在这一领域。2018年，它展示了区块链交易的原型Dromaius。当时，摩根大通区块链卓越中心（Blockchain

---

① 译者注：Quorum是由摩根大通推出的企业级区块链平台。它是个基于以太坊的联盟链，主在提供额外的服务。

② "Largest Number of Banks to Join Live Application of Blockchain Technology," J.P.Morgan, JPMorgan Chase & Co., n.d. www.jpmorgan.com/global/treasury-services/IIN, accessed 8 Sept. 2019.

Center of Excellence）的负责人克里斯蒂娜·莫伊（Christine Moy）表示，该项目可以"提高运营效率，有助于节约成本，并使交易或发行此类金融工具的体验更加流畅、简化"。[①] 2019年2月，摩根大通宣布其为美国第一家将"成功测试代表法币的数字货币"的大型银行。在一份新闻稿中，该行表示："JPM币基于区块链技术，能够在机构客户之间实现即时支付转移。"[②]

尽管摩根大通在这一领域的努力值得称赞，但它们仍主要致力于减少成本、降低复杂性和现有金融市场的摩擦。他们并没有接受加密资产，且高级领导层仍然对比特币和其他区块链技术持怀疑态度。[③]

比较一下摩根大通与富达的做法。富达是美国最有名的金融机构之一，长期以来，它一直倡导加密货币和基础区块链技术的好处。早在2014年，首席执行官阿比盖尔·约翰逊（Abigail Johnson）就在大肆宣扬比特币的好处，富达多年来也一直挖掘比特币。也许因为富达是一家私人控股公司，它可以专注于长期的

---

① "J.P.Morgan Demonstrates the Potential of Blockchain-Based Prototype," J.P.Morgan, JPMorgan Chase & Co., 16 May 2018. www.jpmorgan.com/country/US/en/detail/1320567520828, accessed 8 Sept. 2019.

② "J.P.Morgan Creates Digital Coin for Payments," J.P.Morgan, JPMorgan Chase & Co., 14 Feb. 2019. www.jpmorgan.com/global/news/digital-coin-payments, accessed 8 Sept. 2019.

③ Marie Huillet, "Jamie Dimon Comments on Bitcoin Yet Again, Says He Doesn't Give a Sh*t About It," *Cointelegraph*, Tabula Publishing Ltd., 1 Nov. 2018. cointelegraph.com/news/jamie-dimon-comments-on-bitcoin-yet-again-says-he-doesnt-give-a-sht-about-it, accessed 8 Sept. 2019.

重大突破而不是短期的利润。

2018年，资产管理巨头设立富达数字资产服务公司（Fidelity Digital Asset），其为一家独立管理的子公司，这一做法并不使我们感到意外。由华尔街资深人士汤姆·杰索普（Tom Jessop）执掌的富达数字资产服务公司正在打造一套产品和服务，使数字资产的购买、销售和存储变得更加容易。最初，它专注于比特币和其他成熟的加密货币。然而，富达管理着近6万亿美元的客户资产，我们可以合理推测，该子公司最初进军加密资产是在培养专家和人才，让他们将现有证券和金融产品转移到区块链。不管怎样，通过参与原生加密资产行业，富达正致力于打造新业务，这可能会吸引许多新的年轻客户。

越来越多的金融公司分裂成以下两类：关注成本和关注收入。我们相信，通过专注于后者，金融业者不仅能在这个数字化颠覆的新时代生存下来，而且还能茁壮成长。

对央行的重新思考

从加密货币到分布式账本，中央银行自己也开始正视区块链技术的威胁和机遇。一方面，无论是比特币、Libra还是其他什么加密货币，都要求央行面对政府货币垄断终结的可能性。但区块链也是一个强大的工具，政府可能会利用它来达到自己的目的，这或许是件好事。纽约大学教授大卫·耶麦克（David Yermack）和马克斯·拉斯金（Max Raskin）认为，区块链技术的兴起重新"点燃了关于这些政策是否明智的辩论，并导致人们对古典货币经济学的兴趣复苏"。[①]

被提名为欧洲央行（European Central Bank，ECB）行长的克里斯蒂娜·拉加德（Christine Lagarde）在接受CNBC采访时准确传达了区块链和加密货币的威胁和机遇："我认为颠覆者以及无论称之为加密、资产、货币或其他任何使用分布式账本技术的东西……它们的作用都显然是在动摇系统。"她还补充道："我们不想让这个系统如此剧烈地震动，以至于失去必要的稳定性。"[②]

让我们从区块链存在的潜在影响开始。货币政策是各国政府影响经济、对人民行使主权的关键杠杆。十年中，在比特币存在的大部分时间里，认为比特币可能威胁或取代法定货币的想法更多地只是一种思想实验，而不是真正的风险。

然而，在十年内，这种讨论已经从互联网论坛和邮件列表传播到美国国会、国际货币基金组织（IMF）、美国财政部和

---

① Max Raskin and David Yermack, "Digital Currencies, Decentralized Ledgers, and the Future of Central Banking," eds. Peter Conti-Brown and Rosa Lastra, *SSRN.com,* 1 May 2016. Elsevier, papers. ssrn.com/sol3/papers.cfm?abstract_id=2773973, accessed 8 Sept. 2019.

② Elizabeth Schulze, "Cryptocurrencies Are 'Clearly Shaking the System,' IMF's Lagarde Says," *CNBC.com*, CNBC LLC, 10 April 2019. www.cnbc.com/2019/04/11/cryptocurrencies-fintech-clearly-shaking-the-system-imfs-lagarde.html, accessed 11 Sept. 2019.

白宫。整个2019年7月，几位美国政府高官就比特币及其对美元储备地位的风险（或流失）发表了看法。特朗普总统在推特上说：

> 我不喜欢比特币和其他加密货币，它们不是货币，价值极不稳定，而且建立在虚无之上。不受监管的加密资产会助长非法行为，包括毒品交易和其他非法活动……我们在美国只有一种真正的货币，而且它比以往任何时候都更加坚挺，既可靠又值得信赖。到目前为止，它是世界上最主要的货币，而且它将永远保持这种状态。它叫美元！[①]

一些区块链赋能货币可能取代美元，或者至少打乱传统的法定货币，这已不再是一个牵强的想法，甚至是很有可能的。各国政府并非一直都是法币和货币政策的好管家，他们缺乏强有力的监管为比特币或其他替代品创造了机会。[②] 威斯康星大学的亚当·海耶斯（Adam Hayes）认为，我们正在"摆脱当今容易犯错的央行官员，进而转向一种技术官僚的、基于规则的算法方

---

① Donald J. Trump, Twitter post, 11 July 2019 (5:25 PM). twitter.com/realdonaldtrump/status/1149472282584072192, accessed 8 Sept. 2019.

② Barry Eichengreen, "As Monetary Policy Reaches Its Limits, It's Time for Governments to Spend," *The Guardian*, Guardian News & Media Ltd., 11 March 2016. www.theguardian.com/business/2016/mar/11/as-monetary-policy-reaches-its-limits-its-time-for-governments-to-start-spending, accessed 8 Sept. 2019.

法。"[1] 他指责央行"未能阻止宏观经济危机,而且事实上可能已经通过量化宽松和负利率等非常规货币工具来刺激过度冒险和道德风险,加剧了负面结果"。[2]

央行官员还必须对企业和其他私营部门数字货币(如Facebook的Libra)的事实作抗争。Libra区块链可能增长非常快,使Facebook成为世界上最大的中央银行之一,而它只对股东负责,并无必要对公民负责。它可能会变得太大而不能倒闭,这使得对美国国际集团(AIG)的救助看起来不值一提。这种系统性风险,再加上个人选择退出本地支付基础设施和货币,转而购买全球公司货币的实际风险,应该引起央行官员们的担忧。在《纽约时报》的一篇专栏文章中,公开市场研究所(Open Market Institute)的研究员马特·斯托勒(Matt Stoller)写道,这种私人货币计划可能带来的威胁:"如果所有用户都想一下子卖掉他们的Libra,导致Libra储备银行(Libra Reserve)大举抛售资产,会发生什么情况?如果Libra系统像Facebook希望的那样与我们的全球经济交织在一起,我们就需要考虑对一个私人管理的系统进行公共救助。抱歉,不过不用了,谢谢。"[3]

---

① Adam Hayes, "Decentralized Banking: Monetary Technocracy in the Digital Age," *SSRN.com*, last revised 21 July 2016. Elsevier, papers.ssrn.com/sol3/papers.cfm?abstract_id=2807476, accessed 8 Sept. 2019.
② 同上。
③ Matt Stoller, "Launching a Global Currency Is a Bold, Bad Move for Facebook," *New York Times*, New York Times Company, 19 June 2019. www.nytimes.com/2019/06/19/opinion/facebook-currency-libra.html, accessed 8 Sept. 2019.

斯托勒认为，政府不应该允许任何私人的全球支付系统发布，纳税人将不得不救助，因为它已经变得太大而不能破产。在国会关于Libra的听证会上，众议院金融服务委员会众议员格雷戈里·米克斯（Gregory Meeks）表示，一个成功的Libra"绝对会使「Libra」成为一个具有系统性风险的金融机构，并且我们期待'金融服务监管委员会'将'Libra'指定为这样的机构"。[①]

斯托勒还对国家主权提出了关切。在他看来，一个依赖于大量私人节点共识的公共货币计划并不是一个民主制度，无论网络多么去中心化或协议多么开放："今天，美国的银行监管者和央行官员都是由公选领导人雇用和解雇的。而Libra支付监管者将由一个自选自荐的公司委员会雇用和解雇。即便有一些方法可以描述这种系统，但民主不是其中之一。"[②]

另一个需要关切的问题是，Libra可能会对发展中国家的许多经济体造成怎样的影响，这些国家拥有Facebook账户的人多于拥有银行账户的人。他们可能会选择Libra来交易和储存，而不是当地货币。印度已经公开反对比特币，将停止比特币交易，并考

---

① David Z. Morris, "Facebook's Libra Currency Could Threaten the Global Financial System. Here's How," *Fortune*, Fortune Media IP Ltd., 18 July 2019. fortune.com/2019/07/18/facebook-libra-cryptocurrency-washington-hearings-financial-system, accessed 8 Sept. 2019.
② 同上。

虑对比特币用户和企业实施法律制裁。[1] 他们也许无法如此轻易地欺负 Facebook 和其他大型科技公司，但如果他们认为 Libra 是一种威胁，他们可以把目标对准 Libra 的商家和用户。

如果 Libra 成功了，它可能会让人们重新思考银行部分准备金制度。如今，商业银行的贷款通常是其存款的 10 倍。这种以新信贷形式出现的货币扩张有助于推动经济增长，但当储户心神不宁、要求收回资金时，就会引发系统性风险。该行又反过来宣称其贷款导致信贷紧缩和经济危机。正如阿布拉大学的比尔·巴希特（Bill Barhydt）所说："如果 Libra 有 100% 的存款准备金，他们就是在扼杀部分准备金制度。"[2] 也许人们更愿意把钱"存"在一家不会创造这么多新钱的银行里。

最后，许多央行官员们正在考虑数字法定货币的作用，并且已经启动了许多项目。再过 10 年，我们预计全球货币的格局将与今天大不相同，接受这项技术的政府的表现会远远好于没有接受这项技术的政府。Yermack 和 Raskin 教授早在 2016 年就写道："数字货币背后的区块链技术有可能改善央行的支付和清算操作，并可能成为央行推出自己数字货币的平台。""主权数字货币可能对银行系统产生深远影响，拉近公民与中央银行之间的关系，并消

---

[1]　John Biggs, "Indian Panel Proposes Fines and Jail Time for Cryptocurrency Use," *CoinDesk*, Digital Currency Group, 23 July 2019. www.coindesk.com/indian-panel-proposes-ban-and-jail-time-for-cryptocurrency-use, accessed 8 Sept. 2019.

[2]　Bill Barhydt, interviewed by Alex Tapscott, 25 July 2019.

除公众在部分准备金制度商业银行关于保持存款的需求。"[1]

英格兰银行（Bank of England）行长马克·卡尼（Mark Carney）或许是新金融秩序最先行的支持者，曾多次公开谈论数字货币。例如，当他的州长任期即将结束时，卡尼对旧世界的金融秩序投下了一颗重磅炸弹。结合六年的金融创新与大动荡时期对英国经济的冷处理，他提出了或许是自1944年布雷顿森林协议（Bretton Woods Agreement）以来全球金融体系最大的变革。

2019年8月23日，来自世界各地的央行行长齐聚一堂，参加一年一度的杰克逊霍尔研讨会（Jackson Hole Symposium）。特朗普的保守派推文也许能一时占据24小时新闻滚动话题的中心，但卡尼的演讲却能历久弥新。[2] 与会的人将在未来的岁月里记住他的话。卡尼称国际政策合作的主流观点已过时，其与我们不断变化的世界脱节，他主张用政府发行的数字货币支持的一篮子综合全球货币取代美元作为全球储备货币。他说："这样一个平台将更多基于虚拟而非实体。"

---

[1] Max Raskin and David Yermack, "Digital Currencies, Decentralized Ledgers, and the Future of Central Banking," eds. Peter Conti-Brown and Rosa Lastra, *SSRN.com,* 1 May 2016, p. 15.

[2] Donald J. Trump, Twitter Post, 23 Aug. 2019 (7:59 AM). twitter.com/realdonaldtrump/status/1164914959131848705; Mark Carney, "The Growing Challenges for Monetary Policy in the Current International Monetary and Financial System," Speech, Bank of England, Jackson Hole Symposium, Kansas City, MO, 23 Aug. 2019. www.bankofengland.co.uk/-/media/boe/files/speech/2019/the-growing-challenges-for-monetary-policy-speech-by-mark-carney.pdf, both accessed 8 Sept. 2019.

卡尼认为，这个国际性的稳定币可能类似于Facebook的Libra。更有可能的是，它将融合法币、类似比特币的加密货币及其底层区块链技术的特点，或者说像Libra这样的私人部门举措。

在历史悠久的高级金融殿堂，挑战既定教条是危险的，有可能结束其职业生涯——75年来，美元一直是储备货币。在像杰夫·贝佐斯、理查德·布兰森（Richard Branson）、埃隆·马斯克（Elon Musk）和马克·扎克伯格（Marc Zuckerberg）这样的反传统主义者之中，基本上都是出版、零售、运输和媒体行业围城的局外人，卡尼却是一个有能力实现变革的局内人。凭借内部人士对全球体系如何运作的了解以及颠覆者对未来的远见，构成了一种强有力的、罕见的领导力特质组合。

演讲让一些人感到惊讶，但卡尼早就预见到数字技术将如何改变我们的机构和货币。2016年他提道："随着人们之间的联系更加紧密，信息更加丰富，能力也越来越强大，金融科技可能会在国内国际范围内建立一个更具包容性的金融体系。"[1] 在同一次演讲中，他宣布英格兰银行将开始试行数字法定货币。

全球秩序正在发生变化，因为数字技术扰乱了产业，使我们的机构变得紧张，迫使我们重新思考货币等基本的社会结构。许

---

[1]　Mark Carney, "Enabling the Fintech Transformation-Revolution, Restoration, or Reformation?" Speech, Lord Mayor's Banquet for Bankers and Merchants, London, England, 16 June 2016. www.bis. org/review/r160621e.pdf, accessed 8 Sept. 2019.

多国家应该仔细研究卡尼的一言一行，因为他们可以从三个方面受益于这种主张。

首先，许多国家应该创建自己的法定数字货币。英国央行发现，用数字货币取代部分支付，可以使全球国内生产总值提高3%，降低金融包容性的壁垒，并赋予消费者权力。[1] 人们甚至开发了三种央行数字货币模型，包括设计原则和资产负债表含义。[2] 私营企业通过试验和风险承担来发展和创新。尽管政府采取了一种更为慎重和严谨的态度，但也能达到同样的效果。

其次，政治领导人应与工业部门合作应对新兴金融科技和区块链行业的监管挑战。卡尼敏锐地意识到这些挑战。他在2019年8月的演讲中说：

> 英国央行和其他监管机构一直明确表示，与社交媒体不同，任何新的系统性私人支付系统的参与条款必须在系统推出之前就生效。而社交媒体技术被数十亿用户采用之后，其

---

① John Barrdear and Michael Kumhof, "The Macroeconomics of Central Bank Issued Digital Currencies," Staff Working Paper No. 605, Bank of England, July 2016. www.bankofengland.co.uk/-/media/boe/files/working-paper/2016/the-macroeconomics-of-central-bank-issued-digital-currencies.pdf, accessed 8 Sept. 2019.

② Michael Kumhof and Clare Noone, "Central Bank Digital Currencies—Design Principles and Balance Sheet Implications," Staff Working Paper No. 725, Bank of England, May 2018. www.bankofengland.co.uk/-/media/boe/files/working-paper/2018/central-bank-digital-currencies-design-principles-and-balance-sheet-implications.pdf, accessed 8 Sept. 2019.

标准和法规才得以制定。①

换句话说，货币的调节、控制和监管与信息不同。新的价值互联网将需要领导层敏锐地适应这些挑战，并准备制定新的路线。

最后，通过成为一个技术模型用户，简化法律法规，并资助教育和培训计划，一个国家政府可以掀起新业务发展的"寒武纪大爆发"，并为以边界为中心的全球创新经济打下基础。

到目前为止，许多实际的政府加密货币已经由委内瑞拉、伊朗和土耳其等国家提出或者进行了一定的尝试。美联储（Federal Reserve，FED）、欧洲央行（European Central Bank，ECB）和其他国家的领导人们却在危险中浪费着时间。

让无银行账号人士搭上车

区块链一直被吹捧为让无银行账号人士使用银行业务的解决方案。事实上，在委内瑞拉这样的地方，有希望但有限的迹象表明，那些能够使用电脑、电力和互联网的人（在一个陷入困境的国家中，显然是少数人）可以选择退出本币的通胀致命循环，并

---

① Mark Carney, "The Growing Challenges for Monetary Policy in the Current International Monetary and Financial System," Speech.

以数字方式存储和转移价值。

不过，解决金融普惠危机的承诺在很大程度上仍未实现。或许，正如Demirors在一次采访中告诉我们的那样，金融包容性并不总是一个技术问题，"这是一个教育、政策、货币、硬件、社会的综合性问题。说复杂的问题有简单的解决办法是非常天真的"。[①] 毫无疑问，这很有道理。然而，我们认为这些问题并不是区块链无法进入全球无银行账户业务的原因，而是需要克服实施的挑战。

世界经济论坛创始人兼执行董事克劳斯·施瓦布（Klaus Schwab）说："在确保包容性增长和保护我们稀缺资源的集体性无力，使多个全球体系同时面临风险。"他还补充说："我们的第一反应必须是开发新的合作模式，这种模式不是基于狭隘的利益，而是基于整个人类的命运。"[②] 金融包容性是建立在这种更具包容性的全球增长模式的基础上的。如果无法获得金融服务，数十亿人就无法充分参与全球经济。

区块链研究所的作者雷切尔·罗宾逊（Rachel Robinson）将现状总结为"监管严格的中介机构网络，通过协调交易数据和承

---

① Meltem Demirors, interviewed by Alex Tapscott, 3 July 2019.

② Fon Mathuros, "World Economic Forum 2018 to Call for Strengthening Cooperation in a Fractured World," *WEForum.org*, World Economic Forum, 20 Sept. 2017. www.weforum.org/press/2017/09/world-economic-forum-2018-to-call-for-strengthening-cooperation-in-a-fractured-world, accessed 8 Sept. 2019.

担一些固有风险，使当前的金融体系成为可能，从而'促进'各方之间的交易"。[1] 她强调说：

> 为了应对不同时期的不同需要和使用不同的技术，这一网络是零碎地发展起来的。在这个网络中，金融机构维护着交易的专有账本，每个版本的透明度都很低。因此，这些机构和所有市场参与者必须投资昂贵的软件，以协调交易数据，即便如此，交易数据仍然容易出错和欺诈。他们还必须提交定期审计，以确保他们的专有账本记录准确。[2]

其结果是，许多金融中介机构不愿意或无法为数十亿人提供银行服务，因为这样做的成本太高，或者部分个体缺乏可接受的身份，这一身份来自银行需要遵守**了解你的客户**（KYC）或**反洗钱**（Anti-Money Laundering，AML）的法规。

区块链应用正在将金融服务成为现实。我们在这方面需要更多的工作。Barhydt的Abra是最成功的加密货币应用之一。在美国以外的地方，Abra快速增长的市场包括加拿大、菲律宾、新加坡、中国香港、土耳其、墨西哥、俄罗斯、英国等国家和

---

[1] Rachel W. Robinson, "Distributed and Collaborative Marketplaces: Blockchain Serving the Unbanked," foreword by Alex Tapscott, Blockchain Research Institute, 22 Jan. 2018.
[2] 同上。

地区。

归根结底，这是一个复杂的问题，没有简单的解决办法。除其他外，我们需要加快采用新的身份认同形式。如果个体能够引导一个持久的数字标识，他们将能够更容易地访问银行和信贷。

预防犯罪又保留权利

比特币诞生之初，反对者就谴责加密货币是洗钱或购买非法商品的工具。批评者认为，由于这项技术去中心、快速、点对点，犯罪分子会利用它。诚然，犯罪分子在利用最新技术方面总是领先法律一步。《期货犯罪》（*Futures Crimes*）一书的作者马克·古德曼（Marc Goodman）写道："指数时代导致指数级犯罪。"[1] 因此，对比特币的批评落入人类想要伤害他人的范畴。罪犯会使用最新的技术实施伤害。

但在更有效地打击犯罪分子方面，相对于其他技术或开罚单等其他有价媒介，比特币或区块链技术没有什么特别之处。事实上，随着这个行业逐渐成熟，许多权力机构现在相信，数字货币可以通过提供可疑活动的记录来帮助执法部门，甚至可能解决从

---

[1]　Marc Goodman, *Futures Crimes: Inside the Digital Underground and the Battle for Our Connected World*, reprint edition (New York: Doubleday, Penguin Random House, 12 Jan. 2016).

金融服务到物联网的大量网络犯罪。

比特币和区块链技术可能会阻止犯罪分子的使用。首先，即使是犯罪分子也必须像其他人一样在区块链中公布他们所有的比特币交易。水门事件有一句"跟着钱走追骗子"的老话，实际上在区块链上比通过其他支付方式更可行。比特币的匿名性质使得监管机构将比特币称为"检举期货"，因为比特币比现金更容易被追踪和对账，现金仍然是犯罪分子的主要支付媒介。其次，虽然区块链确保一定程度的匿名性，但也提供一定程度的开放性。如果过去的行为是未来意图的某种象征，那么我们应该期待以间谍活动闻名的公司和以发动网络战著称的国家加倍努力，因为价值牵涉其中，包括金钱、专利、矿权的获得，土地所有权和国宝。

小结与建议

2030年的世界

展望2030年，全球超级大国加密空间的竞赛已经进行了十年。在此期间，中国率先推出了完全数字化的人民币，并建立一个平行的货币体系。美联储将于2025年把美元转移到区块链上。

对于世界上大多数国家来说，近一个世纪以来，美元一直是全球商业的结算货币，这是出于必要性和选择意愿。但中国的加密人民币已经成为国家支持的商业发展和监管资本运作的工具。目前参与"新丝绸之路"的180个国家中，每个国家都同意采用中国的货币标准，以换取中国慷慨的贷款，并获得接触中国不断扩大的中产消费者的途径。在与中国国有和集体制企业有联系的非洲企业中，人民币也是首选货币。中国共产党对其专有和许可的平台上的所有交易都有独家可见性。美国和中国正在围绕世界影响力而展开一场经济博弈，两者代表着不同的愿景。

在中国，政府就使用加密人民币开展了试点试验。所有的交易都会影响到他们的社会信用评分，而社会信用评分决定了他们是否能够消费或存钱、投资房产、支付基本的公用事业费、接受教育或找到工作，所有这些都可以用新的国家支持的加密货币计价。忘记的未付款，贷款违约，或不当的购买可能不会被原谅或忘记。

欧元仍然存在，但由于欧盟摇摇欲坠，许多成员国都参与了丝绸之路计划，欧洲央行一直无法采用新的技术标准，欧元的使用率也进一步下降。

企业货币现在已走进数十亿人的现实生活。Facebook是第一个宣布计划的公司，但在华盛顿一场惨烈的争斗之后，最终未能推出Libra。只有在中国互联网巨头开始大举出口加密人民币之后，美国政府才决定允许其企业巨头对进行同样的操作推出自己的美元版加密货币。亚马逊、谷歌和Facebook现在实际上就是拥有数万亿美元储备的影子央行，为数十亿人提供银行服务，其中一些人在丝绸之路沿线的其他经济体中。

在许多新兴市场，这些企业货币的崛起已经动摇了对该国货币失去主权的政府。印度不仅禁止比特币，还禁止Facebook、亚马逊等。美国的回应是对印度实施制裁。对个人而言，有利的一面是在没有国家监督的情况下实现金融包容。现在每个拥有智能手机的人都可以转移、存储和管理财产。而不利的一面是在服务期间会形成寡头垄断。

这种情况是否不切实际呢？也许。这当然是推测性的。但想想比特币、区块链出现的头十年，世界发生了多大的变化。我们在棋局的后半程。我们更应该问的是，这种未来是我们所向往的吗？我们是否希望当今数字经济时代的地主们主宰下一个时代？我们是否希望各国政府在威胁着数十亿旁观者的技术领域上展开他们的战斗？

我们能做什么？

2019年7月，美国国会就"Libra"举行听证会。此外，比特币和所有区块链应用也都在听证范围内。这场听证会为伟大的政治舞台作出了贡献，但同时也揭示了政府内部知识的细微差别和深度。在一个特别扣人心弦的发言中，北卡罗来纳州代表帕特里克·麦克亨利（Patrick McHenry）说："比特币白皮书的作者中本聪所设想的世界是一股不可阻挡的力量。我们不应该试图阻止这种创新……那些尝试阻止的人已经失败了。"[①]

众议员麦克亨利是对的。对于那些从早期就在这个行业工作的人来说，这是一个了不起的肯定，也证明了事物发展的速度之快。我们欢迎这一创新值得培养的立场。我们还预计，政府在这一行业发展过程中的参与程度将远远超过互联网，因为互联网涉及信息和媒体，而区块链则涉及货币和资产，这是政府在历史上一直扮演的角色，他们应该继续发挥更积极的作用。

如今，如何从监管角度将加密资产进行分类——它是属于证券、大宗商品、货币或其他所有类别？目前还缺乏明确性。证交会最初采取的做法是，几乎所有的代币销售都是有价证券（比特币和以太币除外），至少在得到其他证据之前是这样。然而，在2019年7月10日和11日，证交会确实批准了Blockstack和YouNow这两个不同的项目在新法规下的覆盖范围。科律律师事务所（Cooley LLP）指出，这一宣布出现在"在DAO报告发布近两年之后，也是在杰伊·克莱顿（Jay Clayton）主席声明他还没

---

① "McHenry Delivers Opening Remarks at Hearing on Facebook's Project Libra," feat. Rep. Patrick McHenry, Video (00:01:35), *YouTube.com*, GOP Financial Services, 17 July 2019. www.youtube.com/watch?v=08ZUnX3ZYow&t, accessed 24 Nov. 2019.

有看到一个没有足够数量的证券特征的 ICO 之后的一年半"。^① 科律总结了这些授权：

> "Blockstack 和 YouNow"的发行符合 A 条例第 2 级的规定，包括：① 对于 Blockstack，向非约束性凭证的当前持有人、合格购买者提供和出售 stack 代币，并根据发行人的奖励计划，以非现金等价分发 stack 代币；② YouNow 可以分发高达 5 000 万美元的 prop 代币作为应用内奖励。^②

这些授权都是积极措施，标志着另一条前进道路。然而，其他代币产品能否以最低的成本和监管压力获得资格，仍有待观察。与此同时，几家知名的加密货币和区块链公司对监管机构持续缺乏透明度表示担忧和失望。例如，高盛（Goldman Sachs）支持的 Circle 将其大部分业务转移到海外；其首席执行官杰里米·阿莱尔（Jeremy Allaire）表示："监管框架的缺失严重限制了

---

① "Report of Investigation Pursuant to Section 21(a) of the Securities Exchange Act of 1934: The DAO," Release No. 81207, US Securities and Exchange Commission, 25 July 2017. www.sec.gov/litigation/investreport/34-81207.pdf; Dave Michaels and Paul Vigna, "SEC Chief Fires Warning Shot Against Coin Offerings," *Wall Street Journal*, Dow Jones & Company Inc., last updated 9 Nov. 2017. www.wsj.com/articles/sec-chief-fires-warning-shot-against-coin-offerings-1510247148; and "SEC Qualifies First Token Offerings Under Regulation A," *Cooley.com*, Cooley LLP, 18 July 2019. www.cooley.com/news/insight/2019/2019-07-18-sec-qualifies-first-token-offerings-under-regulation-a, all accessed 8 Sept. 2019.
② Cooley, "SEC Qualifies First Token Offerings Under Regulation A".

向美国的个人和企业提供的服务。"[1]

到目前为止，政府对区块链技术兴起的大体反应仍然是零星、渐进又缺乏政府广泛而明确信息的。或许我们需要的是区块链经济背景下的新"电信法案"。1996年的《美国电信法》对广播和媒体法规进行了重大改革，首次将互联网纳入考虑范围。该法第230条规定："当某条信息的提供者为他人时，交互式计算机服务的提供者或使用者不得被视为信息的发布者或发言人。"[2] 这为互联网革命打开了闸门，使其不必担心陷入倒退的规律中。

我们可以把Circle这样的公司做一个相似的类比。如果"区块链服务提供商"不对用户的不当和滥用行为承担直接责任，那么确定性和投资就会大大降低。这是一个微妙而复杂的问题。一方面，我们希望区块链创新蓬勃发展；另一方面，我们不应错误地将信息互联网相关问题（隐私侵犯、公共性、道德、第五修正案和知识产权等）与潜在的价值互联网问题（如恐怖主义融资和洗钱）画等号。"区块链平台"的"用户"当然可以进行这两种活动，尤其是当这些"用户"可能是敌对政权发动的去中心化自

---

[1] Quoted in "Circle Reveals Why Most Start-ups Are Wary of the US Market," *TOPNEWS*, 5 Aug. 2019. topnews.one/33040-circle-reveals-why-most-startups-are-wary-of-the-us-market.html, accessed 11 Sept. 2019.

[2] "Section 230 of the Communications Decency Act," *EFF.org*, Electronic Frontier Foundation, n.d. www.eff.org/issues/cda230, accessed 8 Sept. 2019.

治组织时。在区块链研究所的一份研究报告中，乔尔·特尔普纳
（Joel Telpner）写道：

> 当监管者面对一个处于快速发展或变革状态的行业，即
> 具有高度不确定性时，有三种可能的应对措施。他们可以通
> 过规则制定或者可能通过强制力来制定新的法律。他们可以
> 不采取任何行动，只是观察、研究和学习。或者他们可以观
> 察事态发展，定期发布报告、指南或威胁警告。他们很可能
> 最终需要以上几方面的结合。但我们认为，决定哪种方法是
> 最佳的，必须从知情询问过程开始。[①]

我们同意。意识到技术创新使他们无法接受所有信息并采取
适当行动，监管机构必须采取轻描淡写的方式。此外，某些区
块链创新（如比特币）的本质，会使得监管成为一项艰巨的挑
战。比特币应该只受到轻微的监管，但那些寻求改变金融市场的
大公司则应该受到审查。事实上，它们中心化的性质使得这样
做容易得多。正如Messari公司的创始人瑞安·塞尔基斯（Ryan
Selkis）告诉我们的那样："国会想要一把踩住区块链技术的七寸。
Facebook是一个很好的切入点。而像比特币这样的去中心化加密

---

① Joel S. Telpner, "The Lion, the Unicorn, and the Crown: Striking a Balance between Regulation and Blockchain Innovation," foreword by Don Tapscott, Blockchain Research Institute, 10 May 2018.

货币，没有一个实体可以提交给国会。"① 产业与一套基础广泛、简单、明确的政策相协作的方法将是最好的选择。

除了监管之外，政府还必须成为区块链的模范用户，这反过来将有助于开创一个更好、更高效、更具包容性的金融市场。正如我们在本章中所倡导的，政府应将区块链用于本国法定货币，以降低复杂性和成本，并改善金融服务的获取途径。一个真正的原生数字法币可以刺激经济，改善货币政策，并帮助那些没有银行账户或银行存款不足已享受到服务的人。

在位者必须认识到区块链不仅仅是降低复杂性和节约成本的一种方式，它还是创造和转移价值的新平台。专注于未来的收入机会，而不仅仅是削减成本，你将会把自己安排得更好。Facebook的崛起和Libra的推出应该起到警醒作用：金融是所有部门和几乎人类所有经济和生产活动的基础。变革已经开始。要么选择拥抱区块链，要么选择灭亡。

译者注：Libra于2020年改名Diem，Facebook于2021年改名Meta，主要出于监管压力而作出调整，2021年Diem获得瑞士的监管批准。2022年，项目重点似乎从最初的全球货币转向在特定市场推出稳定币。

---

① Ryan Selkis, interviewed by Alex Tapscott, 23 July 2019.

Chapter 2
THE TOKEN
ECONOMY

02
代币经济

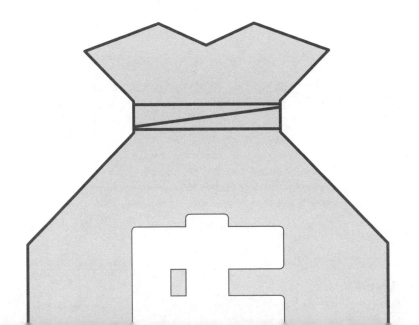

当货币可被编程

迈克尔·凯西

代币经济简论

区块链技术，以及由此产生的加密货币、代币和其他数字资产，可能正在推动我们朝着可编程货币的模式前进，这种模式整合了公共资源的自动化内部治理，并鼓励团体之间的协作。当数字稀缺性被应用到这些代币上时，它使得我们日益数字化的经济与数字化前的经济区别对待。它增加了货币本身成为实现共同成果工具的可能性。

新去中心化应用程序的开发人员正在代币化各种资源，如电力和带宽，但也包括人的品质，如观众对在线内容的关注或事实

核查员的诚实。尽管媒体的报道都集中在这些代币发行商筹集的数十亿美元上，但承诺对社会产生持久影响的是激进的新经济的企图。一旦社区将稀缺代币与这些资源的产权联系起来，它就可以对代币的使用产生控制能力，以帮助管理公共物品。它是一种动态货币，它的作用超出了交换媒介，货币是实现社区目标的直接工具。

本章探讨了数字货币中注入政策和激励的深远影响。我们可以设想一个数字易货的未来：不同的资产可以直接交易，人们不再需要存储如美元或比特币那样的共同货币了。代币经济甚至可以使人们摆脱几个世纪以来中央货币体系所遭受的经济扭曲和周期性危机。

随着监管机构开始打击ICO，发展可能会停滞，而这一迫在眉睫的威胁要求采取更严格的治理措施来保护投资者和用户。但这种代币现象激发了成千上万的能人志士的集体想象力，他们现在正在向该领域注入新的想法。本章并没有预测这种无秩序的迭代创新过程将把我们带到哪里；相反，它探讨了重要的、高度颠覆性变化的早期迹象。

本章序言

在本章所依据的报告发布后的近几个月里，本已蓬勃发展的

ERC-20代币①市场进入了超速发展阶段，经历着一场永远不会有好结果的后期拉力赛。

2018年1月初，这一叹为观止的繁荣使加密货币市值达到难以置信的8 300亿美元，随后不出所料，历史的教训得到了证实，市场急转直下，暴跌到180亿美元。伴随对以太币和代币需求一度自我增强的良性循环逆转，所有商品的价格暴跌，赔本销售的恶性循环将价格降到了冰点。

在公开场合，那些以非常公开的颓废姿态炫耀自己加密财富的"奔月"多头们被"告诫过你"的空头们取代了：律师们警告说，在ICO的洪流中，大多数都很可能是非法的；深入研究了这些项目的开发人员，发现许多项目都是建立在剽窃白皮书，或至多是脆弱的分叉代码基础上的；还有经验丰富的投资者，他们预测那些采取"更大傻瓜"方式投资的人将面临清算的日子。

整个事件大大削弱了密码经济学在公众眼中的地位。随着主流媒体异乎寻常地关注加密资产过山车式的价格波动，代币可以为去中心化平台提供燃料并运行激励个人行为朝着共同目标发展的协议——这样的强大想法很难得到报道。相反，人们谈论的是郁金香狂热，财富的损失，以及在艰难的道路上吸取的教训。

与此同时，证交会在一系列指导性声明中澄清，2016—2018

---

① 译者注：ERC-20代币本身不是代币，而是一种代币设计标准，其基于以太坊原生代币ETH，是代币开发者们共同设计的智能合约设计标准。

年浪潮中上市的大部分代币发行（如果不是全部）都属于证券发行。由于绝大多数公司并没有注册，而且在没有得到适当保护和警告的情况下被出售给公众，因此发起人仍然容易受到法律的诉讼，除非他们采取严格措施，防止代币落入美国投资者手中。

不过，代币有望带来新的效率，即克服阻碍全球经济集中化的摩擦、信任壁垒和寻租，这一核心理念远未消亡。现在有风向转为安全代币，它们要么作为在现实世界资产（如房产或债券）的数字债权而建立，要么作为向公众提供风险融资的**安全代币发行**（Security Token Offering，STO）而建的激励，所有这些都是基于它们将完全符合证券法规的理解上。

这一概念出现在金融机构身上。诸如兴业银行和桑坦德银行此类的银行出售基于区块链的债券，甚至世界银行也是如此。同样采用它的还有Blockstack等初创企业，它首次筹集了2 300万美元，证交会批准了其"stacks"代币的公开STO，此次收益将用于构建其分布式互联网软件的架构。

不过，真正的希望在于更为激进的效用代币概念，这一概念点燃了ICO热潮，即一种数字单元概念——它的价值不是来自某一固定资产，如建筑物或对未来收益（如债券或股票）的要求，而是来自区块链网络本身的目的。效用代币拥有分散权力的真正希望，因为它们通过激励和成本而不是通过一个中心化的实体来规范系统中所有参与者的行为。

然而，ICO的兴衰却暴露出一个鸡与蛋的问题：在代币网络建立之前，在公开市场上出售的代币几乎不可能确定其效用价值。这意味着监管机构默认把这些首次发行视为投机性投资合同，甚至进一步将其视为出售未登记证券。这里有一个时机问题。代币如何成为一种效用代币？它是如何失去自身安全状态的？

有影响力的法律界人士，包括一些监管部门人员，一直在解决上述问题。一些国家（如新加坡和瑞士）的证券监管机构发布了指导方针，里面明确规定了哪些类型的代币将构成证券，哪些类型的代币是效用代币，尽管他们并不总是使用后者。

在一次重要的讲话中，美国证券交易委员会下属的公司财务部主任威廉·辛曼（William Hinman）阐述了一个案例，说明了区块链的原生代币如何随着时间的推移从一开始成为证券，又伴随其基础网络和功能的增长而失去这种地位。他的言论被解读为一个信号，即证交会将以太坊首次发行的以太币视为未登记的安全代币，但其在交易所不能在无须遵守相关规定的情况下进行自由交易。[1]

在科律律师事务所设计了旨在帮助初创企业向合格投资人融

① William Hinman, "Digital Asset Transactions: When *Howey* Met Gary (Plastic)," Speech, *SEC. gov*, Yahoo Finance All Markets Summit: Crypto, San Francisco, CA, 14 June 2018. www.sec.gov/news/speech/speech-hinman-061418, accessed 7 Oct. 2019.

资的远期代币特殊协议（SAFT）之后，考虑一种代币的进化能力也是类似的方式，一旦网络充分地运行和去中心化，这些工具将随后转换为代币。目前尚不清楚美国证券交易委员会关于SAFT的立场。

监管者和市场之间的这种反复角力，本质上是难以捉摸而又曲折的。但随着每一个新案例的发生和每位发行人为设计一个既能保持合规又能实现去中心化目标的结构付出的新努力，清晰性将慢慢显现。换言之，代币经济的梦想依然活生生地存在着。

代币经济导论

在整个2016年和2017年前8个月，分布式软件应用程序的开发者通过2014年年初首次推出的名为ICO的新工具筹集了近16亿美元。[①] 截至2017年7月下旬，在他们发行的代币的二级市场交易中，加密货币、加密商品和加密代币的总价值达到了956亿美元，高于2016年初的70亿美元。

这一现象让许多开发商和加密货币爱好者变得非常富有，同时还揭示了一种新的众筹模式，其被一些人认为是对硅谷风险投资家的威胁。另一方面，持怀疑态度的人将其与南海泡沫相提并

---

① "Coindesk ICO Tracker: All-Time Cumulative ICO Funding," *CoinDesk*, Digital Currency Group, as of 18 Aug. 2017. www.coindesk.com/ico-tracker.

论，即一家18世纪英国贸易公司的股票因炒作和投机而迅速上涨，直到回报率没有达到炒作的水平时就崩盘了。有人认为，不仅在筹资活动方面，而且在经济战略方面，游戏规则都在改变；还有一些人对不计后果的ICO诈骗和即将实施的监管打击发出了警告，这两类人出现了分歧。两者都值得考虑。

如果代币的拥护者是对的，那么一个意义深远的问题便事关成败：一个挑战20世纪资本主义基本原则的新经济体系。这些可转让代币模糊了"产品""货币"和"股权"之间的界限。理论上，它们的内置软件可以规范用户之间的行为，从而使计算机所有者可以在去中心化的网络上交换闲置物品，或是使社交媒体用户可以通过其内容和关注获得收入。它们将自身利益、市场定价信号与保护共同利益的治理体系结合起来。

然而，为了使代币可行，我们需要对审计流程和商业法规进行重大改革，以保持发行人的诚实。如果这些目标能够实现，这种新兴的代币经济将为社会提供一个全新的货币和价值的交换模式。

公地悲剧的一种解决方案？

生态学家加勒特·哈丁（Garrett Hardin）在其颇具影响力的关于19世纪农民在公地放牛的文章《公地悲剧》（Tragedy of the

Commons）中提出，依赖于一种共享的、不受监管的资源的社区最终将耗尽资源，因为个人会为追求自身利益去损害共同利益。[①]哈丁认识到一个由缺乏信任引起的协调问题，即善意的行动者无法避免过度使用共同资源，因为他们担心其他人可能会利用他们的善意"搭便车"。

自从1968年那篇文章面世以后，**公地**（commons）一词已经不仅指土地、水和食品供应等自然资源，还包括了公共基础设施等人造资源，甚至包括言论自由等无形概念。它现在经常用于制定政策，以确保大众能够免费、公开地获得这些资源。

多年来，哈丁的论文一直被用来证明**外部治理**的作用，即国家在管理和保护构成**公共利益**的稀缺资源方面的作用。然而，最近一些经济学家证明了哈丁对人性相当愤世嫉俗的观点并不总是正确的。特别是已故的埃莉诺·奥斯特罗姆（Elinor Ostrom），她因为研究缅因州渔民如何自我组织而形成了有助于保护该地区龙虾渔业的根深蒂固的行为规范，获得2009年诺贝尔奖。她认为，各社区已被证明有能力提出有效的**内部治理**来管理资源。然而，尽管这种共同利益的做法在世界各地有许多实例，但它们的成功更多地依赖于技能而不是科学。内部治理往往取决于共同的文化

---

① Garrett Hardin, "The Tragedy of the Commons," *Science* 162, No. 3859 (13 Dec. 1968): 1243-1248. American Association for the Advancement of Science, science.sciencemag.org/content/162/3859/1243, accessed 18 Sept. 2017.

习俗和社区内密切的个人联系。

制定一个普遍的内部治理模式一直是一项挑战，特别是在许多微观经济环境中，很难明确并切实管制对共同资源的滥用。现在，随着区块链技术和加密货币、加密代币以及其他数字资产的出现，我们可能正朝着一种可编程货币的模式迈进，这种模式可以为公共资源提供一个更自动化的内部治理系统。

一旦一个社区将可编程软件并入其共享的交换媒介，它就可以将使用规则直接嵌入货币单位本身。我们可以将其用于某些交易，但不能用于其他交易，并且我们可以编程其价值，使其价值与公共资源状况的改善相一致。代币因此提供了一种将其本身编入货币的方式，这一功能实现了社会对人们关于共同财产的不同**权利**和之后相关义务的期望。

根据Ostrom和Schlager的分类法，这些可能包括不同的**访问权**、**退出权**、**管理权**、**排除权**和**让渡权**。[①] 如果我们能在代币中捕捉到这些准法律概念，它就变成了**一种元资产**，一种有价值的东西，同时也是一种治理工具。代币是一种动态使用的货币，它超越了本身作为稳定和可交换的价值单位的作用，成为实现社区目标的直接手段。代币经济的巨大希望在于它可能会解决

---

① Edella Schlager and Elinor Ostrom, "Property-Rights Regimes and Natural Resources: A Conceptual Analysis," *Land Economics* 68, No. 3 (University of Wisconsin Press: Aug. 1992): 249–262. JSTOR, www.jstor.org/stable/3146375, accessed 22 April 2010.

公地悲剧。

新币发行（ICO）：一种新型的元资产

这是经济严重混乱的预兆，伴随一种特殊的投机性狂热，正推动着对这些元资产的爆炸性投资。2016年至2017年年中，新的去中心化软件应用开发商在ICO活动中售出了价值16亿美元的代币。根据*CoinMarketCap.com*网站的信息，在二级市场上，这类新的加密资产价值飙升，集体市值从2015年年底的70亿美元飙升至2017年年中的1 480亿美元峰值[①]。这一现象也见证了比特币在更广泛的加密货币市场的主导地位有所减弱。

在所有被*CoinMarketCap.com*网站追踪的代币中，比特币价值占总市值的比例从2016年年底的87%降至2017年8月底的46%。流入新代币的资金流激发了大量的创造性活动，推动了不断扩大的开源开发生态系统，从而产生了指数式创新的反馈。这标志着正在推广新的基于代币的解决方案的行业范围和全球经济本身的构成一样广泛，它包括社交媒体、航运物流、能源、卫生、学术研究和保险等。

一个新的加密资产类别已经诞生，高盛在2017年8月告诉客

---

① "Total Market Capitalization," *CoinMarketCap.com*. www.coinmarketcap.com/charts, accessed 22 Aug. 2017.

户，"机构投资者越来越难以忽视"。[①] 那时，许多经验丰富的投资者也得出结论，这一新的资产类别正处于一个壮观的泡沫之中，且早就应该进行大规模抛售。在一个值得注意的ICO中，一个名为Gnosis的项目在12分钟的时间里筹得1 250万美元，这一数额仅占流通代币总额的5%。该项目旨在让人们在一个基于任意预测成功（或其他）的市场上交易代币。

由于创始人仍持有另外95%的股份，该平台的总估值高达3亿美元。[②] 然后，在一个月内，它的价格几乎翻了两番，超过了10亿美元，一个表面上既没有用户也没有明确的市场路径的项目帮该平台赢得了硅谷所谓的"独角兽"地位。在几乎所有的ICO中，所提供的想法还远没有经过充分的测试，许多ICO背后只有一份白皮书。FOMO的想法，即"害怕错过机会"，可能会像任何对价值主张的考虑一样推动这种狂欢。

现在的担忧是，过多的资金流入正在扭曲那些建立了这些概念而暴富的开发商的激励机制，或许更糟糕的是，许多开发商在保护自己免受证券法影响的法律责任方面的努力不够充分。不管

---

① Oscar Williams-Grut, "Goldman: 'It's Getting Harder for Institutional Investors to Ignore Cryptocurrencies,'" *Business Insider,* Insider Inc., 10 Aug. 2017. www.businessinsider.com/goldman-sachs-cryptocurrencies-bitcoin-ethereum-icos-2017-8, accessed 22 Aug. 2017.

② Gertrude Chavez-Dreyfuss, "Interview: Blockchain Start-up Gnosis to Freeze Tokens After Strong Sale," Reuters, *CNBC.com*, 25 April 2017. www.cnbc.com/2017/04/25/reuters-america-interview-blockchain-start-up-gnosis-to-freeze-tokens-after-strong-sale.html, accessed 18 Sept. 2017.

怎样，一定形式的改革似乎不可避免。如果这能迫使这一市场更加成熟地发展，有适当的法规、最佳实践以及监管和追究行业责任的机构，那么这种调整将是积极的。

但如果这种新方式的损失阻碍了其更具前景的一面（创造价值、交换和资源管理），那将是一种遗憾。这份报告的目的是在挖掘这一巨大的潜力的同时，建议如何为这个新生的投资市场带来更多的秩序和安全。

数字稀缺性的出现

无论是对元资产投资的热情，还是他们解决公地悲剧的潜力，都可以追溯到第一个加密代币——比特币。这项发明不仅使数千名开发者的想象力转向为分布式、非中介化的未来经济设计应用程序，还为稀缺公共资源的软件驱动式内部治理开创了先例。随后的区块链是一种分布式的公共账本，可供货币用户共享，作为他们对真相的记录。比特币的创始人中本聪发明创造了这种公共物品，即一种需要保护的公共财产。

它的完整性必须得到保证。尽管存在这样一种可能，该账本的个体验证者，即**比特币矿工**，会受到激励而恶意行事，输入虚假数据，从而使他们能够"双倍消费"比特币余额，换句话说，参与数字伪造。没有中心化权威来保持所有行动者的诚实，没有外部治理，这是以前所有试图建立一个没有中心集权的去中心化货币的失败点。如果没有这样的权威，一个不需要识别用户身份的无权限账本总是容易遭受滥用。就像公地里的牧牛人一样，个体行为人不能相信其他人会诚实行事。

中本聪打破了这一限制。通过在比特币协议中嵌入一套独特的软件驱动规则，他激励网络中其他身份不明的参与者维护账本的完整性，不光为了整体利益，同时也出于自身利益而谋利。关键就在一种特殊的**工作证明**（Proof of Work，PoW，即控矿）算法，它迫使矿工在获得比特币奖励权利之前执行一项耗电的计算任务。这种"自身利益也在其中"使得控制网络和篡改结果的成本高得让人望而却步。这激励他们与其他所有矿工就真实的账本达成共识。这是一个独特的自我利益和共同利益的结合。因为它，中本聪取得了令人瞩目的成就：他解决了公地悲剧。

除了它的PoW共识系统（它迫使甚至无法辨认的流氓玩家诚实行事），比特币背后还有另一个强大的理念，它有助于围绕加密代币如何帮助社区管理公共资源（即"数字资产"）制定新的想法。因为PoW确保比特币（大写B）账本的完整性，并防止比特币（小写b）的双重支出，这种货币的每一单位都可以被视为唯一的项目。我们第一次有了一种无法复制的数字价值形式，不像比特币发明之前的Word文档、MP3歌曲、视频或任何其他传播价值的软件工具。中本聪一举创造了**数字稀缺**的概念，并使数字资产得以存在。

当数字稀缺性应用于比特币等代币或其他数字代币化的交换媒介时，它为管理我们日益数字化的经济及其内部的微观经济提供了一种新的方法。利用稀缺的数字代币，对价值创造有共同利益的社区可以将他们的共享价值嵌入到软件治理中，并将这些元资产用作这些价值的工具。一旦他们将稀缺代币与稀缺资源的产权联系起来，他们就可以对代币的使用进行控制，从而帮助管理公共物品。

这里有一个假设的例子：一个地方政府想要减少污染、交通拥堵和城镇碳排放量，可能会用可转让的数字代币奖励投资当地太阳能发电的家庭，这些代币允许使用电动公共交通工具，但不允许使用收费公路或停车场。代币可以流通，其价值与该镇排放的测量值挂钩，从而鼓励居民使用代币。

这是一个直接由代币推动的自然环境保护战略的例子。这也可能是经济学家为诸如污染等**外部性**定价的一种方式。但这一概念远远超出了对自然环境中资源的管理。通过代币协调在去中心化的网络上备用计算机存储器的交换，我们可以共享使用人们硬盘上浪费的磁盘空间。或者，利用奖励对预测市场结果作出可证明的诚实判断的裁决者的"名誉代币"，我们能够提升和保护"诚实判断"的公共利益。

作为强有力激励的代币

　　向数字货币注入政策和激励措施的影响是深远的。这个概念与**循环经济**的目标相一致，即供应链中的所有参与者都有最小化浪费和持续回收零件和材料的动机。新的社交媒体平台的设计者可以通过要求"利益共担"代币来鼓励亲社会行为和准确信息，这种代币会对自动程序和其他假新闻的自动化工具征收计算税。

　　我们可以代币化从电力到带宽的任何东西。所有这些都有可能将新的市场效率降低到微观交易水平，使物联网经济能够无声地、自动地管理我们的经济活动，比在不可编程的货币世界能想到的更精确、更少浪费。

　　然而，为了上述世界的出现，许多代币用户需要信任它们，甚至使用它们。在这个阶段，即使是最大和最成熟的加密代币——比特币，其交易也只占全球商业交易的一小部分。更重要的是，这种合法性要求与代币热的投资部分存在潜在的冲突。有一个真正的风险是，快钱流入这一领域会刺激这些企业创始人的注意力并不再将代币整合到他们的平台上，而集中在积累通过预售代币赚取的外部参照货币，如比特币或美元。这种囤积的趋势可能会阻碍朝着更大目标发展。

　　如果代币只是成为一种众筹工具，绕过美国证券交易委员会的监管，追逐无资格投资者，那么它们的破坏性影响将是有限的。如果绝大多数投资者只是参与投机泡沫，而对代币本身的效用价值不感兴趣，那么代币市场和围绕它的创新步伐都可能出现紧缩，特别是一旦美国证券交易委员会开始提起选择性诉讼。

这种打击的风险是严重的，部分原因是包含监管思想的分类法不允许存在灵活性。借用前加密货币术语来说，研究筹资活动的监管机构将决定出售的资产是一种"货币"、一种"商品"、一种"证券"，还是未来交付产品的预售权。在美国市场，为了避免触犯法院定义的证券概念，即"豪威测试"[①]（Howey test），律师们建议代币发行人将其ICO描述为后者的例子，即出售具有效用的物品，一种可以**用于**储存和转移货币价值以外用途的工具。[②]（许多ICO还包括一份免责声明——告诉美国投资者，他们不能参与出售——尽管许多美国人似乎忽视了这些请求。）

可以肯定的是，正是这个效用值使代币具有吸引力。但是，公正分析代币的功能时必须认识到，几乎所有这些代币都具有货币、商品和证券的某些品质。理想情况下，加密代币最好能被视为所有这些类别的综合体或超越它们的东西。正如以太坊流

---

① 译者注：豪威测试是美国最高院在1946年的一个判决(SEC v. Howey)中使用的一种判断特定交易是否构成证券发行的标准。

② Mr. Justice Murphy, Opinion, *Securities and Exchange Commission v. W. J. Howey Co. et al.*, 328 US 293 (66 S.Ct. 1100, 90 L.Ed. 1244), No. 843, 27 May 1946. Legal Information Institute, Cornell Law School, www.law.cornell.edu/supremecourt/text/328/293, accessed 15 Sept. 2017.

动性资产公司CitizenHex的CEO兼联合创始人本杰明·罗伯茨（Benjamin Roberts）所说：“代币不仅仅是价值，也不仅仅是数据。它将这两者打包在一起，是一种可以放在某个地方的格式或抽象。这是一种将价值和信息捆绑在一起的新事物。”[1]

平衡创新和监管

现有金融监管的非此即彼的分类，使得这种宽泛的解释没有空间，因此提升了被赋予广泛自由裁量权的美国证券交易委员会作出严厉反应的风险。如果SEC试图把这些方形的木桩硬塞进前数字时代世界金融体系的圆孔内，它可能会发出一个关于这个行业前景的有害信息，并推动离岸创新。

2017年7月25日，证交会表示，它已经审查了由现已解散的加密投资基金DAO发行的代币，并认定这些代币相当于未注册证券。[2] 证交会选择不对发起人采取行动，但它用声明警告其他代币很可能沦为上述类别。与此同时，证交会似乎敞开大门，将其他代币排除在这类结论之外，并强调它希望鼓励融资创新，以

---

[1]　Benjamin Roberts, interviewed by Don Tapscott, 20 June 2017. (Transcript shared with Michael Casey.)

[2]　"SEC Issues Investigative Report Concluding DAO Tokens, a Digital Asset, Were Securities," *SEC.gov*, US Securities and Exchange Commission, 25 July 2017. www.sec.gov/news/press-release/2017-131, accessed 15 Sept. 2017.

表明它愿意与代币行业接洽来确定未来规则。中国政府在9月初采取了更严厉的行动。它明确禁止利用ICO筹集资金。[①]

世界各地的证券法都要求募捐者遵守严格的信息披露要求，这主要是因为社会认为有必要保护经验尚浅的投资者不受无良投机商的伤害。因此，面临的挑战是如何找到既能保持充分保护又不妨碍新兴技术发展的方案。在这种情况下，该行业需要一个包含新标准、自律机构和新兴代币市场最佳实践模式的适当灵活组合，以便培养广泛的信任。同样地，建立更为复杂的投资工具，专门购买和持有元资产，以及专业的代币分析师、评级体系、独立记者和自律机构等，将有助于它获得合法性和稳定性。

任何新的法律都应足够宽松，以鼓励投资者承担风险，而这正是该行业投资者的特点。他们中包括许多厌倦了在受监管的投资选择中赚取微薄的回报，并希望从资金雄厚的风险投资家所经历的行动中分得一杯羹。这些风投家的成功应当归功于他们作为专业投资者的特权地位（不过，值得注意的是，风险资本家、对冲基金投资人和其他经认可的专业人士是ICO最大的参与者之一）。

---

① John Ruwitch and Jemima Kelly, "China Hits Booming Cryptocurrency Market with Coin Fundraising Ban," *Reuters.com*, Thomson Reuters, 4 Sept. 2017. www.reuters.com/article/us-china-finance-digital/china-hits-booming-cryptocurrency-market-with-coin-fundraising-ban-idUSKCN1BF0R7, accessed 15 Sept. 2017.

"风投公司认为这是一个真正的潜在威胁。你可以从他们的肢体语言看出这一点。"康奈尔大学密码学家、加密货币专家 Emin Gün Sirer 如是说。他是各种代币发行初创公司的顾问。他解释说：

> "零售代币投资者"意识到，风投公司在这些新的商业模式中获得的收益要多得多，同时，"那些同样的小投资者"渴望承担类似的风险。他们可能会发现有时他们真的很后悔自己所做的决定，但这个社区似乎对其行动的后果相互独立又没有拘束。你不会看到有人组织起来反对"某某"，并说"让我们制定一个监管措施吧"。这本身就非常令人兴奋。①

使投资者民主化是同时为小微企业家提供民主化机会的一种方式。它为开发商提供了新的投资渠道。这些新的融资工具有可能引导一个由创建 Dapp 的组织和自由开发者构成的全球生态系统。风投融资模式要求股本回报，即优先考虑垄断资本主义和集权；它押注于区块链技术意图打破同一中间实体。现在，投资者可以将资金转向那些致力于去中心化解决方案的人，该团体实际上正在建设公共产品。

---

① Emin Gün Sirer, interviewed by Michael Casey, 22 June 2017.

代币融资模式是一种关于协议和治理系统的开放式基础设施的支付方式，这些基础设施促进了从投票到能源系统的点对点交换和新型去中心化经济。一些工程师在这个过程中变得非常富有，这本身可能会带来重新中心化的风险。但在这种平台经济的新型、去中心化形式中，可以说收益被更广泛地分享。它似乎比智能手机应用程序开发的经济更具分布性，例如，"免费应用程序"模式强化了手机，但没有提升应用程序开发者的收入。

至关重要的是，在向开源开发者转移价值的过程中，代币可以确保新互联网架构的核心组件第一次以营利为目的进行货币化，并更快地构建出来。用比特币创业公司21 Inc.首席执行官Balaji Srinivasan的话来说，代币可以被认为是"付费API密钥"，因为Dapp的开发者需要购买并部署它们，以便在其他开发者构建的分布式协议上工作。[①] 这些Dapp开发人员注入的资金帮助支付协议开发人员构建开放平台的工作，创造了一种与前比特币时代下的互联网截然不同的模式。

协议的黄金时代

以前，用来强化互联网开放网络基础设施的重要基础层开

---

①   Balaji S. Srinivasan, "Thoughts on Tokens," *Medium*, 21.co, 27 May 2017. news.21.co/thoughts-on-tokens-436109aabcbe, accessed 15 Sept. 2017.

放协议，其开发是一项非营利事业。网络软件，如管理互联网核心分组交换功能的**传输控制和互联网协议**（TCP/IP），或网站的**超文本传输协议**（HTTP）和电子邮件的**简单邮件传输协议**（SMTP），它们都是由大学和非营利机构开发的。商业性的、营利性的私人实体没有被直接激励去研究这些协议。驱使他们与非营利实验室合作的，很大一部分原因是能够获得底层技术和从事这项技术的工程人才这两大发展优势。

然而，在很大程度上，营利性公司将资源转向了运行**在开放协议之上**的商业化专有应用程序。非营利性实体的问题是，这些商业参与者的口袋更深，这使得前者很难争夺人才。最终，最大的公司间接地塑造了开放协议的发展，因为正是他们的捐赠让大学继续前进。

正如联合广场风险投资公司（Union Square Ventures）的阿尔伯特·温格（Albert Wenger）和弗雷德·威尔逊（Fred Wilson）所言，我们可能正进入"开放协议的黄金时代"，在这个时代，谁开发最常用的开放平台，谁就能会抓住价值。[1] 举个例子：以太坊协议的本机代币ether的价值飙升，这是由于基于以太坊的ERC-20代币标准在ICO中的流行。

这些无须许可的开放协议是另一种形式的公共利益、一种

---

[1]　Fred Wilson, "The Golden Age of Open Protocols," AVC [a venture capitalist], 31 July 2016. avc.com/2016/07/the-golden-age-of-open-protocols, accessed 15 Sept. 2017.

公地，任何拥有代币的人都可以在此基础上开始发展任何想法。TCP和IP就是这样，它们的维护需要一系列符合公共利益的国际机构的管理。通过直接向这些协议的开发者提供资金，代币经济现在可以更直接地激励这个重要分布式大厦的构建。换言之，对于那些使用Dapp改变经济结果的人和那些开发Dapp运行的基础设施的人，代币同时解决了他们造成的公地悲剧。

然而，这方面也需要谨慎。根据在线社区建设平台BraveNew的首席执行官卢西恩·塔诺夫斯基（Lucian Tarnowski）的说法，最大的风险是开发人员变得过于强大，而使依赖其软件的社区成为"算法的奴隶"。他担心工程师们倾向于构建基于数学的庞大单一的区块链协议，无法适应现实人类生活的多种方式。塔诺夫斯基说："僵化确实很危险，因为它造成了这种主从依赖。"[1]

一组代币开发人员关注这个问题。经济航天局（ECSA）得到了一系列技术专家、经济学家、人类学家和其他社会理论家的支持，通过全球区块链（如比特币或以太坊），它正在构建一个**不**依赖于验证的防欺诈安全系统，而非应用狭义的、点对点的计算机安全形式，基于**对象能力**的最小权限原则。[2]

---

① Lucian Tarnowski, interviewed by Michael Casey, 5 July 2017.

② Harlan T. Wood, James E. Foley, and Alex Alekseyenko, "Gravity, a Distributed Smart Contracts Protocol," Economic Space Agency, n.d. economicspace.agency/gravity, accessed 18 Sept. 2017.

从理论上讲，应该允许一组人，不管多小，根据原生化的智能合约，共同发行他们自己独特的代币，这些代币掌握了他们社区的利益，并且不受开发者制定的规则（即全球协议）的约束。Virectane的创始人兼CEO阿克塞·维尔塔宁（Akseli Virtanen）希望系统简单以便提升"ICO的仪式"，最终使得人和物不断地向他人提供新的代币服务。[①]

无论他们依靠ECSA的复杂对象功能技术，还是依靠从Ripple实验室的Interledger项目、Cosmos的"区块链互联网"或Polkadot的"Parachain"等获得的跨账本互操作性，正在出现的解决方案将这一进程从"最大化"的概念中拉了出来，即所有经济活动都必须被一个占主导地位的区块链所吸引。如果是这样的话，那么我们将进入一个多代币的世界，在这个世界中，不仅每个代币背后的Dapp是唯一的，而且分布式信任治理系统也非常不同，并成为一个用户选择的问题。

要使所有这些代币具有可靠的市场价值，可能仍需要一种中心化的参考货币，不过取决于它们的交易效率，它们的价格有朝一日可能只是相互参照。换言之，我们有可能设想一种数字易货的未来，即不同的资产直接交易，人们不再需要存储美元或比特

---

① Akseli Virtanen, interviewed by Michael Casey, 4 July 2017.

币这样的通用货币。它甚至可以使人们摆脱几个世纪以来中央集权货币体系所经历的经济扭曲和周期性危机。

当然，以法币为主的世界货币体系距离这种分布式结构还有很长的路要走。尽管如此，当前这一时期的快速变化表明，我们可能正在进入人类货币体系走向彻底变革的200年转折点之一。对这些代币和元资产感兴趣的投资者、开发人员和潜在用户不断增加，这只会加速他们背后的创新动力。如果监管机构开始集体打击，很可能会出现倒退。但这种代币现象激起了数十万"聪明人"的集体想象力，他们现在正在向这一领域注入新的想法。我们无法预测这种无序的迭代创新过程将把我们带向何处，但我们如果认为，一个重大的、极具颠覆性的变革并没有迫在眉睫，那就极不明智了。

BAT：网络广告的新范式

2017年5月31日，格林尼治标准时间下午2:34，初创公司Brave Software Inc.公开销售其基本访问代币（BAT）。24秒后，资金池中所有的10亿代币都卖光了。Brave风卷残云般地从ICO中融资到3 500万美元，这让许多充满希望的投资者对被排除在外感到苦涩。今年夏天，随着ICO热潮袭来，数十亿美元涌入这一新的基于区块链的投资类别，其他公司将筹集多达Brave 6倍的资金，连续创造史上最大规模众筹活动的新纪录。

但令人震惊的是Brave公司的交易速度。尽管这引发了重量级投资者将不太灵活的参与者挤出市场和限制代币发行范围等行为的担忧，但旺盛的需求也反映了Brave独特价值主张所带来的轰动：它可以修复互联网失灵的广告模式。BAT是Brave改善计量、定价和供需平衡尝试中的一个必要组成部分。

通过将代币嵌入由用户、出版商和广告商组成的三方市场，Brave团队相信它可以带来更多的秩序、透明度和定价精准性。这是一个真实的测试案例，说明了一个可编程代币如何激励市场内各方竞争行业的参与者走到一起，提高市场效率。

这是一个值得再试一次的问题。与互联网早期承诺为广告带来精准度、分析性和直接面向客户的营销不同，所有三类利益相关者群体的代表普遍认为，在线广告行业已经严重破产。对于用户来说，横幅广告和未经请求的促销视频不仅恶化了网站的体验，而且还消耗了他们的带宽（据估计，人们每个月有23美元的手机费用来支付他们不想要的广告[①]）。

据美国全国广告商协会（Association of National Advertisers）的数据，对于广告商而言，生成虚假流量数据的计算机推高了不

---

① Gregor Aisch, Wilson Andrews, and Josh Keller, "The Cost of Mobile Ads on 50 News Websites," *New York Times*, New York Times Company, 1 Oct. 2015. www.nytimes.com/interactive/2015/10/01/business/cost-of-mobile-ads.html, accessed 18 Sept. 2017.

值钱网站的费率，导致该行业2017年的损失达65亿美元。[①] 与此同时，随着主流出版商的网站与来自博客和社交媒体不断扩大的替代性在线内容供应展开竞争，急剧下降的CPM[②]（广告收费率所依据的每千次印象的标准成本）正在损害主流出版商的利益。

或许不可避免的是，消费者正转向广告屏蔽软件，截至2017年年初，约有8 660万台移动和桌面设备使用这些服务，这一趋势将使劳动密集型的新闻编辑室缺乏制作高质量新闻所需的资金。[③] 其结果是：信息质量不断恶化，以及一套扭曲的激励机制，该机制将"假新闻"提供商占领市场并赚取广告收入的行为变得有利可图。

从经济学的角度来看，这种细分构成了无法为所有广告市场所围绕的稀缺资源——**用户注意力**——确立一个可接受的价格。这项业务的核心是出版商抓住读者和观众有限的注意力，然后将其传递给广告商。这是一个容易被扭曲的市场，因为用户并没有由于提供这一资源而直接获得报酬；相反，出版商与广告商在一

---

① ANA and White Ops, "Bot Baseline 2016–2017: Fraud in Digital Advertising," *ANA.net*, Association of National Advertisers and White Ops, May 2017. www.ana.net/content/show/id/botfraud-2017, accessed 18 Sept. 2017.

② 译者注：CPM（Cost Per Mille，千人成本）是一种媒体或媒体排期表（Scheduling）达1 000人或"家庭"的成本计算单位。

③ "US Ad Blocking to Jump by Double Digits This Year: More than 25% of Internet Users Will Block Ads This Year," *eMarketer.com*, eMarketer Inc., 21 June 2016. www.emarketer.com/Article/US-Ad-Blocking-Jump-by-Double-Digits-This-Year/1014111, accessed 18 Sept. 2017.

种心照不宣的交换条件下分享这一资源，在这种交换条件下，用户得到的回报是受追捧的新闻、信息和娱乐。

然而，在线上体验中，糟糕或虚假的页面浏览量以及不断增长的可用内容进一步扭曲了市场。与此同时，用户的实际成本可以说要高得多，因为他们也在交出大量有价值的个人数据。《经济学人》将其称为21世纪资源的一部分，与20世纪的石油不相上下。[1]

用户正在放弃一些相当有价值的东西，而作为回报，他们收获了日益恶化的体验。同时，出版商和广告商无法准确衡量用户关注度，更不用说捕捉用户关注度了，他们在玩虚幻数字游戏以便设计定价方案。

Brave采用了一种双管齐下的策略来解决这个问题，将功能强大、特别定制、自主品牌的浏览器与BAT结合起来。Brave浏览器有两个核心功能，使其区别于Chrome和Internet Explorer等更广泛被应用的竞争对手：它默认拦截广告，并通过复杂的分析、整理和匿名化显示用户花在查看特定内容上的时间数据。用户可以通过有选择地关闭拦截器来查看某些广告获得BAT币，并可以使用这些代币奖励提供他们欣赏内容的出版商们。

---

[1] "The world's most valuable resource is no longer oil, but data," *The Economist*, Economist Newspaper Ltd., 6 May 2017. www.economist.com/news/leaders/21721656-data-economy-demands-new-approach-antitrust-rules-worlds-most-valuable-resource, accessed 15 Sept. 2017.

目前，这一功能只是一种赠予选择权，而不是一种支付或认购的形式。但通过允许传统支付系统无法实现的每篇文章的小额支付，它创造了一种收入模式，可以使媒体公司摆脱对广告的依赖。同时，要在系统上向内容发布者投放广告，广告商必须首先获得BAT币，然后根据定义的发布者内容关注度指标条款，将这些代币支付给发布者。

总之，这些特征旨在创造一个更直接、更精确地重视注意力的生态系统。与现有的模式相比，这种想法在本质上似乎更公平：由于提供关注，随着越来越多的广告商进入BAT币市场，推高BAT币的价格，用户赚取的代币将逐渐获得更多的价值。然后，用户可以选择将这些代币兑换成传统货币，或者将少量的代币转给出版商，以奖励和鼓励他们欣赏的内容。

这也意味着出版商将有更强大的动机来合法地赢得读者和观众的关注。如果没有新闻订阅组件，这种模式不一定会奖励高质量的新闻，也不一定会抑制使用"点击诱饵"方法来吸引用户的注意力。但对所有人来说，一个更公平的交易应该间接地培育一个更健康的新闻和信息生态系统。

与加密货币新时代开发的许多其他代币一样，BAT币在一个重要方面与传统货币不同：它是可编程的。然而，任何两个承诺方都可以在任何地方交换美元等主流货币，并且对于任何交易，加密代币都包含限制和禁止其用途的软件逻辑。在这种结构下，货币不再是交易的一个中立的中介元素；它可以捕获所有同意使用它的各方的共同价值和利益。

这种新的货币形式在其逻辑中包含了对社区的选择性治理。在BAT币的情况下，这种治理是从它的软件与浏览器的交互中产生的，此时它决定谁可以获得或接收它，以及附加到这些权利的条款和条件，所有这些都发生在事务本身的环境中。这就是为什么BAT对Brave的模式至关重要：它提供了一个迄今为止不可用的市场机制，让社会各界获得值得信赖的关注价格，这是传统货币无法分离和识别的资源。从这个意义上说，与其他加密代币发行商一样，Brave致力于改进资源管理。

BAT是软件开发人员利用可编程货币重塑经济成果的早期尝试之一。就目前而言，判断它是否有效还为时过早。就像亚马逊、阿里巴巴、优步以及其他数字巨头背后的平台模式一样，其成功取决于网络效应的产生，即取决于一个想法在积极反馈循环中被采纳和强化的程度。对于Brave来说，这将取决于BAT币市场未来的流动性。如果这些代币只是被投资者囤积起来，没有大范围流通，那么它们的价值就不能准确地代表浏览器内容中用户关注的市场，系统将无法提供现有代币的替代品。Brave需要足够的参与数量。

在此基础上，评论家们质疑参与Brave24秒首次代币发行的短视投资者们的出发点。只有130家买家能够参与交易，其中前

20家买家控制了超过三分之二的发行量。[1] 目前尚不清楚这些参与者中有多少人与坚定投资者达成了部分的预售协议。

许多人想知道，这样一个小资金池怎么会产生网络效应。二级市场的销售在一定程度上帮助了资金池的扩大，如在ICO之后的6周内，BAT币的持股基数增长到了7 000多人。这使得排名前五位的投资者只持有30%的ICO代币，比同期大多数ICO代币分布更广。[2] 尽管如此，在更宽的加密资产投资公众中已经形成了较广的影响，但还没有办法知道这种分布水平是否足够广泛，以促进一个正常运作的微观经济体有足够的代币流动性。

Brave对中心化所有权的风险有另一种答案。除了为补偿开源软件的内部和外部开发者而额外留存的2亿代币外，它还建立了一个3亿人的"用户增长池"，以吸引新用户。

Brave将发布这些内容，以换取其浏览器的独特下载和用户参与网络的其他形式。它将代币视为引导采用的工具，以促进网络效应。

Brave首席执行官布兰登·艾奇（Brendan Eich）表示："早期，我们认为这将使我们能够向用户提供初始授权。"这一战略

---

① Jonathan Keane, "$35 Million in 30 Seconds: Token Sale for Internet Browser Brave Sells Out," *CoinDesk,* Digital Currency Group, 31 May 2017. www.coindesk.com/35-million-30-seconds-token-sale-internet-browser-brave-sells, accessed 15 Sept. 2017.

② "BAT Top 100 Token Holders," *Etherscan.io,* EtherScan, 15 Sept. 2017. etherscan.io/token/tokenholderchart/0x0d8775f648430679a709e98d2b0cb6250d2887ef, accessed 15 Sept. 2017.

是由艾奇在硅谷的几十年经历中形成的，这位经验丰富的工程师在20世纪90年代创建了无处不在的Web编程语言JavaScript，并与他人共同创建了浏览器开发公司Mozilla。随着时间的推移，他意识到风投家不愿意为市场营销提供资金，也不愿意为由于获取用户和新的股权或债务稀释创始人和早期投资者的所有权产生的成本而给予施舍。他补充说："但有了代币，就可以支付给用户，而不会产生信用后果。"他认为，与价值1美元的股票或债务相比，"BAT是一种社会信用货币；它不具备这种通胀特性"。[1]

不过，也有人担心Brave的"闪光"ICO，主要由于它非民主。以太坊（Ethereum）的创始人维塔利克·巴特林（Vitalik Buterin）在其区块链上发行了BAT币所谓的ERC-20代币，他指出，某位BAT币竞购者支付了高昂的2 220美元费用才将一笔交易推到了队列的最前端。他认为问题在于制定有上限的融资目标。[2] 此外，也有人质疑，Brave在避开其他代币发行商9位数的吸纳量时，是否筹集到了足够的资金来满足其发展需求。

在代币发行一个月，以及发布了一系列旨在将团队规模扩大1倍的新工程职位后，艾奇向 CoinDesk 抱怨道，他在招聘以太坊人才方面遇到了困难，这是ICO狂热所引发的开发商竞争的直接

---

① Brendan Eich, interviewed by Michael Casey, 29 June 2017.

② Vitalik Buterin (@VitalikButerin), Twitter post, 31 May 2017 (10:44 AM) twitter.com/VitalikButerin/status/869972830191984641; and 31 May 2017 (10:45 AM). twitter.com/VitalikButerin/status/869973222330032129, both accessed 18 Sept. 2017.

结果。然而，也有人称赞Brave在限制代币销售数量方面没有将管理层的利益置于投资者和用户的利益之上。这些人认为，巨大的、不封顶的ICO，如以太坊的竞争对手Tezos于2017年7月份12天内筹集了创纪录的2.32亿美元，最终稀释了小股东，并造成了道德风险，因为创始人不再有兑现承诺的动力。①

对于这些不同的代币销售策略，最重要的是测试它们有助于还是有碍于代币演变成它该有的样子，即其不该是一种融资工具，而是一种利用其所属平台功能的实用代币。ICO发行人必须证明，他们的代币不仅仅是投机工具，它们还是"产品"，是具有实用功能的软件。这个问题引起了律师和监管者的兴趣，他们正在讨论这些新的、模棱两可的、能够与证券区分开来的价值交换方法，如果可以，是否应该免除适用于后者的相当繁重的法律和限制。

事情的结局将可能决定投资者和用户是赔钱还是赚钱，以及他们的反应。这种反应可能会影响这一新兴行业和资产类别的监管、标准制定和制度建设。这在很大程度上取决于代币是否真的像发行人说的那样。

在筹款方法和分布式网络开发中进行新的尝试和试错的早期

---

① Mo Marshall, "Three Lessons from Tezos' Record-Setting Blockchain Fundraise," *VentureBeat*, 21 July 2017. venturebeat.com/2017/07/21/3-lessons-from-tezos-record-setting-blockchain-fundraise, accessed 18 Sept. 2017.

实验者如同豚鼠。同样，大批投资者也在向这些股票注资，但往往没有作多少尽职调查。Brave和其他所有基于代币的项目都不可避免地存在缺陷，但这些缺陷是学习过程的一部分，并为未来产品的改进提供了信息。

尽管快速致富狂潮有危险，但小投资者还是有理由争先恐后地买入诸如Brave3 500万美元超快速交易这样的机会：他们感觉到了一个独特的机会，可以进入转型现象的底层。代币技术具有百年一遇的经济范式转变的特征。这想法太诱人以至于叫人难以放弃。

代币领域

区块链支持的代币和元资产迅速膨胀，其中一个引人注目的方面就是它们的种类繁多。每周都会有新的白皮书讨论新的用例。它不仅存在于不同的Dapp中，而且还存在于新兴数字经济的代币功能中。利用加密资产分析师克里斯·伯斯克（Chris Burniske）和杰克·塔塔尔（Jack Tatar）得出的区别，我们将在这里讨论三个类别的样本：加密货币、加密商品和加密代币（见表2-1）。①

---

① Chris Burniske and Jack Tatar, *Cryptoassets: The Innovative Investors Guide to Bitcoin and Beyond* (New York: McGraw-Hill Education, 2017): 55.

表2-1 代币领域的加密资产

类　　别	案　　　　例
加密货币	Bitcoin，Litecoin，Zcash，Monero
加密商品	Ethereum，Tezos，EOS
加密代币	AdChain，Augur，BAT，Civic，Climate Coin，Exergy Token，Filecoin，Gnosis，Maidsafe，Ocean Coin，Po.et，Sia，Storj，Userfeeds.io

这些分类并不完全精确。例如，我们可以使用以太坊的以太币作为经济范围内的支付工具（加密货币）和访问代币，这是开发基于以太坊的应用程序（加密商品）所需的投入。尽管如此，区分还是可行的，我们会根据每个代币的核心概念来进行区分。我们给以太币贴上加密商品的标签。

在每个类别中都有多个可选货币或"山寨币—altcoin"（非比特币加密货币和代币的另一个可互换词），具有相互竞争的价值主张、商业模式和基础协议设计。总的来说，它们代表了数字经济将如何发展的不同愿景，既相互竞争又相互补充。每一个都吸引着一个具有特定利益和价值观的可识别社区。

在提供新的治理模式时，这些altcoin有时试图克服主流加密货币和区块链的缺陷，如比特币挖矿产业的能源密度和资本密度，或者以太坊代码中的安全漏洞。但是在所有情况下，开源开发模型意味着正在进行的复制、修改、实验和迭代过程创建了一个适用所有软件模型的强化反馈循环。尽管下面的每个加密资产示例都为其所吸引的各种参与者提供了独特的分布式商业模式选择，但没有一个是静态的。所有这些都存在于一个动态的、不断变化的、不可预测的生态系统中，在这个生态系统中，无须许可的、开放式创新将塑造不断发展的基础设施，以应用于未来去中心化、基于代币的经济。[①]

加密货币

加密货币是一种代币，其主要作用是促进支付或作为普遍价值的存储。每一种加密货币不仅与其他加密货币竞争，还与政府发行的法定货币和黄金等传统价值储存竞争。如何使用加密货币是不可知的。重要的是，在充当用户之间交换媒介的同时，它们通常被深深地整合到底层区块链的治理系统中，作为激励矿工或交易验证者维护账本完整性的奖励。

比特币：加密资产的祖父

比特币的优点和缺点为构建所有其他代币产品的功能提供了关键的参考点。

----

① 尽管许多公司正在研究和开发这项技术，但本次调查排除了对所谓"许可链"的讨论，主要因为它通常不涉及发行具有浮动价值的元代币。

比特币独特的协议特征

比特币（Bitcoin，BTC）的定义特征是其PoW共识算法，该算法迫使矿工执行一项原本毫无意义的计算任务，有些人将其描述为一个密集的数学难题，与验证交易和更新区块链账本并行。只有承担这种"散列"操作的资源成本，他们才能赢得竞争比特币奖励的权利，并为验证比特币不断更新的账本中产生的每个新交易块的共识作出贡献。

矿工们在这方面的投资，包括电力和设备成本，代表了他们通过让自己参与其中而被迫诚实。他们可以通过增加更多的算力来提高获取比特币奖励的机会，但PoW算法会增加实际成本，并随着网络竞争的加剧而成倍增加。这个算法公式避免了某个特定的矿工累积超过比特币全网50%的散列能力，即定义网络共识的阈值。对于一个矿商来说，打破共识和操纵交易并非不可能；但是，基于市场动态和发起这种攻击的信号效应，是极其昂贵、令人望而却步的。

八年半的时间和1.2亿笔的交易进入了它的生命周期，这个系统一直持续作用着。比特币账本从未受到严重损害。没有人能够接管它、改变它或审查其交易，不管是黑客、银行，还是政府。

对于支付和资产记录系统来说，经证实的审查抵制的品质是非常有价值的。面对诸如委内瑞拉正在贬值的玻利瓦尔币、资本管制，以及中心化的把关银行将数十亿美元锁定在金融体系之外而增加其他所有人的金融交易成本等情形下，这无疑是一个受欢迎的选择。

这些品质支撑了比特币的投资吸引力，自2010年7月第一家大型比特币交易所成立以来，截至2017年夏末，比特币的投资吸引力已经惊人地增长了4 600 000%。（Burniske 和 Tatar表示，比特币的回报使其成为"21世纪最令人兴奋的另类投资"。[①]）这一收益反映了人们不断提高的认识，即这种显然牢不可破的价值交换体系构成了一种公共产品，一种独特且新的、数字化的价值管理体系，与黄金一样，不受任何中央集权党派的控制，无论是政府、银行或任何其他机构。值得注意的是，这些比特币生态系统价值的增加只会巩固其安全性，因为它大大增加了"51%攻击"的成本。

不断上升的价值也意味着负责比特币代码的开发人员被激励进行保护比特币代码。麻省理工学院媒体实验室主任伊藤（Joichi Ito）认为，比特币的市值在2020年9月中旬达到2 050亿美元，这是一种"赏金"，以鼓励编码人员在作出任何改变之前提出经过战斗考验的安全结构。伊藤说："在其网络上部署任何东西之前，这种高估值会引起大量的警觉和测试，但我们可以相当肯定

---

①   Chris Burniske and Jack Tatar, *Cryptoassets: The Innovative Investors Guide to Bitcoin and Beyond* (New York: McGraw-Hill Education, 2017): 127.

的是，许多人一直在思考如何打破这一体系，不过到目前为止都失败了。"[1]

在一个进化的、开源的系统中，其天生易受到攻击，通过设计将价值、经过验证的强度和不断提高的意识的结合，就目前而言，正在创建一个强大的、积极的反馈循环。更高的安全性增加了比特币的吸引力，这提高了系统的价值，使其被攻击成本更高，并使工程师管理员更谨慎，这只会使其更安全，且拥有更多优点。

然而，比特币在某些方面存在缺陷，这些缺陷限制了比特币的扩展能力，使其无法成为全球金融体系的重要组成部分。（截至本文撰写之时，比特币每秒可处理7笔交易，而Visa的网络容量超过24 000笔。）这些限制导致了许多原始比特币理念的altcoin "分叉"，每个分叉都有调整和升级，以解决其中的一些挑战。但是，当资金正在流入设计更先进的可代替加密资产时，比特币还能维持多久的先发优势和随之而来的网络效应呢？开发人员如何灵活地修改比特币的协议，使其能够与这些替代品竞争？

有三个基本挑战值得考虑。每一个挑战都为我们即将探讨的替代加密代币创造了机会。

第一，比特币的PoW挖掘算法鼓励越来越强大的工业

① Joichi Ito, "My view on the current situation of Bitcoin and the Blockchain," *Joi Ito Blog*, 22 Feb. 2016. joi.ito.com/weblog/2016/02/22/my-view-on-the-.html, accessed 18 Sept. 2017.

化计算场展开军备竞赛，这里部署了基于特定应用集成电路（Application-Specific Integrated Circuits，ASICs）的专用机器，只做哈希（散列）工作。矿商现在必须部署这些昂贵、高性能的计算阵列，才能成功争夺比特币奖励，这为规模较小、不太富有的参与者制造了进入壁垒。ASIC的建立，即便不是导致能够控制51%以上网络的实体出现，也导致了一种资本雄厚的竞争矿商的非串通寡头垄断。

这些大公司在网络治理方面拥有重大影响力，不可避免地导致了一些人所认定的事实上的集权，其与这项技术的分权使命直接矛盾。由于这场军备竞赛需要部署更多的电力来运行网络，比特币的扩张带来了严重的环境威胁。在撰写本文时，比特币的网络每年消耗的电能估计为14.5太瓦时，超过整个斯洛文尼亚电能使用量。[①]

第二，比特币的开源社区没有明确的民主机制，无法顺利解决源代码争议性修改引发的争议，这使得不同的既得利益集团相互对立。三大利益集团是：

- 矿工，他们最终决定什么被记录和什么不被记录进每一区块的交易中，并获得支付费用和推动新的比特币发行。

---

① "Bitcoin Energy Consumption Index," *Digiconomist*, as of 15 Sept. 2017. digiconomist.net/bitcoin-energy-consumption.

- 风险投资支持的商务，他们经营交易所和数字钱包，并为产生这些费用的用户交易提供便利。
- 开发人员，他们是负责更新代码的工程师。

没有哪个集团的观点是铁板一块的，但利润动机使双方的立场发生了偏差。例如，矿商之间和不同开发商之间存在明显的意见分歧。网络中的价值越是岌岌可危，立场越是不妥协，他们之间的分歧就越是不可调和。这种深层的社区功能障碍（dysfunction）在Twitter和Reddit上引发了激烈的争论，并助长了危险的胆小鬼博弈，双方都威胁要采取措施将比特币分成两种不同的、不兼容的货币。

我们在比特币"内战"期间看到了这种功能失调，这场内战围绕着增加区块链容量的方案展开。该长期争论归结为二元选择。一种方案是，由一个强大的矿工区块支持，将提高每10分钟区块的容量，使之超过当前的1 Mb数据容量，有些人想要2 Mb，有些人想要8 Mb，还有一些人希望根本没有限制。

另一方面，在一组核心开发人员的推动下，其将维持现有的1 Mb限制，但取而代之会插入一个称为隔离见证（SegWit）的协议更改，该协议压缩数据以增加1 Mb限制内的数据量，并将有助于激活一个称为比特币闪电网络（Lightning Network）的协议，该协议可以构建在比特币之上。这对矿商来说是有争议的，因为

Lightning的可证明的"链外"支付渠道系统使用户能够提高交易吞吐量，避免为链上交易支付矿商费用。

为了解决一个明显的僵局，接受它或离开它的代码调整被建议作为"硬分叉"的变化，这将迫使人们采取行动，因为选择将使某些类型的交易无效。最终，SegWit在一项折中协议下得以实施，矿工们承诺在2017年7月份先采用更改编码，随后在11月将容量增加为2 Mb。但对于一些在"大区块"的人来说，这还不够，他们怀疑第二阶段不会有后续行动。因此，他们在2017年8月1日分叉了比特币代码，提供了一种新的"比特币现金"协议，允许8 Mb的数据块。这一举动将比特币分成两种不兼容的货币。

然而，这一拆分非但没有造成人们曾经认为的生存威胁，反而促使原来1 Mb的比特币价格飙升。2017年8月底，这一数字高达5 000美元，比一个月前翻了2倍多。（2010年9月中旬，比特币的价格为10 841美元。）这种反应似乎既反映了市场对SegWit创新的赞赏，也反映出这一选择吸引了最有才华和热情的开发者加入。

比特币现金[①]曾一度达到800美元，但显然被市场低估了价值——2020年9月，其价值维持在230美元左右——这提醒我们，

---

① 译者注：比特币现金（Bitcoin Cash）是由一小部分比特币开发者推出的不同配置的新版比特币。

开发人才是投资决策逻辑中的关键因素。尽管如此，这种分叉并不容易向外界解释，也混淆了比特币的"品牌"。这种不和谐无疑让许多主流消费者和企业对比特币难以驾驭的治理体系展现的不可预测性和法律不确定性感到不安。

第三，比特币对用户隐私保护不力。它通常被错误地描述为犯罪分子用来隐藏交易的"匿名"货币，然而事实上公共账本记录所有交易；即使用户名隐藏在假名字母数字地址后面，其永久分配的地址也很容易被跟踪。通过网络分析，我们现在可以相对容易地跟踪用户的交易。这不仅关系到关心商业自由的自由主义者，也关系到那些公开交易记录会损害其竞争优势的公司。

同样重要的是，追踪货币的想法违背了货币是可替代的这一期望，即货币的每一等价单位的价值是相同的，无论其经历如何。比特币交易的可追溯性破坏了这一原则。试想一下，当联邦调查局出售从丝绸之路毒品市场老板罗斯·乌布里希特（Ross Ulbricht）手中缴获的比特币时，竞拍者支付的高额溢价。他们认为这些特殊的硬币由于美国政府短暂的所有权"洗白"了，使得它们没有被扣押的风险，而这是其他比特币无法保证的。这种分化对货币的功能是适得其反的。

比特币的金融治理

与大多数其他加密资产项目不同，在这些项目中，创始开发者都是已知的个人，而比特币创造者的身份仍然是个谜。这改变了关于未来基金如何运作的争论，因为它避免创始人对基金的使用施加自我限制，以促进代币持有人之间的信任。（中本聪似乎没有接触到他在加密货币早期开采的大约100万枚比特币，可能因为这会让他暴露身份，并迫使他服从比特币社区内外的要求。）

创始人问题的中立化并不能将政治从比特币生态系统内的资金分配问题中去除。目前从比特币的扩展和使用中赚取收入的大多数非创始人实体仍然面临来自用户的压力，特别是现在比特币已经达到容量限制，协议在2016年年中将矿工的比特币奖励支出减半，使得交易费成为他们更重要的收入来源。（比特币奖励每21万块减半一次，基于平均每10分钟生产一个区块，即大概每4年减半一次。这是计划的一部分，比特币的发行总数将在2140年限制在2 100万枚。）

在这种环境下，比特币金融治理中最赚钱、最赢利的领域由两个群体来界定：矿工，他们因提供系统重要的安全基础设施而获得费用和新发行的比特币奖励；风险资本支持的企业家，他们的企业为支持系统向矿工支付了许多费用。这些群体经常争论的问题是：建设、维持、保护和发展比特币生态系统的成本应该如何分摊？为了广大用户群体的长远利益，正确的做法是什么？这就是1 Mb和2 Mb区块大小辩论的本质所在。

相关的复杂问题是：如何奖励那些在这个开源环境中开发核

心协议源代码的人，即使他们没有直接的收入或从工作中获得的货币化收益？由于缺少ICO、pre-mine或in-protocol机制为编码工作提供资金，开发人员的生计只能依赖于私营公司，那么如何协调利益？

在比特币的早期，由比特币相关初创公司捐款资助的非营利机构比特币基金会（Bitcoin Foundation）支付了当时首席开发商加文·安德里森（Gavin Andresen）的工资。随后，麻省理工学院的数字货币计划（Digital Currency Initiative，DCI）在避免利益冲突的原则下，为开发者提供资金支持。麻省理工学院DCI现在支付两个核心比特币开发者的工资，以使他们继续工作。

但许多其他致力于开发核心代码的人需要赚钱养家。因此，在不同的时期，钱包提供商、交易所和支付处理器都雇用了比特币开发者。近年来，私人投资公司Blockstream雇用的开发人员做了大量的工作。这些薪资提供者的动机很可能主要是希望为所有人的利益开发比特币核心代码的"公地"，但他们的商业利益不会与比特币社区的所有人一致。自然地，这会让局外人对他们的动机产生警惕。

比特币等加密货币的治理问题不是创始人应该如何最负责任地管理一次性ICO（与altcoins一样）的早期收益流入，而是如何在生态系统中分配新产生的资金。从比特币的成功和失败中产生的是对透明化的需求和对开发商、矿商和企业的利益的认识，他们会受到协议变更竞争提案的不同影响。

我们的目标是找到最佳的政策组合，服务于社区在安全性、易用性和价值创造方面的长期共同利益。比特币面临的挑战是如何让分裂严重的社区以最有效、成本最低的方式达成妥协。投资者和其技术使用者需要权衡是否有能力这样做。

莱特币：比特币黄金下的白银

莱特币（Litecoin，LTC）由开发者李启威（Charlie Lee）于2011年10月创建，是比特币的首批altcoin复制品之一，它进行了一些重要的改变，试图使比特币更加普及。多年来，Litecoin的代币一直是仅次于比特币的第二大最有价值的加密资产，经常被描述为"比特币黄金下的白银"。虽然它已经落后于以太坊以太币和Ripple的XRP，但Litecoin仍然是altcoins的重要基准和备受关注的实验。

Litecoin的独特协议特性

Litecoin协议的关键区别在于它使用了Scrypt（发音为"ess crypt"）挖掘算法，相对于比特币的算法，这种算法需要更多的高速RAM；计算机无法轻易地利用ASIC机器专用芯片所允许的并行处理函数的巨大原始散列速度。从理论上讲，这会缓解采矿权集中的趋势，因为使用更便宜、依赖于RAM的**图形处理单元**

（Graphics Processing Unit，GPU）的小型企业仍然可以竞争。这种设计并不是完全"抗ASIC"的，因为现在可以使用ASIC挖矿机来挖掘硬币。但Scrypt的"记忆难题"却遏制了挖矿领域类似比特币的工业化军备竞赛趋势。

另一个区别是Litecoin的PoW算法的设计使得矿工们平均每2分半钟就可以解决他们的计算难题并完成一个交易块，而比特币块则需要10分钟。用户等待交易确认的时间更短。这也加快了代币的发行速度；但是，由于李启威希望货币供应计划与比特币类似，他调整了货币政策，使未来的总发行量达到8 400万枚（比特币为2 100万枚），并将Litecoin支付奖励减半的阈值定为每84万个区块。实际上，我们可以通过将Litecoin的价格乘以4或通过比较总市值，对Litecoin和比特币进行相当准确的价格比较。数据显示，截至2020年9月中旬，根据*CoinMarketCap.com*的信息，Litecoin的市值为31.67亿美元，其估值仅为比特币的2%。

莱特币的金融管理

尽管李启威很容易被找到，但他通常避免与用户和投资者发生冲突，否则他们可能会担心创始人的动机，部分源于他没有对货币进行"预开采"，也没有向公众预售任何代币以资助运营。李启威和其他早期用户刚刚开始根据Litecoin自己的条件挖掘Litecoin，为了奖励而互相竞争。作为早期的采用者，他们毫无疑问在Litecoin价值上升的同时获利颇丰，但许多人认为这些都是公平赢得的利润。正因为如此，就像比特币一样，社区并不想知道创始人或开发者如何利用他们的收益。

至于Litecoin生态系统中的成本和回报分配，我们可以说，Scrypt对ASIC采矿的限制创造了更公平的财富分配。对于比特币的特定协议规则来说，一旦集中采矿者，就会积累高额利益，而这一政治局势在Scrypt的限制中得到缓解。对Litecoin采用SegWit的举措上，矿商和开发商之间相对和谐，SegWit很快为闪电网络集成铺平了道路。Litecoin矿商似乎意识到，由Segwit牵头的规模化改进将推高加密货币的价格，这将大大抵消比特币矿商所担心的费用损失。果不其然，经过一天的谈判后，该公司实施了SegWit，其价格从2017年3月1日的3.77美元/莱特币飙升至当年7月底的44.32美元/莱特币。

Litecoin在实现协议变更方面的相对成功，难道是因为它一直没有比特币那么成功吗？随着Litecoin的货币价值减少，生态系统中相互竞争的利益攸关的财富也减少了，这就允许用户对变化进行更多的投机押注。使用Litecoin进行交易的人远不及使用Litecoin的人多，这意味着对Litecoin的发展方式感兴趣的钱包提供商和其他服务提供商更少。网络效应为加密资产的所有利益相关者创造了价值，但它们的相对缺失也有助于解决围绕治理和资金分配的棘手问题。每个人都可以将Litecoin视为一个有用的

"活实验室"，在将想法应用到更大的加密资产网络之前，可以在其中对其进行测试。

Litecoin顺利采用SegWit的原因可能也是李启威的影响。作为Litecoin的实际领导人，他出面强烈支持这一变革。重要的是，李启威本人并没有从Litecoin生态系统中获得直接分配的报酬；在Litecoin存在的大部分时间里，他都为加密货币钱包和交换提供商Coinbase工作，尽管Coinbase不是中立方，但它在比特币和以太币中的商业利益远远大于Litecoin。

像所有成功的开源项目的创始人一样，李启威也得到了一大群志愿者的帮助，这些志愿者不寻求直接的经济收益，而是寻求他们感兴趣的项目，或者为自己喜爱的项目带来好处（在这一点上，Litecoin对SegWit的支持似乎增强了它的"酷因素（cool factor）"，因为该协议在采纳后吸引了开发商的参与）。随着2017年3月非营利Litecoin基金会的成立，Litecoin现在有了一个维护其协议的工具，将捐款引导到持续资助开发商上。同时，李启威自己离开了Coinbase，以1美元的工资全职管理基金。

毫无疑问，李启威靠着多年来积累的Litecoins和Bitcoins的储备支撑得很好，但他也希望看到自己的创意能成功。莱特币没有他怎么办？我们不知道。这提醒我们，推出加密资产的人的个性、原则和环境是这些代币投资者的相关考虑因素，即使这些代币努力充当无领导、去中心化的系统，在该系统中没有首席执行官或其他形式的权力机构可以行使集中指挥权。

大零币（Zcash）和门罗币（Monero）：支持隐私

为了更好地追踪和识别比特币的个人用户，椭圆分析和链分析等复杂的大数据驱动网络分析服务应运而生。但这引起了开发者的强烈不满，他们认为需要一种更好、更私有的加密货币。对于像密码学家Zooko Wilcox O'Hearn这样有影响力的人来说，他认为隐私权是"一项人权，是行使自由选择、道德、政治参与、亲密关系，以及人类最重要的一切事物的必要条件"，这种隐私限制是一种行动呼吁。[①]

然而，在加密货币中加入更多的隐私，说起来容易做起来难，因为矿工必须在不检查相关账户的交易历史的情况下，确定交易和账本状态的合法性。然而Wilcox和其他人知道，某些密码学的技巧将允许计算机在不知道其底层组件的情况下确认已经合法发生的分类账本**状态**变化。换句话说，他们可以在不知道交易地址的情况下，证明资金没有被重复使用。于是，这些开发者开始着手解决这个问题，其结果是新的、支持隐私的加密货币，其中最重要的是Monero（XMR）和Zcash（ZEC）。

---

① Molly Webster, "The Ceremony," *RadioLab.org*, WNYC Studios, 14 July 2017. www.radiolab. org/story/ceremony, accessed 15 Sept. 2017.

Zcash和Monero的独特协议特点

在Monero的情况下，隐私解决方案是一种被称为**环签名**的东西，其中控制授权密钥的签名者小组的任何成员都可以对交易进行数字签名。外人无法确定密钥持有组的哪个成员拥有发生加密货币转账的特定账户或地址。对于Zcash的创造者Wilcox来说，解决方案在于一种被称为零知识的简明非交互式知识工具，即zk-SNARK[①]。

零知识密码学是一种强大的手段，第三方可以在不知道背后所有细节的情况下，证明别人的说法是真的。因此zk-SNARKs产生了Zcash，网络上的矿工可以验证交易是否合法，即使交易背后的细节被严重加密，以至于掩盖了交易的账户来源和去向。重要的是，Zcash还为用户提供了一些选择退出的工具，如果银行或监管机构等第三方要求获取信息，他们可以有选择地泄露数据，而不会破坏除此之外的隐私链。

在创造新货币的过程中，Monero和Zcash的开发者不仅借此机会解决了比特币的隐私问题，还解决了其他问题。通过Tail Emission的概念[②]，Monero解决了比特币不断下降的货币奖励计

---

① 译者注：zk-SNARK全称是"Zero-Knowledge Succinct Non-Interactive Argument of Knowledge"，中文是"零知识简洁的非交互知识论证"。其中，零知识证明指的是证明者能够在不向验证者提供任何有用的信息的情况下，使验证者相信某个论断是正确的。

② 译者注：Tail Emission指的是，到了2022年5月31日，流通中的XMR数量将达到1 840万个。届时，XMR系统将开启一个全新的货币供应阶段，每分钟固定产出0.3 XMR。也就是说，XMR的总量是没有上限的，这种产出方式是为了确保矿工始终能够获得挖矿奖励。

划所带来的问题，这种奖励计划是避免通货膨胀和制造稀缺性所必需的，但它最终迫使矿工对潜在的歧视性和极具争议性的交易费用收费。

根据Monero的安排，该系统的XMR代币的发行量会随着时间的推移而稳步减少，直到它们达到一个点，即它们被冻结在每分钟0.3个XMR，并永远保持这种方式。这相当于在Monero的余生中，有1%的通货膨胀率；但根据开发者的说法，这抵消了货币流通中的自然损失，因为人们失去了对密钥或硬盘的控制。

至于Zcash，它在2.5分钟的区块上采用了四年减半的奖励计划，看起来和Litecoin差不多，但起点较低，为12.5个ZEC，而不是比特币和Litecoin的50个币的起始位置。关键的区别是Zcash开发者所谓的"慢启动"，在跃升到12.5的前两天，每个区块只有1个ZEC。这个想法是为了创造一个时期，让小矿工可以在他们成为竞争对手之前获得硬币。它还效仿Litecoin开发了自己的RAM内存重度挖矿算法，创造了一种叫作**等值线**的东西，这导致Wilcox和Zcash开发者Jack Grigg在加密货币的网站上发表意见："在可预见的未来，不太可能有人能够为挖矿打造具有成本效益的定制硬件（ASIC）。"[1]

---

① Zooko Wilcox and Jack Grigg, "Why Equihash?" *Zcash Blog*, 15 April 2016. z.cash/blog/why-equihash.html, accessed 22 Aug. 2017.

Zcash 和 Monero 的金融治理

在效仿比特币和莱特币的PoW挖矿算法模式，没有预挖矿或ICO的情况下，Zcash 和 Monero 不得不想办法为开发融资。Monero选择了一种"建造它后投资者自会到来"（build-it-and-they-will-come）的方式，希望他们的隐私解决方案的吸引力（这是许多密码学家最关心的问题）能够吸引志愿开发者参与到他们的项目中来，他们会投资于货币并从货币的改进中获得收益。这或多或少就是它的玩法。到2017年7月底，Monero达到了6.72亿美元的市值，在 *CoinMarketCap.com* 列出的所有加密资产中排名第九。（2020年9月，它的市值为15.95亿美元，在 *CoinMarketCap.com* 的榜单上排名第18位。）

Zcash 的经历更为动荡。该加密货币在2016年10月29日交易的第二天就飙升了，一度超过了4 000美元一个币，一部分原因是缓慢的启动策略在一开始就造成了币的短缺，还有一部分原因是围绕项目和Wilcox的声誉的杂音。很快，它就跌到了100美元以下，在随后的6个月里，它或多或少地停留在那里。（截至2020年9月17日，Zcash的价格为每枚币58美元，市值为5.839亿美元，在 *CoinMarketCap.com* 的榜单上排名33。）

但在2017年春季，它享受到了大规模的泛加密资产反弹，到7月下旬，年初至今涨了4倍，尽管有人批评Wilcox采用的融资策略，即在加密货币成立的前4年，从每个ZEC区块奖励中纳入

20%的款项——被称为"天才税"——到一个特殊的创始人账户。这笔税款表面上是为了支付三年的发展费用，并奖励向Zcash公司投入100万美元的早期投资者。早在2017年7月，分配的创始人资金池价值7 500万美元。谁能获得这些资金，以及多少钱都不清楚，但该公司列出了55个Zcash地址作为接受者。

关于创始人奖励的意见存在明显的不同，一些人称赞透明度和为开发者或者说是任何网络中最重要的参与者，建立了一个明确的融资机制。但也有人认为这太过分了，一位批评者甚至提议矿工采用"分叉的"Zcash副本货币的形式进行自我注入代码修改，让他们保留所有的ZEC奖励，并停止抽走20%给创始人。[①]

然而，该提案并没有真正的吸引力，大概是因为新币的采用者将失去获得现有Zcash公司的营销和支持，最重要的是，开发者社区将拒绝为新币工作。矿工们很可能认识到，在这样的交易中，他们的损失会大于收益。这个结果提醒人们，虽然矿工提供的是商品化服务，但专业的、顶级的加密开发者所做的工作却很难得到保障，尤其是在加密货币的繁荣时期。

在这里，主要开发者的个性也很重要。Zooko Wilcox在该领域有着传奇的职业生涯，该名字是他在一次密码学家邮件列表

---

① Rhett Creighton, "Zcash Miners: Stop Paying 20% Genius Tax," *DecentralizeToday*, 30 Oct. 2016. decentralize.today/zcash-miners-stop-paying-20-genius-tax-486d9f40884f, accessed 15 Sept. 2017.

上的假名实验后，将自己的名字Bryce换成了Zooko。在比特币之前，他参与了加密货币的一些重要创新，包括20世纪90年代David Chaum的数字现金（Digicash），他以"Zooko的三角"而闻名，其描述了为网络中的参与者创建安全的、去中心化且具有人类意义的名字的挑战。鉴于他对安全和隐私都有浓厚的兴趣，Wilcox与北美其他值得信赖的加密专家一起设计了一个所谓的"仪式"，以近乎痴迷的保密方式共同设计了一个随机的种子号码，Zcash将从这个号码中诞生。这一事件被记录下来，并成为国家公共广播电台Radiolab一集的主题，以证明项目起源的完整性。[①]

Wilcox意在向未来的用户灌输这样一个概念，即这个原本坚不可摧的加密隐私增强系统在其诞生时短暂的脆弱时刻并没有被破坏。无论这个精心设计的仪式是否成功地孕育了信心，它很可能已经围绕着加密技术本身孕育了一种神秘主义的气息，这也是代币价值的因素。

加密商品

加密商品指的是建立在其所属区块链平台上的应用程序的必

---

① Molly Webster, "The Ceremony," prods. Matt Kielty and Molly Webster, *RadioLab.org*, WNYC Studios, New York Public Radio and Alfred P. Sloan Foundation, 14 July 2017. www.radiolab.org/story/ceremony, accessed 15 Sept. 2017.

要组成部分的代币。这包括无权限区块链的原生代币——那些没有授权机构授予用户或矿工访问权限的区块链，以及通常情况下，促进智能合约和超越数字货币与支付领域的各种Dapp的平台。

智能合约是共享的软件代码，其中包含商定的业务逻辑，其事件条件和条款由分布式的计算网络自动安全地执行。例如，如果某只股票的价格跌破了某一价格，数字执行的合同将指示付款从一个投资者到另一个投资者。当这些协议写到不可更改的区块链上时，合同的各方现在可以相信没有其他方可以干预他们的权利和义务的自动执行。

如果我们像许多工程师一样，将计算机程序视为合同，即基于"如果X，那么Y"结构的编纂协议，那么这种结构就有效地创造了一个全球性的、不可阻挡的、分布式的元计算机，其处理能力在网络上共享。在这种情况下，我们可以把加密商品看作运行这台全球计算机的一种燃料。扩展这个比喻，占主导地位的智能合约区块链Ethereum的开发者使用了一个术语——**汽油**来描述其网络上交易所需的原生代币——**以太币**的支付流。

以太坊：图灵完备

2013年，年仅19岁的俄裔加拿大工程师Vitalik Buterin构思将Ethereum的区块链作为开发者构建Dapps的工具，让去中心化的节点参与其中，以确保他们的程序（在这里是智能合约的代名词），独立于任何中心化实体执行。

为了实现这一目标，Buterin 给 Ethereum 提供了自己内置的"图灵完备"语言，这一条件所增加的编程能力远远超过了比特币的协议。这种结构和其他一些功能使 Ethereum 变成了一个编写智能合约和 Dapps 的首选平台。一些工程师抱怨说，Ethereum 编程能力的灵活性使得该系统不安全。一些备受瞩目的攻击，包括从分布式投资工具 DAO 中抽走 5 500 万美元的攻击，都凸显了这一漏洞。

另一方面，Ethereum 的编程能力所提供的一系列可能性吸引了大量热情的开发者，他们在尝试各种新的想法。根据联合创始人 Joseph Lubin 的说法，截至 2017 年 5 月，Ethereum 的开发者工具包已经有 9 万次下载量了。[①]

虽然大多数仍处于"概念验证"阶段，但现在在 Ethereum 上运行的 Dapps 数量正在迅速扩大。截至 2017 年 7 月底，追踪网站"State of the Dapps"列出了 601 个，尽管其中许多实验不属于运行该网站的以太坊团队的职权范围。[②] 这些应用中有相当多的应用包含代币，这些都证明了 Ethereum 在 ICO 市场和代币经济的发

---

① Comment made on stage at Consensus Conference, 22 May 2017.

② "[1025] Projects Built on Ethereum," *State of the Đapps,* n.d. www.stateofthedapps.com, as of 7 Feb. 2018. See also github.com/state-of-the-dapps.

展中所发挥的关键作用。

早期，Ethereum开发者提出了ERC-20标准接口，用于在平台上发行数字资产和代币。在2016年和2017年的代币销售中，绝大部分和最突出的代币都是用该标准发行的。这就将Ethereum的价值与ICO的价值生态系统内在地联系在一起。投资者需要购买Ethereum的原生代币——以太币，才能获得所需的二级代币，如Brave的BAT，因此前者的价格从汹涌的代币市场中得到了提升。

Ethereum独特的协议特性

Ethereum网络的矿工所做的不仅仅是验证货币交易和维护Ethereum总账本；他们收到以太币提供的处理能力，以执行每个智能合约的嵌入式逻辑。矿工背后的计算机共同构成了通常所说的"Ethereum虚拟机"（EVM）。为了保证这些矿工的诚信，Ethereum最初采用了仿照比特币的PoW共识算法。然而，为了避免挖矿权的集中化，它效仿Litecoin和其他比特币继承者的做法，在该算法中增加了更多的内存重计算，从而使其更抵制ASIC。

Ethereum创始人并不满足于简单地调节PoW的竞争，他们从一开始就打算将平台迁移到股权证明（PoS：可以描述成另一种共识机制）模式。理论上，PoS不会像PoW那样对环境产生影响——这是采用PoS的主要动机。从本质上讲，PoS算法可以让矿工保持诚实，因为他们确认交易、参与网络和赚取以太币的能力取决于他们在同一代币中持有多大的股份。

要持续发动51%的攻击，恶意行为者首先要获得流通中一半以上的以太币，并将其全部置于风险之中。然而，在实践中，Ethereum开发人员一直在努力定义一个明确的路线图和时间表，以从PoW迁移到PoS，即所谓的Caspar项目，部分原因是对后者的可靠性提出了怀疑。对PoS的主要批评源于"无利可图"的问题：由于恶意矿工没有电力需求需要满足，他们可以以几乎零成本的方式同时开采多个区块，以增加他们在区块链上添加欺诈性区块的机会。

PoS的新改进，包括EOS和Tezos都使用的委托股权证明算法（下文将介绍），可能会解决无利害关系的问题，并减轻基本版本所暗示的财富集中的倾向。但正在负责保护一个价值420亿美元的生态系统——Ethereum谨慎的开发者们，一直故意缓慢地引入PoS更新。[①] 有些人想知道，在这么多钱的情况下，他们是否能够实现转变。

Ethereum 的金融治理

与比特币不同的是，比特币从中本聪挖掘创世区块开始，同时邀请其他人参与，2014年以太币的早期发行既涉及众筹，也涉及对创始人的分配。Ethereum为2017年的ICO记录奠定了基础，

---

① Ether, *CoinMarketCap.com*, as of 17 Sept. 2020.

筹集了价值约1 800万美元的比特币。在当时，这是历史上最大的众筹活动之一。入账资金由Ethereum基金会持有，这是一个在瑞士注册成立的非营利组织，负责透明的资金分配过程。

在经历了早期的危机之后，比特币价格的下跌几乎耗尽了基金会的金库，此后整个企业的财富得到了恢复，许多创始人都变得非常富有。除了那些早期分发的以太币，该协议还按照持续的时间表向矿工发行全新的以太币。然而，与比特币不同的是，Ethereum并没有明确新代币的供应是否以及何时会结束。这一特点可能会让投资者感到紧张，尤其是那些寻求数字稀缺功能的投资者，而比特币130年发行2 100万枚币的硬性限制保证了这一点。但这种差异强调了一点，即以太币不是一种纯粹作为价值存储或交易媒介的货币，它是一种加密商品。

Ethereum的创始开发者在指导协议开发方面的巨大作用，或许是该平台对投资者最有争议的地方。比特币的主要开发者发现，即使是有价值的协议变更也极难引入，而Ethereum的创始人却在决策上大放异彩。

例如，在2016年年中的DAO危机中，团队决定追回5 500万美元被盗资金的最佳方式是实行硬分叉，使DAO智能合约交易从某一时刻开始无效。这是一个戏剧性的决定。批评者将其描述为违反了区块链的重要原则，即不可更改性。Ethereum创始人辩称，他们将自己的决定付诸民主程序，并赢得了胜利，因为大多数矿工用脚投票，决定从新分叉的链上开采区块。

然而，一群开发者和矿工被激怒了，它继续从旧的、预分叉的区块中挖矿，创造了一个它称之为Ethereum Classic的东西，用代码ETC表示，作为ETH的竞争对手。时至今日，特立独行的ETC版本继续与ETH一起交易——一些关注不可变性的开发者也在使用它进行Dapp和智能合约开发，不过2017年ETH价格的暴涨已经将ETC远远甩在了身后。

Tezos：生而为公

Tezos(TEZ)由Arthur和Kathleen Breitmum夫妻团队创立，是一个智能合约赋能的区块链，旨在比Ethereum和其他系统的Dapps更有活力，维护和治理成本更低。2017年7月初，Tezos在短短12天内筹集了价值2.32亿美元的比特币和以太币，短暂地跻身于历史上最大的众筹（一个月后，Filecoin通过筹集2.52亿美元刷新了这一数字）。对Tezos的兴趣源于这样的概念，即它可能解决加密货币面临的一些最大问题——主要是在去中心化治理和可扩展性方面。亿万富翁风险资本家Tim Draper对ICO的公开支持也无伤大雅。

Tezos独特的协议特性

"导致［Tezos］发展的核心观察是认识到区块链协议是一种

公地，"Tezos首席执行官Kathleen Breitman说，"通常情况下，公有制在经济理论中存在两个问题：① 维护，或者说谁来解决代码中的问题；② 治理，或者说谁来决定发展方向的问题。"[1] 为了应对这些挑战，首席技术官（Chief Technology Officer，CTO）Arthur Breitman表示，Tezos团队创建了一个"自我修正的区块链"。他以哲学家Peter Suber发明的游戏Nomic为蓝本，游戏规则中包括玩家改变这些规则的机制。在此基础上，Tezos从一个种子协议开始，但从那时起，随着不断变化的代币持有者和验证者池投票决定施加什么规则，治理就会成形。

共识算法基于股权证明、阶段性投票系统，Tezos代币的持有者将权力下放给某些参与者，以鼓励对协议进行更新，而不会陷入困扰比特币社区的争吵比赛和僵局。更新也要经过严格的测试过程，智能合约在整个区块链上实施之前必须通过测试。利益相关者可以把治理本身放到这个分层投票和测试过程中，这意味着纳入更新的机制和规则也可以改变——用类似宪法修正案的方式。这就是所谓的"链上治理"。

包括Ethereum创始人Vitalik Buterin在内的批评者表示，该系统太不可预测，并担心协议的动态变化可能会引入不稳定

---

[1] Kathleen (McCaffrey) Breitman, "Dear Legal Insurrection readers, remember me?" *Legal Insurrection,* 17 July 2017. legalinsurrection.com/2017/07/dear-legal-insurrection-readers-remember-me, accessed 15 Sept. 2017.

性，这可能会破坏区块链的核心目标——不可变性——这正是对Ethereum硬分叉的批评。[1] 但是，从Tezos方面来看，我们可以认为，严格遵守已有的规则会过度约束比特币这样的系统。在更灵活的协议变更方式和严格保护潜在破坏不可变性的仓促修改之间，可能会有一个最佳平衡。

显而易见的是，两个占主导地位的、无权限的公共区块链内部的治理远不完美。伤痕累累、无休止的比特币区块大小辩论表明，社区没有可行的机制来处理妥协以促进有组织的决策；而DAO的经验并没有增强Ethereum生态系统中的任何民主意识。"治理发生在闭门造车的情况下，很少有人能占有一席之地，"Arthur Breitman说，"虽然硬币投票有时会发生，但它们通常是事后的想法，并没有从一套可预测的治理规则中进行。"[2] Buterin则认为，"协议外"治理，如硬分叉Ethereum的决策，是一个至关重要的后盾工具，可以防止像DAO那样，将某种有害的过程硬编码到协议本身。

只有时间才能证明Breitmans的区块链治理模式是否优于比特币、Ethereum，或这两者未来可能出现的其他分叉。即便如此，

---

① Dom Galeon, "Ethereum Co-Founder Takes to Twitter to Disagree with Tezos Blockchain Plan," *Futurism.com,* 11 July 2017. futurism.com/ethereum-co-founder-takes-to-twitter-to-disagree-with-tezos-blockchain-plan, accessed 15 Sept. 2017.

② Arthur Breitman, "Why Governance Matters," *Medium,* A Medium Corp., 28 Aug. 2016. medium.com/tezos/why-governance-matters-9c6458044037, accessed 15 Sept. 2017.

Tezos的赌注似乎确实可能成为未来区块链设计的重要决定因素。

Tezos 的金融治理

定义 Tezos 金融治理的代币也是其动态协议治理系统的组成部分。Tezos 代币的所有权，即所谓的 Tez，赋予了用户押注他们的硬币的权利——将其锁定为开采区块承诺的一部分——并投票选举代表来验证区块链，还要对新规则和协议升级作出决定。所有者不仅可以使用"Tezzies"来补偿矿工的验证工作，还可以在软件升级被纳入实战协议时奖励开发者。

在 Tezos 自我修正的治理方法的背景下，作为对系统规则进行修正的首批提案之一，创始人正在根据经济学家罗宾·汉森（Robin Hanson）提出的 *futarchy* 系统建议，推广与之同名的治理理念①，在这个系统中，"民主将继续说我们想要什么，但博彩市场现在将说如何获得它"②。这个想法赢得了"投票价值，对赌信念"的口号。

---

① 译者注：Futarchy 背后的理念是由经济学家 Robin Hanson 最早提出，作为一种非常超前的管理方式，口号是："投票价值，对赌信念。"在这个系统之下，个人不再是投票是否实现某个特定的政策，而是对一个度量标准投票，来决定他们的国家（组织或者公司）如何做，然后预测市场来选择最优化度量的政策。一个政策是执行还是驳回，两个预测市场会建立，每个各包含一种资产，一个市场根据采纳政策来调整，一个根据驳回来调整。如果政策被接受，所有在"反对市场"的交易将会返还，但是"接受市场"经过一段时间后，根据 futarchy 选择的成功度量标准，每个人会为单位代币支付一定费用；如果政策被驳回，反之亦然。市场被允许运行一段时间，最后有更高的 token 价格政策会被选中。

② Robin Hanson, "Futarchy: Vote Values, But Bet Beliefs," George Mason University, n.d. mason. gmu.edu/~rhanson/futarchy.html, accessed 15 Sept. 2017.

在Tezos的futarchy系统下，用户可以将自己的Tez押在对"价值"事项的委托投票上，然后下注哪种代码改动最有可能实现这些价值结果，从而形成一种预测最优结果的人群智慧市场机制。最初的2014年Tezos白皮书就包含了这个例子：

> 利益攸关方将首先就代表价值满足的可信数据源进行投票。例如，这可能是数字币对一篮子国际货币的汇率。一个内部预测市场将会形成，以估计这一指标的变化，条件是通过各种守则修正案。最后，被认为最有可能改善该指标的修正案将自动获得通过。[1]

这些方法强调了社区如何利用代币的经济性来激励其成员推动底层平台、区块链本身的公有制更好地发展。

Tezos出乎意料地涌入2.32亿美元的ICO，围绕金融治理产生了一系列其他问题。首席执行官Kathleen Breitman告诉《华尔街日报》的Paul Vigna，6个月前，她"做了一个梦，梦见我们筹集了3 000万美元"。她当时就想，"这是不可能的"。[2] 与其他通过

[1] L.M. Goodman, "Tezos: A Self-Amending Crypto-Ledger," Tezos, 3 Aug. 2014. www.tezos.com/static/papers/position_paper.pdf, accessed 15 Sept. 2017.

[2] Kathleen Breitman interviewed by Paul Vigna, as part of research for a book, co-authored with Michael J. Casey, *The Truth Machine: The Blockchain and the Future of Everything* (New York: St. Martin's Press, 2018).

代币销售筹集资金的加密资产平台一样，Tezos在瑞士成立了一个基金会，负责管理资金和分配。在ICO结束后不久，该基金会掌管了2.2亿美元的以太币和比特币，并宣布将把资金慢慢投资于一个"保守的"、多元化的现金、股票、债券和贵金属投资组合，以"确保我们的组织在好的时候和坏的时候都有弹性"。[①]

在2014—2015年比特币价格下滑的过程中，比特币和Ethereum基金会都受到了严重的伤害，Tezos建立一个非相关资金池的决定被大多数人认为是明智的。然而，这也强调了像Tezos这样的大规模开放式募资活动所造成的扭曲。这些钱该怎么用？Tezos决定将其中的5 000万美元投入到风险投资基金中。[②] 这引起了一些ICO怀疑论者的嘲讽分析，他们认为代币募集的资金又投入到风险投资中具有讽刺意味，但Tezos基金会此举背后有明确的策略。该基金会称"生态系统的创新和增长"是其"首要任务"，该基金会表示，这些基金将明确针对在Tezos平台之上工作的应用的初创企业。

如果Tezos要与Ethereum竞争，成为一个智能合约和Dapp开发系统，那么它需要培养一个充满活力的创作者和开发者的生态

---

① "Diversifying the Portfolio of the Tezos Foundation," Tezos Stiftung, 18 July 2017. steemit.com/tezos/@melea/tezos-news-tezos-foundation-diversifying-the-portfolio, accessed 11 Nov. 2019.

② JD Alois, "After Raising a $232 Million ICO, Tezos Gives Back with $50 Million Commitment to Companies Using Their Platform," *Crowdfund Insider,* 10 Aug. 2017. www.crowdfundinsider.com/2017/08/120569-raising-232-million-ico-tezos-gives-back-50-million-commitment-companies-looking-use-tezos-platform, accessed 15 Sept. 2017.

系统。传统的风险投资可能是实现这一目标的最有效方式。不过，谁来监督和管理投资策略？谁来做尽职调查？谁来担任创业公司的董事会成员？这类问题正中了批评者的言论，他们将Tezos描绘成一家软件公司，一不小心就变成了一家基金管理公司。这也是为什么有些人认为，成功的ICO发行者应该支付股息或回购，并且"燃烧"或中和回收的代币，以提升其价值。这就是区块链基金管理平台ICONOMI对其代币的做法。[1] 这种行为是否是证券监管机构的危险信号，还有待观察。

EOS：并行化

EOS与Tezos差不多同时推出，是Daniel Larimer的心血结晶，他是区块链后货币应用时代出现的最多产、最创新但也最有争议的开发者之一。Larimer的第一个项目BitShares是一个去中心化的交易所，与美元挂钩的BitUSD等稳定货币代币可以在上面交易。尽管人们担心其名称中带有"股"字，会引来美国证券交易委员会的监管，但BitShares还是活了下来。

更重要的是，它的委托股权证明区块链架构，标签为Graphene，

① Avi Mizrahi, "ICONOMI to Buy Back and Burn its Tokens to Increase Value," *Finance Magnates,* 29 March 2017. www.financemagnates.com/cryptocurrency/trading/iconomi-buy-back-burn-tokens-increase-value, accessed 15 Sept. 2017.

已经作为其他Larimer项目的基础保留下来。其中之一是Steemit，这是一个去中心化的社交媒体平台，用户可以以类似Reddit投票系统的方式对文章进行加票，但其中包含Steem代币作为奖励。

在2016年6月飙升成为市场上资金最充裕的加密资产之一后，Steem的价格大幅下跌，因为人们担心该系统有不正当的激励措施会助长支持Steemit的文章，从而有利于创始人的股权。但此后该系统已经稳定下来，现在声称日均有超过2万名用户。[①] Steemit仍然是一个边缘产品，但它的生存让一些人希望它的去中心化模式能对Facebook和Twitter等社交媒体的中心化巨头构成挑战。

然而，EOS的目标更加宏大。它将Graphene模型带入了一个更广泛的目标：为企业用户创建一个既完全去中心化又可扩展到目前比特币和Ethereum无法想象的水平的全球虚拟机。EOS解决的是如何确保一个完全去中心化、无权限的区块链能够非常快速地处理大量交易这一根本性挑战——如何超越比特币每秒7笔交易的范围，成为全世界都能使用的货币。

EOS独特的协议特性

EOS.io的软件创建了其开发团队所描述的"类似操作系统的结构"，"在数百个CPU核心或集群上提供账户、认证、数据

---

① Penguinpablo71, "Steem Stats: Active Users," *Steemit.com,* Steemit Inc., 13 July 2017. steemit. com/steemit/@penguinpablo/steem-stats-active-users, accessed 15 Sept. 2017.

库、异步通信和应用程序的调度"——所有这些都是在一个分布式计算机网络上进行的。[1] 这种设置被设计成一套工具，让公司可以轻松创建去中心化应用，而不必让工程师参与繁琐的开发和编码过程。这有点像微软的 Windows 或苹果的 MacOS 如何捆绑浏览器和办公工具等附加组件。相比之下，Ethereum 更不受应用程序的影响，它提供了一个平台，任何 Dapp 都可以在这个平台上构建。

最重要的是，EOS 团队声称底层架构"可以扩展到每秒数百万次交易，消除用户费用，并允许快速、轻松地部署去中心化应用"。[2] 在这一大胆论断的背后，是一种被称为并行化的方法，它使计算机摆脱了在进入下一个任务之前必须依次完成多个任务的困扰。该公司声称已经在模拟中对系统进行了压力测试，但实际上，在一个完全去中心化的验证模型上运行像智能合约型全球分布式总账这样复杂的东西，我们根本无法知道其是否能在这个层面上工作。当然，如果可以的话，它可能会改变游戏规则，特别是如果 Block.one 针对企业客户的营销努力得到回报的话。

自从比特币更广泛的意义被他们认识，思想领袖们就想象着

---

[1] Daniel Larimer (bytemaster), Josh Lavin (hkshwa), et al., "EOS.IO Technical White Paper," *GitHub*, GitHub Inc. and Block.one, 26 June 2017, updated 24 Nov. 2017. github.com/EOSIO/Documentation/blob/master/TechnicalWhitePaper.md, accessed 1 Dec. 2017.

[2] "Frequently Asked Questions," EOS, n.d. www.eos.io/faq.html, accessed 22 Aug. 2017.

一个功能完备的"价值互联网"所带来的变革性经济力量，一个个人和企业在没有中介机构的情况下创造和转移价值的无许可系统，一个开放的创新系统。以比特币微不足道的7秒一次的交易能力为特征，其可扩展性长期以来一直被视为这种想象中的可能性的障碍。即使EOS没有成功，它也表明了就像互联网的先驱们一样，一群富有冒险精神的开发者正在不断地攻击这些可扩展性的障碍，以寻求更大的愿景，并在这样做的过程中，使我们更接近于突破这些障碍。

EOS的金融治理

在著名密码学家Ian Grigg和众多早期专业投资人的参与下，EOS背后的创业公司香港Block.one推出了代币销售，在发行的前五天就获得了1.85亿美元的收入。截至本文撰写时，这是历史上第三大的入账金额。Block.one非常有可能筹集到更多的资金，因为众筹将在一年的时间里继续进行，总共提供10亿枚代币。在撰写本文时，与区块链使用相同的三个字母EOS符号的每个代币价格在*CoinMarketCap.com*上报价为1.36美元，一些观察家预测总募资额将超过10亿美元。[①]

EOS代币是作为ERC-20代币出售的，这是一种通过Ethereum

---

① Will Stephens, "It's Official! EOS CrowdSale LARGEST ICO Ever-Now Raised over $150M," *Steemit.com,* Steemit Inc., 1 July 2017. steemit.com/cryptocurrency/@willstephens/it-s-official-eos-crowdsale-largest-ico-ever-now-raised-over-usd150m, accessed 15 Sept. 2017. EOS price stood at $2.72, according to *CoinMarketCap.com,* as of 17 Sept. 2020.

发行的资产。然而，在2018年6月1日，一个独立的EOS区块链开始，这意味着所有注册的ERC-20 EOS代币将转换为该链上的原生代币，这恰好包括一些类似Tezos的动态治理程序。此举让一些投资者有些不安，EOS建议代币持有者在EOS注册，否则届时将面临失去代币的风险。

和许多ICO一样，EOS也包括了重重的免责声明，如代币"不具有任何明示或暗示的权利、用途、目的、属性、功能或特性，包括但不限于EOS平台上的任何用途、目的、属性、功能或特性"等。这是一种特别保守的法律策略，因为SEC可以将任何价值承诺理解为证券发行，而投资者显然能够看穿这一点，相信EOS总有一天会建立一个有价值的生态系统，而不管它能不能承诺什么。

然而，即便有这种明确的免责声明，当总部位于香港的加密交易所Bitfinex禁止美国投资者在其平台上交易EOS代币时，Block.one也发现自己是2017年8月监管隐形行动的受害者。Bitfinex显然被SEC关于DAO代币的声明吓到了，该声明提示交易所如果允许交易任何被视为证券的代币，必须向SEC注册。此举没有对EOS的价格产生明显的影响，或许这标志着现在这种技术交易的全球性质。然而，一些人认为Bitfinex的举动是对美国证券交易委员会在保留其自由裁量权的同时，将其监管扩大到整个行业的微妙范畴。

加密代币

加密代币是第三类加密资产,与特定的经济目的直接相关,通常由其在用户社区中的作用来定义,这些社区管理特定的去中心化应用或Dapp。在这里,围绕可编程货币、激励结构和经济设计的最冒险的思维正在发生。这也是现代ICO狂热的淘金潮最生动的地方。

这些代币绝大多数是在另一个区块链之上发行的资产。到目前为止,最大的一类是上述在Ethereum之上发行的ERC-20代币。现在Ethereum生态系统内有数百种ERC-20代币在交易,每天都有新的ICO上市。考虑在2017年8月17日之后的5天,直到8月22日的五天内,在ICO预警网站列出四种产品:

- Decentraland,"把虚拟商品变成现实商品的去中心化市场"。
- Imperium,"基于Ethereum构建的无手续费体育投注平台"。
- Latoken,"将房地产和艺术品等资产代币化"。
- Snapup,"一个优质产品的购物平台"。[1]

---

[1] ICO Alert. icoalert.com, accessed Aug. 17, 2017.

只要这些代币继续吸引一级市场和二级市场的投资，价值创造的正反馈循环就会让以太币的价值和代币一起提升。但如果市场走低，也可能会出现财富破坏的恶性循环。

这些想法的广度——其中许多是半生不熟的，少数是真正出色的，几乎所有的想法都未经证实——使我们无法在这里代表所有的想法。不过，我们将回顾一些行业类别，每个类别都是根据系统正在寻求改善其管理的特定公域来定义的。

媒体公地

正如我们在提到 Brave 的基本注意力时所讨论的那样，网络广告市场有明显的功能失调迹象，出版商为了将用户注意力这一核心资源提供给广告商而展开竞争。但网络媒体公地的概念比广告市场的意义更为深远。网络空间应该是一个可以公开和自由分享思想的环境，这一理念是塑造互联网早期设计（如果不是最终结果）的内在哲学。

尽管传统的电视和出版厂商在将其业务转移到网络平台时，通过数字版权管理和积极的诉讼强加了一种公司控制模式，但"信息要免费"的口号在许多出版商的"免费增值"定价模式中得以延续。然而，保护和维护这种公地需要更加慎重地努力，以承认创造者的权利，以及赠送宝贵数据的受众的权利。

诸如"共享创意"许可证等举措为创作者和个人出版者提供了新的工具，在鼓励自由使用的同时维护所有权，摄影师和艺术家对其12亿张数字图像附加了使用权和条件。[①]但是，如果我们要把互联网共享资源作为一种公共利益加以培育和保护，那么我们可以做更多的工作，更好地管理用户和创作者的权利和义务。

信息的数量不是问题，而是信息的质量。没有什么比假新闻的问题更能让人明白这一点，即相对于劳动密集型新闻机构收集、核实、制作和传播新闻所需的成本，现在人们利用社交媒体传播策略可以用与之低得多的方式制作和传播假新闻。从本质上讲，问题已经归结为一个激励机制的错位：人们没有得到适当的激励来生产、分享和支持可靠的信息。公共资源因此而受到影响。

在这里，新一波受加密启发的创新者正在押注代币可以改变游戏规则。一系列的策略正在出现。如Brave的BATs模型的元素，一些专注于激励真实报告流量数据，以避免广告欺诈。一些策略则是通过让用户和出版商参与到游戏中来解决假新闻和虚假信息的问题，促使他们对内容的质量进行更诚实的评估。还有一些则努力将创作本身的业务代币化，让艺术家和作家的作品能够得到更公平的认可，甚至将其货币化。

---

① Ryan Merkley, "State of the Commons," Creative Commons, 28 April 2017. stateof. creativecommons.org, accessed 18 Sept. 2017.

在第一类中，Brave的重要竞争对手是MetaXchain推出的adChain。该系统有两个主要元素：一个是adChain注册表，它保存着经过区块链验证的被认为是诚实报告流量的域名记录；另一个是广告代币（Advertising Tokens，ADT）池，用于激励人们通过时间锁投票系统对添加到该注册表域名的价值进行投票。通过在投票时锁定资金，他们提交了一个完整性证明的行动，这与Tezos和其他公司如何使用股权证明来确保对区块链验证的信心并无二致。

在2017年6月26日众筹之后，10亿个adToken已经开始流通，仅23秒就达到了1 000万美元的上限。[①] 创始人希望建立一个他们所谓的"良性循环"，让割肉参与adToken的持有者诚实地对不同出版商域名的报道质量进行投票，这就满足了广告商的需求，广告商买下代币向出版商支付广告费，推高了价格，并对诚实行事的代币持有者进行奖励。诚实的出版商也是赢家，因为他们可以从不诚实的网站中脱颖而出，吸引更公平的广告业务份额。

MetaXchain的战略计划总监亨特·格布朗（Hunter Gebron）是这样比喻adChain所代表的意义："如果数字广告是一座巨大的城市，可以说adChain是在城市地下铺设了更清洁更高效的管道，为居民提供更便宜更安全的公用设施（'居民'是指广告主和出

---

① "MetaX Completes $10 Million adToken (ADT) Sale," *Cision PRWeb*, Vocus PRW Holdings LLC, 28 June 2017. www.prweb.com/releases/2017/06/prweb14467717.htm, accessed 15 Sept. 2017.

版商)。"① 从这个意义上说，该系统旨在激励维护由出版商网站流量数据的无污染、诚实记录所定义的公地的行为。

在社交媒体的业务中，如何激励诚实和诚信也是一个挑战。在那里，滥用"点赞""投票"和"转发"等指标，包括部署专门的机器人来复制这样的过程，使某些具有破坏性的内容因错误的原因而被提升，造成了虚假信息、假新闻和政治动荡。总部位于华沙的Userfeeds.io公司已经将注意力转向了这个有争议的行业。

该公司的赌注是，如果用户和出版商都要参与媒体策划，无论是正式的还是通过他们对内容质量的投票——喜爱、点赞等——那么，如果他们要更倾向于作出诚实、周到的评估，他们就应该参与其中。Userfeeds希望通过将人们持有的代币转化为可证明的声誉衡量标准来实现这一点，每当他们对某一内容作出一些判断时，他们就会将这些代币置于危险之中。

Userfeeds的创始人马西耶奥尔平斯基（Maciej Olpinski）表示，这一策略是一种尝试，旨在解决"在目前的环境下，生产病毒性的有毒信息，本质上是对注意力的免费选择……这种情况下，信息的生产是免费的或几乎免费的，但如果以病毒方式传

---

① AdChain, "What's the difference between adToken and BAT?" *Medium,* A Medium Corp., 2 June 2017. medium.com/@AdChain/whats-the-difference-between-adtoken-and-bat-a783a9ea106a, accessed 15 Sept. 2017.

播，有可能产生大量的注意力美元"。^① 他说，这种不对称性除了"注意力提供者"，即**用户**，所有人都受益。大的社交媒体平台收集用户数据，内容创作者积累眼球，产生流量。当然，用户可能会在社交媒体上体验到即时的满足感，但这是有长期机会成本的。Olpinski 提出了一个替代方案：

> 如果我们能给网络关系带来对称性，每次有人想得到你的关注时，他们都要证明自己有什么激励机制，他们不得不牺牲一些东西来让你关注他们，那会怎样？像 Ethereum 这样平台上的数字代币概念，让我们可以设计系统，代币可以用于向拥有这些代币的社区传递信息的相关性信号。^②

Userfeeds 对代币的使用与许多 ICO 不同。这家初创公司并没有发行自己的代币。相反，该平台旨在让用户抵押现有的代币，如 ether，以维护他们的声誉，并显示他们的诚信。但它也有让策展人发行自己专属的、独特的声誉代币的前景，其他人可以买入这些代币，以此来支持他们的工作，并鼓励高质量的新闻源和内

① Maciej Olpinski, "Userfeeds got funded! Here's how we plan to bring 'skin in the game' back to discovery algorithms," *Userfeeds Blog*, A Medium Corp., 3 May 2017. blog.userfeeds.io/userfeeds-got-funded-heres-how-we-plan-to-bring-skin-in-the-game-back-to-discovery-algorithms-71f7afcb886d, accessed 15 Sept. 2017.

② Maciej Olpinski, "Userfeeds got funded! Here's how we plan to bring 'skin in the game' back to discovery algorithms."

容策划。

区块链开发者也在紧锣密鼓地开发应用，利用区块链对独特的创意作品进行不可更改的注册，并以此赋予创作者更直接地控制其作品的权利，并有可能通过智能合约和数字货币将其货币化。这些工程师也在经常谈论代币化，但概念还没有很好地形成。

Po.et是一项为原创内容注册作者数据的服务，在比特币杂志出版商BTC Media的CEO 大卫·贝利（David Bailey）和前比特币核心开发者杰夫·加齐克（Jeff Garzik）等多位比特币资深人士的支持下推出，并在ICO中筹集了1 000万美元。除了作为筹款工具的作用外，目前还不清楚Po.et代币是否或如何激励出版行业的参与者建立出公地。

一个更尖锐的建议来自Mediachain的CCCoin，该公司创建了一个区块链就绪的注册表，里面装满了1亿个"创意共享"授权的创意作品的作者元数据。按照设想，艺术家和作家在注册CC授权的照片、图片或其他作品时，将为自己生成CCCoins。

Mediachain创始人杰西·瓦尔登（Jesse Walden）在思考谁会购买这些代币来支持它们的价值，他提出，那些想要支持开放的互联网公共空间，并激励艺术家通过创意共享程序公开他们内容的慈善组织会发现Mediachain是可行的。[①] 然而，在音乐流媒体

---

① Jesse Walden, interviewed by Michael Casey, 25 March 2017.

公司Spotify收购Mediachain之后，CCCoin的发展陷入了停滞。[①]
事实上，"CCCoin"这个名字后来被一个平台所采用，该平台开
发了一种代币，用于慈善机构筹集和分配资金。

身份共识

2017年比较引人注目的代币销售是区块链身份验证平台
Civic的销售，其基于移动应用的系统将客户的各种身份认证标
记——出生证明数据、经过验证的银行账户信息、经过认证的健
康记录等——存储在一个不可更改的区块链账本中。

Civic表示，该系统非常善于检测区块链安全数据的变化，如
果有人试图冒用客户的身份，它可以提供实时监控警报——它还
提供最高100万美元的免费保险，以保障身份盗窃的法律费用。
随着数字身份解决方案被许多人视为区块链技术的潜在杀手级应
用，人们对Civic的兴趣一直很浓厚：2017年6月22日，其出售
10亿CVC代币吸引了强烈的需求。

10亿枚CVC代币被售出，占总供应量的三分之一。由于感觉
到早期需求旺盛，并坚定不移地坚持3300万美元的硬上限募资，

---

① Julien Rath, "Spotify Acquired Blockchain Start-up Mediachain," *Business Insider*, Insider Inc.,
26 April 2017. www.businessinsider.com/spotify-acquired-blockchain-startup-mediachain-2017-4,
accessed 1 Dec. 2017.

连续创业者、著名加密货币评论员文尼·林厄姆（Vinny Lingham）领导下的Civic团队决定引入随机配给系统，以避免让最大、最快的"鲸鱼"主导ICO，其目的是为了更广泛地分散所有权。

Civic希望确保尽可能广泛的传播，因为其身份系统的价值是网络效应的直接函数。身份系统有点像货币，只有在每个人都接受它们的情况下，它们才会有效。这就是为什么Civic要尽可能积极地发展其生态系统的原因。在这种情况下，代币就成了扩大生态系统的价值产生激励工具。客户可以通过向系统上传某些信息而获得代币奖励，而验证者也可以通过验证人们的各种认证和身份诉求而获得代币报酬。

"网络发展得越壮大，代币的效用就越大——因为代币的数量是固定的（总供应量没有通货膨胀，尽管它们会随着时间的推移而释放），"林厄姆说，"随着网络规模和网络内交易量的增长，这将为代币创造需求。"[①] 这是对一个正反馈循环的另一个赌注，其服务于更广泛的社区利益。

诚信公地

在线预测市场，即人们对事件的结果进行投注，并不是什么

[①] Vinny Lingham, "Why Tokens are Eating the World," *Vinny Lingham Blog*, 17 July 2017. vinnylingham.com/why-tokens-are-eating-the-world-b4174235c87b, accessed 15 Sept. 2017.

新鲜事。爱尔兰的Paddy Power网站自1988年以来一直在提供关于选举结果和日常生活其他方面的投注赔率。但区块链技术将这些系统提升到一个新的水平，原因有二：

- 在区块链的去中心化结构中，任何人都不能被怀疑操纵算法；
- 他们使得任何人都可以建立自己的预测市场，并且不依赖网站所有者的判断，而是生成一个众包系统，用于裁决赔付所依据的结果。

倡导者说，有了这些功能，这些系统是挖掘群众智慧的有力平台，可以指导政策决策。

可能使这些系统发生革命性变化的是引入代币，旨在奖励诚实的裁决者。在第一个基于区块链的预测市场Augur中，代币被称为"Rep"，是声誉的缩写。这个想法是，裁决者将在他们进行判断的市场中进行投注，将他们的Reps作为他们诚实的投入证明。如果事实的结果与之不同，那么他们不仅会赔钱，而且声誉也会下降。但如果他们始终正确，则会发生相反的情况：理论上讲，声誉和利润的良性循环，鼓励诚实。

在 *Wired* 的一篇文章中写道："忘记比特币。区块链可能会揭示今天和明天的真实情况。"凯德·梅茨（Cade Metz）提出，代币化的区块链预测市场可以帮助社会评估新闻报道的真实性。

"如果说，特朗普政府的国家安全顾问下台，Augur的众议员资助的'记者'验证了他的辞职，那么这个事实就会被刻录到区块链中。"梅茨写道。

然后，任何应用程序都可以利用这一数字事实，从维基百科到Facebook再到谷歌搜索结果。当一个假新闻在Facebook的回音室里跳来跳去，总统推特看不出网上骗局与《纽约时报》的精心报道有什么区别，在这样一个时代，为事实创造一个数字市场的可能性成为一个强有力的想法。[①]

随着现在区块链治理方案（如Tezos）的预测市场设想，人们对这些代币的兴趣已经激增。根据*CoinMarketCap.com*的数据，Augur的代币自2015年以来一直存在，最初的估值为1.47美元。但除了在2016年3月短暂地飙升至12美元以上外，在成立后的头15个月里，它往往维持在5美元以下的水平。然而，到了2017年春天，Augur的Rep开始起飞，在6月初达到36.30美元的峰值。后来在夏天又卖掉了，但在2017年9月还在20美元左右。两年后，其价格为15.26美元，市值为1.678亿美元。[②] 这种热潮在上

---

① Cade Metz, "Forget Bitcoin. The Blockchain Could Reveal What's True Today and Tomorrow," *WIRED*, Condé Nast, March 2017. www.wired.com/2017/03/forget-bitcoin-blockchain-reveal-whats-true-today-tomorrow, accessed 7 Sept. 2017.

② Augur REP, *CoinMarketCap.com* as of 17 Sept. 2020.

文提到的Gnosis ICO的结果中表现得更为明显，从某种程度上衡量其市场估值，Augur的竞争对手几乎瞬间变成了独角兽。

这些数字为这个市场的纯投机性质提供了宝贵的提醒。预测市场如果能发挥作用，可能会对社会产生巨大价值。我们还不知道它们是否会奏效，或者恶意行为者可能会找到方法来勾结和游戏Augur的Rep市场，以扭曲不同赌注的结果，并将持久的、不可更改的虚假记录插入永久的区块链中——创造比假新闻更糟糕的东西。不过，创造一个真实的市场的前景还是令人兴奋的。

分布式算力公地

"没有什么云，它只是别人的电脑。"一件流行的硅谷T恤上有这样一句话。事实上，这句话低估了"云"提供商在以数据中心为基础的巨型服务器阵列中进行计算资源管理的复杂性。然而，它确实告诉了一个重要的事实，即控制世界上大部分文件存储和处理发生的外包业务内的集中化。

IBM、亚马逊、谷歌、苹果、Dropbox和甲骨文针对他们的硬盘空间向用户收取五星级加价，如果我们放弃这种中心化模式，而形成一种"共享经济"模式，即硬盘租赁的Airbnb，会怎么样？如果谁有多余的空间和内存，可以提供给任何需要的人，并获得报酬呢?

理论上讲,由于每个人的桌面上都有很多未使用的容量,这种共享模式应该会大幅降低存储和托管的价格。这就是几家区块链初创公司所提供的服务,他们发现,某种代币对于围绕这种服务形成市场至关重要。随着Siacoin(SC)、Maidsafe的Maidsafecoin(MAID)或Storj(STORJ)等产品的推出,去中心化计算网络的创建者们发现,代币可以在提供过剩计算资源的人和需要计算资源的人之间创造一个市场。

与此类似的还有Filecoin,它是由星际文件系统(interplanetary file system,IPFS)的创建者Protocol Labs创建并销售的代币。截至本文撰写时,Filecoin在2017年8月初收获2.52亿美元,这一事迹一般被描述为历史上最大的众筹。文件币背后的目的是奖励,从而激励计算机所有者提供他们的硬盘空间,用于创建一个新的、去中心化的世界性网络。

IPFS应用了BitTorrent等服务的一些无主文件共享原则,提供了一种与传统托管服务模式完全不同的方法来托管构成网站的文件。在IPFS下,构成网站的各种组件文件的多个副本(文本文件、JPG、MP4等)分布在多台计算机上,每当有人访问该网站时,都会通过最快的路径进行检索。这种安排创造了冗余和备份,以防止失败,所有这些都在一个无人能够控制构成网络的文件的结构中。

环境公地

其中最大的公地正面临着最令人难以承受的悲剧。我们的地球正在无情地屈服于气候变化的影响。对一些人来说，认为加密货币和代币可以帮助我们解决这样一个巨大的问题，这似乎是在死马当活马医。毕竟，比特币作为最具影响力的加密货币，激励着世界各地部署大规模的耗电矿场。

但是，批评者不应该从减少世界碳排放所需的实际解决方案的角度来看待这个问题（譬如转向可再生能源，提高生产过程的效率等），而应该从象征性经济学如何帮助我们处理气候变化的政治问题的角度来看待这个问题。再一次，它归结为围绕一个共同的目标调整激励措施的能力。代币是否可以鼓励人们合作，共同抵御这个对地球生命最严重的威胁？

环境退化属于典型的外部性经济问题：关于一个人对环境造成的损害以及给其他所有人带来的代价，我们的经济体系无法对此进行定价。用传统经济学的方法，我们没有办法将这种成本公平地分摊给污染行业，而不通过一些税收、罚款或其他监管的政治行为来进行。然而，在许多情况下，那些正在造成危害的人可以认识到并有动力去努力减轻危害。但是，如果没有合作，他们的竞争者可能会免费利用他们的慷慨。从市场战略的角度来看，这种风险往往大到无法承受。这就是一些人所说的**加密影响经济学**的希望所在，这是一种将对抗环境恶化的目标硬编码到代币中的努力。

一些例子值得强调。包括代币投资平台CoinCircle的系列创业者兼CEO埃里克·米勒（Erick Miller）、加州大学洛杉矶分校金融学教授巴格旺·乔德里（Bhagwan Chowdry）和世界经济论坛海洋保护主义者格里高利·斯通（Gregory Stone）在内的一个团队提出了两种特殊价值的代币：海洋健康币和气候币。他们提议向关键的利益相关者发行这些代币，这些利益相关者包括公司、政府、消费者、非政府组织（non-governmental organization，NGO）和慈善机构，他们可以用这些代币来支付与管理碳信用额度、实现减排和减污有关的一系列功能。世界经济论坛将控制一个代币储备，以管理全球浮动币的价值。

提案的内容涉及一项计划，即每当国际科学机构确认污染和碳排放目标有所改善时，就不可逆转地销毁部分储备币。这种通过密码学功能销毁某些代币的行为将增加其稀缺性，从而增加其价值。重点是持有者的动机是为了现在而不是明天改善地球的利益而行动。

另一个是来自LO3能源的团队提出的一个想法：exergy代币。能量（exergy）指的是每单位能量产生的有效工作量。[①] 与

---

① Exergy, *Thermopedia,* 11 Feb. 2011. www.thermopedia.com/content/745, accessed 13 Sept. 2017.

以焦耳或千瓦时为单位的标准发电量和消耗量相比，它在许多方面都能更有效地衡量社区如何产生和使用能源，因为它考虑到了传输过程中的能源损失（在某些地方高达30%）以及我们使用的设备的效率。

在物联网时代，我们所有的设备都将足够智能，可以相互进行交易，并且可以根据我们的喜好来开启或关闭自己的设备，因此，能源很可能成为每个人的关键问题。随着太阳能发电和储能技术变得越来越经济实惠，越来越多的发电能力进入人们的家庭，能源管理系统对整个社区来说将是至关重要的，因为电网管理者必须优化能源生产和分配的时机，让家庭"消费者"和传统的批发供应商参与到复杂的负荷管理过程中。

LO3能源认为，exergy代币将成为解决方案的重要组成部分：该代币的每能源单位价格将浮动，将成为一个关键的市场信号设备。在家庭层面，它将允许人们自动决定在什么时间在家中运行哪些设备；在区域层面，它将允许电网管理者校准批发和零售电力的正确组合。

作为任何人发电的收入来源，exergy代币还将为家庭投资太阳能提供价格信号和激励措施。该代币将依赖于可信的计算和认证的太阳能设备，在区块链记录系统中证明和验证特定数量的电力来源是可再生的。这一品质也将使代币成为总量管制与交易（cap-and-trade）和其他碳抵消市场的热门投资。

目前全球资本主义的设计，即货币不仅是一种交换手段，而且是一种价值的迷信标志，我们被鼓励积累以显示我们的力量，这是对我们地球资源造成压力的直接原因。当然，我们有责任为我们将托付的一代人重新设计这个系统，以便在我们可以的时候拯救地球上的生命。这样做的机会可能来自可编程的货币——货币本身并不是一种最终目标的商品，而是它一直以来的本意：一种交换和协作产生价值的工具。

但是它是否合法？它是否安全？

2017年7月，美国证券交易委员会宣布DAO代币是证券，随后中国采取了直接禁止ICO的行动——这提醒人们，监管打击对代币行业来说仍然存在一种明显的可能性。不过，更多的是这些发展让人们思考可能的触发因素。代币市场的价格修正，而且很可能是大修特修，似乎不可避免。不管是SEC起诉还是价格暴跌在先，目前投机性投资上升推动所有代币价值上升的"良性循环"确实有可能变成同一自我循环的恶性版本。

这些问题也点明了这个市场成熟所需要的东西，为投资者带来更大的保护和更有效的加密资产估值方式，让当下肆无忌惮的金融投机迁移到一个更有序的框架中。这样一来，社会就可以专注于这项技术的真正承诺，即它能够重新定义经济管理、激励协作和高效的资源使用，而不是关注ICO的淘金狂潮。在这里，我们回顾了这个市场以对社会有建设性的方式运作所需要的一些改革领域。

量身定制合规解决方案

尽管几乎每一份ICO白皮书中都包含了格式化的免责声明，指出代币不赋予任何所有权相关权利或价值承诺，并且（附加款）美国公民不应该购买它，但很可能许多ICO仍将被监管机构判断为证券。在SEC的情况下，它将归结为豪威测试，该测试已经确定，任何涉及对共同企业的投资和期望利润将从发起人的努力中获得的发行都构成证券。[①]

任何向公众提供符合这些标准的人都需要向SEC注册，需要招股说明书和其他一系列昂贵而繁琐的披露与程序。某些律师和传统的证券专家认为大多数代币将通过豪威测试，并遭遇罚款或更严重的处罚，而这与许多代币发行商的信心似乎存在很大的鸿沟，他们宣称已经得到了合理的法律建议，他们的特定发行是明

---

① 关于豪威测试如何适用ICO的优秀总结，参见 Gregory J. Nowak and Joseph C. Guagliardo, "Blockchain and Initial Coin Offerings: SEC Provides First US Securities Law Guidance," Harvard Law School Forum on Corporate Governance and Financial Regulation, 9 Aug. 2017. corpgov.law. harvard.edu/2017/08/09/blockchain-and-initial-coin-offerings-sec-provides-first-u-s-securities-law-guidance, accessed 7 Sept. 2017.

确的。这种鸿沟本身就是不确定性的来源。

为了避免这种不确定性，比较安全的途径是只卖给认可的投资者，认可的投资者大致是指风险投资公司和对冲基金等专业投资机构或流动净资产超过100万美元、年收入超过20万美元的个人。

这将伴随出现两个问题：

- 它失去了公开募股的民主化优势；
- 代币较难达到广泛分布的网络效应。

然而，可能有一个折中方案：未来代币的简单协议或SAFT的新概念。模仿专业投资者有时与尚未发行股权的公司签订的合同被称为SAFE（未来股权特别协议），SAFT可以作为一种过渡机制出售给认可的投资者。其想法是，一旦网络建立起来，它们就会转换为用户和公众可以访问的代币。

"然后，发行者将他们筹集的资金用于开发平台的网络，"前Cooley LLP的马可·桑托里（Marco Santori）说，Filecoin的成功发行实践了这个想法。"只有这样，一旦网络发挥作用，代币作为真正的产品运作，才能向公众出售"。[1] 这个想法不仅是为了远离法律伤害，也是为了避免一些人认为当前募资方式的道德风

---

[1] Marco Santori, interviewed Michael Casey, 26 June 2017.

险，即开发者带来的资金远远超过他们所需要的资金，并有可能失去努力开发产品的积极性。

还有一些机制正在出现，让小投资者通过专业投资者获得曝光率。由企业家、扑克冠军雷夫·弗斯特（Rafe Furst）创立的加密公司（The Crypto Company），自称是"负责任的数字货币门户"，其可以提供这样一种途径。[①] 它以Crowdfunder为蓝本，Furst是Crowdfunder的联合创始人之一，并让散户投资者在风险投资交易中入股。

如果这个行业要实现其金融民主化的承诺，它将需要一系列其他产品，给小投资者提供一个切入点，如交易所交易基金。但在2017年SEC拒绝了两只比特币交易所交易基金（ETF）——Winklevoss Capital和SolidX的基金——加密代币ETF的近期前景并不乐观。SEC的拒绝强调了比特币交易所中不可靠的流动性，以及在不受监管的环境下交易的普遍性，委员会认为这阻碍了ETF赞助商支持其向投资者报价的能力。那么，这个教训就是整个加密资产行业，包括代币在内，都有利益促进透明、可靠和受监管的交易所。

还要注意的是，代币平台以及它们所支持的Dapps，构成了固有的全球性、无边界技术。这对于希望控制它们的监管者来说具有重要意义。正如我们在加密货币和区块链领域的其他地方所

---

① 根据加密公司的官方网站，参见 thecryptocompany.com。

看到的那样，当一个国家的规则过于严苛时，开发者只会转移到最宽松的司法管辖区，从而形成全球监管套利和区域与区域之间扭曲的模式。在大多数情况下，任何被判定为免于证券备案要求的代币都应该不受正式监管，这符合广泛遵守的不监管软件的原则，而软件正是这些产品的本质。

这并不是说这个全球行业不需要某种治理，或者像唐和亚历克斯·塔普斯科特在最近为世界经济论坛撰写的报告中所描述的那样，需要一个"自组织的、自下而上的、多方利益相关者"的"管理"系统。[①] 随着代币技术及其周围生态系统的发展，工程标准、争端解决模式、宣传代表和其他形式的集体行动将需要出现，理想的情况是没有政府的干预。为了实现这一目标，代币发行商、投资者、交易所、行业用户和这个新兴行业的任何其他利益相关者都需要相互接触，以及与监管机构接触，为持续发展刻画出一个不受法律约束的强大框架。

审查创始人

ICO市场中的投资者分析亟待完善。有些产品在上市时，没

---

① Don Tapscott and Alex Tapscott, "Realizing the Potential of Blockchain: A Multistakeholder Approach to the Stewardship of Blockchain and Cryptocurrencies," White Paper, World Economic Forum, June 2017. www3.weforum.org/docs/WEF_Realizing_Potential_Blockchain.pdf, accessed 22 Aug. 2017.

有为其Dapp协议预先编写代码库，而仅仅用一份措辞含糊的白皮书来解释。然而这些虚无缥缈的产品，正如愤世嫉俗者有时所标榜的那样，仍然可以筹集到七位数的资金。即使有全面的软件开发可供参考，也严重缺乏审查工作——部分原因是区块链技术相当复杂，但也因为没有什么机构分析服务来帮助那些在黑暗中操作的投资者。

当麻省理工学院媒体实验室的数字货币计划研究人员在IOTA使用的专有散列算法中发现了严重的漏洞时，一个危险的警告就来了，IOTA是一个大胆的新的物联网交易区块链解决方案，其代币是最有价值的项目之一。IOTA已经与博世（Bosch）等大公司达成协议，并拥有一个庞大的全球开发者社区，测试其用于发送和确认设备之间交易的纠缠协议。

然而IOTA却忽略了这一重大缺陷，在MIT团队测试之前，开发者已经打破了"滚动自己的加密算法"而不是使用现有的、经过测试的算法这一基本规则。[1] 在许多支持人们投资的代币Dapp协议中很可能都布满了错误。我们需要一个更复杂的审核过程。

在这里，制度性的解决方案正在出现。其中一个来自CoinList，这是由胡安·贝内特（Juan Benet）的Protocol Labs（IPFS和Filecoin

---

[1] Neha Narula, "Cryptographic vulnerabilities in IOTA," *Medium,* A Medium Corp., 7 Sept. 2017. medium.com/@neha/cryptographic-vulnerabilities-in-iota-9a6a9ddc4367, accessed 7 Sept. 2017.

的开发者）和纳瓦尔·拉维肯特（Naval Ravikant）的AngelList创建的服务。它为代币发行者提供了一个接触投资者网络的平台，但它承诺对其支持的代币有高度的选择性，这导致人们期望CoinList发行的代币将带有事实上的批准印章。[①] 值得注意的是，CoinList还倾向于采用Cooley LLP开发的SAFT方案，这也是CoinList第一个相当成功的发行Filecoin的情况。这意味着，它目前将支持的ICO限制在那些只向合格投资者出售的ICO上。

我们还需要某种评级系统，类似于普通债券市场的评级系统，但要针对加密资产的去中心化架构。鉴于加密社区对中心化模式和可信赖的第三方的反感，很少有人愿意把穆迪、标普和惠誉积累的那种权力交给评级机构，这些机构在全球金融危机后也因此受到批评。不过，提供客观评级的专业服务正在兴起，可能会帮助投资者从不断的推销噪声中解脱出来。

ICORating是一个过去、当前和即将到来的ICO列表，其中一些ICO根据服务所描述的"ICORATION专家的彻底独立审计"分配独特评级。其评级范围为"负""风险""稳定"和"正面"，并加上"+"或"-"的修饰词。评级的组成部分包括"风险评分""炒作评分"和"投资潜力评分"。另外，ICORating给某些

---

① Laura Shin, "Want to Hold an ICO? CoinList Makes It Easy—and Legal," *Forbes,* Forbes Media LLC, 19 July 2017. www.forbes.com/sites/laurashin/2017/05/18/want-to-hold-an-ico-coinlist-makes-it-easy-and-legal/#ab2fbc97ce5e, accessed 15 Sept. 2017.

管理混乱的ICO贴上了"骗局"的标签。该处提供相当全面的报告，解释其评级的理由，这可能会提高客观性的认识。

但在一个对第三方认证机构天生就有戒心的行业里，"谁在审查审核员"的抱怨很可能会在评级服务中产生。预计基于区块链的审计记录将面临压力，可能会提高评级过程的透明度。借鉴代币行业内的一些想法，如预测市场和声誉代币，可能会有一种选择，为智能编码者和审核员创建基于市场的赏金系统，让他们在去中心化的评级系统中自由地进行分析。

更广泛地讲，这个行业内还需要一个独立的、知情的媒体，以及他方视角观察员的客观研究和分析。目前，相对于即将上市的ICO数量而言，具有适当知识和技能的代币行业的报道少得可怜。但随着《福布斯》和《华尔街日报》等主要商业出版物设立了有关加密货币和区块链主题，这种情况正在慢慢改变。同时，像Galen Moore和早期比特币先驱Peter Vessenes发起的*Token Report*这样的通信服务也开始出现，以应对新兴的专业投资者阶层对代币市场的股权需求。

代币行业的专业化

除了希望扩大硅谷以外的投资者群体外，VC和对冲基金的资金涌入ICO和代币发行市场，可能会起到积极的、稳定的作用。截至2017年夏末，安德森·霍洛维茨（Andreessen Horowitz）、红杉资本（Sequoia Capital）、联合广场创投（Union Square Ventures）和贝塞默创投（Bessemer Venture Partners）等大名鼎鼎的风险投资公司，已经向两只针对这一市场的对冲基金投入了总计2.45亿美元的资金。其中一家是Metastable Capital，由AngelList的CEO纳瓦尔·拉维坎特（Naval Ravikant）等人在2014年创立。另一个是Polychain，2015年开始进行2亿美元的融资，由Olaf Carlson-Wee发起，他是比特币钱包和交易所提供商Coinbase在2013年2月的第一个雇员。[1]

此外，专门的区块链风险投资机构，如丹·莫赫德（Dan Morehead）的Pantera Capital以及由Bart和布拉德·斯蒂芬斯（Brad Stephens）兄弟支持的Blockchain Capital，都成立了专门针对代币的基金。如前所述，Draper Fisher Jurvetson的蒂姆·德雷珀（Tim Draper），也一直是ICO的积极投资者，科技亿万富翁马克·库班（Mark Cuban）也是如此。最近，据《福布斯》报道，约有15家不同的对冲基金表示，他们将致力于投资加密资产。[2] 只要这些基金没有被市场的大调整所消灭，这些经验丰富的投资者的存在应该会给市场带来一些稳定。

---

[1] Laura Shin, "Crypto Boom: 15 New Hedge Funds Want in on 84,000% Returns," *Forbes,* Forbes Media LLC, 12 July 2017. www.forbes.com/sites/laurashin/2017/07/12/crypto-boom-15-new-hedge-funds-want-in-on-84000-returns/#549c2824416a, accessed 15 Sept. 2017.

[2] 同上。

不过除了他们的存在，市场还需要这些投资者应该带来的纪律。就目前而言，发行人遵守的标准很少——鉴于加密货币地址的假名性，人们普遍怀疑很多人在ICO期间暗中支持自己的代币来支撑价格。但现在已经很清楚，无论是专业的还是其他的投资者，都可以通过代币施加压力。代币投资的本质是他们在治理方面没有任何发言权——这些不是股票；风险投资代币持有者不可能在管理创业公司的董事会中获得一席之地。

反过来说，这些专业投资者可能会觉得对买入并持有策略的承诺较少，也不会有同样的渠道为平台开发商提供建议和指导。发行人要通过真诚的行动让他们和广大投资者满意。如果能说服这些专业投资者长期持有，那么在更广泛的代币开发生态系统中，每个人都应该受益。

同样，大型律师事务所越来越多地参与到代币行业中，也有助于促进更复杂的结构，达成遵守法律的承诺，并很有希望培养平台开发者对代币持有者更深的信托责任感。除了上述的Cooley，在这一领域表态的还包括Perkins Coie、BakerHostetler、Debevoise Plimpton、MME和Sullivan & Worcester。

小结与建议

每当很多人在一个新企业中迅速赚到大钱的时候，金钱就会成为一种干扰。头条新闻不可避免地会关注那些在几分钟内就结束的九位数众筹活动。在这份报告中，我们试图避开这种诱惑，专注于代币本身的真正经济潜力。我们从解决"公地悲剧"问题的角度来构思这种潜力，并认为这种潜力抓住了全球性影响的前景，这种影响远比正在赚取的财富和可能很快失去的财富要大得多，也重要得多。

如果每一个与这项技术发展有利害关系的人，包括创业公司、他们的客户、投资者和监管者，都要对它制定最佳的应对措施，那么对这种潜力进行一些深入的思考——不管它是否现实，都是至关重要的。

然而，与金钱狂热相关的问题、诈骗的风险以及监管机构可能不受欢迎的关注也是事实，这意味着目前最重要的工作在于建立信心的措施，以促进行业的积极潜力。因此，虽然金钱让人心烦意乱，但想办法治理却至关重要。所有与这个行业有利害关系的人都需要鼓动对新兴代币经济进行更好的内部和外部治理。

（1）**ICO行业需要一个多方面的自治制度**。那些利益相关的人，特别是现在资金充足的主要区块链平台（如Ethereum、Tezos和EOS）的开发者需要支持该制度的各种要素。这些包括更广泛的独立分析服务、客观评级以及独立的新闻机构和通信服务。在所有情况下，该行业都有机会利用区块链透明度结构和声誉代币激励模式来增强对信息客观性的信心。换句话说，把钱放在它的嘴里。

同时，发行人应该围绕筹集和管理公共资金建立最佳实践。他们应该问："我们应该为代币销售设定上限，还是更随机地分发代币？"他们还应该考虑其他政策，以确保广泛分发和阻止囤积。更明确地规定创始人应该对自己持有的代币进行声明的标准，也是一种建设性的做法。

（2）**亟需开发人才**。收入的不断增加只会加剧工程技能的竞争，这意味着数百个新的基于代币的Dapp将会发现能够维护、更新和开发其协议的工程师是非常稀缺的。与JavaScript不同的是，早在2009年，JavaScript估计就吸引了900万名具有该编程语言能力的开发者，根据威廉·穆加耶尔（William Mougayar）的估计，2016年4月，专门的区块链工程师社区的人数不超过5 000人，不过他也表示，也许还有2万人"涉足"该领域。[1] 这是个太小的池子，从这个池子中建立起代币发起人所预见的那种经济范围内的颠覆。

从比特币拆分以及原始比特币的表现优于比特币现金的教训是，资金会流向开发者所在的地方，因为那里才是发展前景最好的地方。我们需要教育、标准化，以及改进编程语言，使其既容易使用又难以被攻击。

---

[1] William Mougayar, *The Business Blockchain: Promise, Practice, and Application of the Next Internet Technology* (Hoboken: John D. Wiley & Son, 2016): 68–69.

（3）**监管机构不会坐以待毙。**美国证券交易委员会的DAO公告是一个明确的信号，它准备至少将一部分代币作为证券叫停。其他国家可能会效仿中国的严厉回应。无论代币发行者是否认为他们的发行属于投资和经济学的新模式，71年前的豪威测试将继续统治SEC在这一领域的思维。各种代币销售很可能会被判定为对利润承诺的事实上的投资，并将付出代价。这并不是说，如果SEC和其他监管机构发出更明确的信号，行业会更差。为此，行业可以扩大宣传工作。

虽然更广泛的数字货币和区块链业务已经由华盛顿的一些倡导组织（如Coin Center和数字商会）提供服务，有针对性地让SEC和其他监管机构参与定义代币框架是有必要的。

参与者应该接受SEC主席杰伊·克莱顿在委员会关于DAO的声明中提出的建议。"SEC正在研究分布式账本和其他创新技术的影响，并鼓励市场参与者与我们合作，"克莱顿说，"我们寻求促进创新和有益的方式来筹集资金，首先也是最重要的，要同时确保投资者和我们的市场得到保护。"这项技术有可能像其他技术一样改变资本市场的运作。当务之急是，监管机构和行业共同制定清晰的框架，如何促进创新并让公众对此充满信心。

在全球经济如此失调，如此浪费，以及对监督现行资本主义制度的机构的信心严重消退的情况下，代币经济是一个时机已到的想法。

我们不能忽视可编入方案的货币系统的巨大潜在好处，它可以将资源引导到最需要的地方，最大限度地减少浪费，保护环境，并鼓励创新和开放存取。但是，如果我们要抓住机会，探索和制定解决这些问题的办法，我们需要一个明确的发展和治理框架。

Chapter 3

FINANCWG OPEN BLOCKCHAIN ECOSYSTEMS

03

融资开放的
区块链生态系统

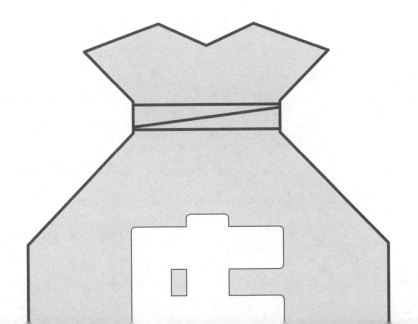

走向合规与创新的首发币发行模式

王芬妮、普里马韦拉·德·菲利皮、
亚历克西斯·科隆博和克拉拉·索克

融资开放的区块链生态系统简介

大多数ICO不会是真正的生态系统代币，因此很适合作为使用注册豁免的证券代币发行，并通过去中心化的替代交易系统进行交易。

基于区块链的开源生态系统可能会选择在生产前阶段依靠初创企业和私营企业典型的筹资做法。一旦他们建立了一些利润中心，他们可能会选择使用数字币发行来资助后期生产阶段。

代币发行者可能会选择设计创造性的公司形式，将非营利性结构与营利性结构结合起来，监督对共享开源资源的访问，以开发特定的业务或去中心化应用。

SEC作为保护消费者和投资者的公共监督机构，其关切是有根据的。我们需要鼓励创新、最大限度地减少投机的法规，并最终能够创造出更有生产力、更有弹性、更公正地分配权力和资源的生态系统。

市场将需要一定程度的代币投机交易来提供流动性。围绕如何最好地摆正市场对一些投机活动的必要性、围绕二级市场的监管问题以及生态系统代币的功能要求等问题仍然存在。

治理方面的合作至关重要。区块链社区的成员（企业家、技术专家、研究人员、学者、律师和其他人）应保持开放的态度，与监管机构合作，为新兴的代币经济设计监管框架。

浅谈区块链对筹资的影响

区块链技术可能会大大影响我们在网络上的互动和交流方式。随着第二代互联网 Web 2.0 的出现，我们看到了社交媒体和用户生成内容的崛起。Web 2.0 催生了亚马逊、谷歌、Facebook、

Uber 和 Airbnb 等互联网巨头，这导致互联网越来越私有化，且被少数大型垄断运营商控制。

今天，Web 3.0，即第三代互联网，提倡一个更分散的互联网，更类似于公共产品。早在2006年，《纽约时报》的约翰·马尔科夫（John Markoff）就预言，Web 3.0承诺建立一个开放和分布式的智能语义网络。[①] 对于该领域的许多老手来说，这将是对互联网作为公共事业和向所有人开放网络这一最初承诺的回归。

在过去的三年里，区块链技术已经开始影响传统的筹款行为，如风险投资和众筹。通过公开出售加密货币和基于区块链的代币来筹集资金的新机制已经出现。这些做法，有时被称为ICO或代币生成事件（TGE），已经筹集了超过36亿美元的资金，超过了区块链生态系统中的风险投资金额。[②] 图3-1为前五名ICO的同比比较。[③]

① John Markoff, "Entrepreneurs See a Web Guided by Common Sense," *New York Times*, New York Times Company, 11 Nov. 2006. www.nytimes.com/2006/11/12/business/12web.html, accessed 3 Feb. 2018.

② Joseph Lubin, "Announcing 'The Brooklyn Project' for Token Launches," *ConsenSys.net*, ConsenSys Media, 30 Nov. 2017. media.consensys.net/announcing-the-brooklyn-project-for-token-launches-22ba89279f5f, accessed 3 Feb. 2018.

③ Sources of Figure 3-1 data: Oscar Williams-Grut, "The 11 Biggest ICO Fundraises of 2017," *Business Insider*, Insider Inc., 1 Jan. 2018. www.businessinsider.com/the-10-biggest-ico-fundraises-of-2017-2017-12; and "CoinDesk ICO Tracker," *CoinDesk*, Digital Currency Group, 1 Jan. 2018. www.coindesk.com/ico-tracker, both accessed 26 Feb. 2018.

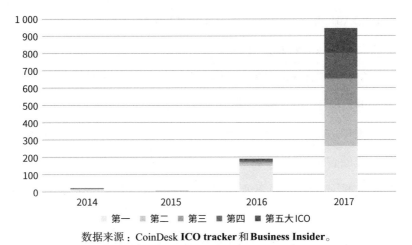

数据来源：CoinDesk **ICO tracker**和 **Business Insider**。

图3-1　排名前五位的ICO筹集的金额（单位：百万美元）

　　虽然这些代币销售为项目或倡议提供了一个新的机会，以筹集必要的资本来自力更生，但它们往往在监管的灰色地带运作，特别是在证券法规定方面。虽然许多基于区块链的代币发行很可能属于证券法的范围，但许多草根项目或初创企业将难以承受这些法律的监管负担，包括关于披露要求，围绕这些投资工具的信息不对称，以及目前缺乏对散户投资者的问责或补救措施。同时，对于硅谷等主要金融和技术之都以外的项目和创业者来说，获得传统的风险资本仍然很困难。

　　我们首先区分符合**生态系统**条件的基于区块链的系统（如比特币、Ethereum）和符合生态系统之上运行的Dapp条件的系统。我们认为，这两种方法需要实现不同的代币模型，因此需要不同的机制来遵守相关的法律要求。

生态系统代币的发行与应用币的发行之间存在结构性差异，前者代表了与其相关联的生态系统中基本且**必要**的组成部分，后者可能具有一些类似于忠诚度积分的功能，或者用来代替现金支付使用服务。这类应用币的难点在于，在很多情况下，它们依靠的是薄弱的经济基础，其往往只是作为一种伪装，为开发基于区块链的应用提供资金，而这种应用是围绕私人利润中心设计的，实际上是通过其他方式充当安全代币。

在本章中，我们认为，只有生态系统代币才能成为真正的**效用**代币。我们简述了参与代币销售的各种项目所采用的不同做法，并调查了现有监管机构所采取的监管方法。我们特别关注美国证券交易委员会及其思维在过去一年中的发展。我们特别关注对发现证券的豪威测试的解释，以及其对作为筹资工具的基于区块链的代币销售的潜在应用。

在监管不明确的情况下，基于区块链的项目和举措不得不在模糊的领域中摸索前行。一些项目采用了一系列复杂的技术—法律解决方案，以调整其商业实践和技术设计，使之符合现有法规的意图。这些解决方案试图利用不同司法管辖区的监管豁免，并提出具体要求，如果满足这些要求，证券发行人就可以减少其监管义务。另一些人则继续认为，真正的效用代币应该完全豁免于证券法，尽管向公众进行这种销售变得越来越困难。

有鉴于此，我们分析和评估旨在遵守这些不同监管框架的现有解决方案的可行性。这些做法中最常见的包括创建非营利性基金会作为发行代币的伞形组织（如Ethereum引入的瑞士基金会模式），或者制定特定的合同安排，如Filecoin引入的SAFT模式。然而，这些解决方案大多需要大量的开销，同时还要承担着巨大的监管风险和不确定性，并且通常仅限于证券法规定的特定豁免，无法使代币发行者从代币销售的全部机会中获益。

常限于证券法规定的特定豁免，无法使代币发行者从代币销售的全部机会中获益。然后，我们提出了一系列创造性的解决方案或最佳实践，可用于在美国和欧洲现有的监管框架下成功推出代币销售。我们强调了现有营销实践的风险，这些实践造成了对利润的过度预期。我们还划定了利用智能合约的力量来编纂一些技术驱动的故障安全机制（或技术保证）的方法，以减少对代币价格的投机机会。这些方法包括：

（1）发行不可转让的代币，以排除建立二级市场的可能性。

（2）对代币发行者和投资者使用归属时间表，以避免"抽水和倾倒"。

（3）实行最高限额，防止代币价格上涨超过特定的门槛。

最后，鉴于使用生态系统代币作为融资工具的内在张力，我们探索在前期阶段使用更传统的融资安排（如可转换票据），通过建立一个与非营利性开源软件基金会保持距离的营利实体。在这种模式下，ICO融资将不再构成对种子轮的替代，而是用于利用区块链技术和公共资金的力量，在后期阶段以比传统的首次公开募股更快的时间表进行融资。

私人资助公益事业的内在张力

本节探讨了基于区块链的代币作为去中心化网络的潜在融资机制，并分析了私人资助公共产品的内在张力。我们这里所说的私人资金是指来自各种私人来源的资金，而不是来自政府、非政府组织或公共机构的资金，后者是更集中的资金来源。私人资助是比较分散的，然而，目前它陷入了Web 2.0的思维模式，即实物索取和垄断私人网络价值。

股权是用于资助民营企业的经典工具，股票的价值基于对民营企业收入和利润的预期。因此，股权是一个合适的工具，可以为私人利润中心提供资金，比如来自Web 2.0世界的中心化在线平台，甚至是Web 3.0环境下出现的各种Dapp。

然而，当我们进入基于区块链的新型去中心化协议或作为Web 3.0的基础层运作的平台领域时，仅靠股权可能不足以为这些新兴的生态系统提供资金，因为这些生态系统具有"公共产品"的许多特征。那么，对于这些平台来说，什么才是合适的融资工具呢？

代币销售或ICO的出现是为了解决公共产品的私人融资所固有的矛盾。ICO包括提供区块链型代币向公众出售的做法，并使用募集的资金来支持基于区块链的平台或Dapp的开发——一旦部署，该平台将向所有代币持有人公开。从根本上讲，这个想法是，如果我们正在建设一项公益事业，那么我们应该让未来从这项公益事业中受益的公众提供资金。

生态系统代币

该模型特别适用于开放平台或生态系统，从根本上讲，它需要一个**生态系统代币**的存在，即一个去中心化网络或协议中原生的代币，其功能是协调和激励原本不利的、自利的各方贡献和发展公共公域资源。生态系统代币实质上解决了许多公有资源的"公地悲剧"问题。[1] 公地悲剧的出现有两个条件：

- 参与者个人从共同资源的使用中受益。

---

[1] Elinor Ostrom, "Tragedy of the Commons," eds. Steven N. Durlauf and Lawrence E. Blume, *The New Palgrave Dictionary of Economics*, 2nd ed., Palgrave Macmillan, Macmillan Publishers Ltd., 2008. www.dictionaryofeconomics.com/article?id=pde2008_T000193, accessed 3 Feb. 2018.

■ 过度使用或贡献不足的外部性由社会所有成员共同承担。

因此，效用最大化的行为者可能会以一种可能导致资源过度开发或分配不足的方式行事。[①] 生态系统代币作为一种资源分配和赌注机制，至少可以部分地促进这些问题的解决。[②]

那些寻求使用公有资源的人必须在公有资源中买入或拥有股份才能获得使用权。相应地，生态系统代币通常是访问网络资源所需要的，用作支付网络节点之间交易费用的手段，或作为其他内部会计和支付机制。对生态系统作出贡献的参与者也可以用生态系统代币进行奖励，例如，通过运行验证者节点或以其他方式构建网络基础设施或应用程序。

基于区块链的去中心化协议，其核心是需要验证者节点确认链上交易和维护网络安全的经济激励，这种激励与网络价值挂钩，而不是利用特定区块链的特定应用的利润价值。一个真正的生态系统代币的价值，可以捕捉到网络中多个利润中心和未来所

[①] Garrett Hardin, "The Tragedy of the Commons," *Journal of Natural Resources Policy Research* 1, No. 3, 2009: 243–253. Taylor and Francis, doi.org/10.1080/19390450903037302, accessed 3 Feb. 2018.

[②] 在基于区块链的系统中，过度开发指的是网络过载的风险，源于发送到网络的交易太多，没有足够的计算资源来处理这些交易。这个问题已经通过引入动态调整的交易费用（以代币支付）得到解决，这使得系统可以在没有第三方干预的情况下自我管理这些交易。而**分配不足**指的是没有足够数量的计算资源贡献给网络的风险，从而阻碍了其安全性。大多数基于区块链的网络通过向所有为网络贡献资源的人概率性地分配"区块奖励"来解决这个问题。

有可能的利润中心的价值，而不一定要承担任何特定利润中心的特定企业风险。

这种经济激励确实需要二级市场交易，以分散其分配，并为验证者节点提供流动性，让他们实现其对网络的贡献价值。此外，使用以太币和比特币等加密货币作为激励模式也是不够的。这些加密货币的价格走势完全是外生的，与网络价值无关；节点验证者如果想赚取以太币或比特币，就会直接挖矿这些区块链代替。对于新的协议来说，使用以太币和比特币作为奖励机制，也将是过度的资本密集型。

网络应用，包括建立生态系统和提供满足最终用户需求的服务和产品，会增加对网络访问的需求，从而增加对生态系统代币的需求。如果其他条件相同，那么这种需求的增加会导致代币价值的增加。因此，生态系统代币使个人激励与公共公地的激励相一致。实际上，个人必须获得代币才能访问网络，并（独立或者共同）参与以构建生态系统的价值——例如，通过为核心网络架构和基础设施作出贡献，或通过构建增强生态系统效用价值的Dapp。

从根本上讲，生态系统代币的长期价值需要一些利益相关者用最初创始人创造的开源工具构建出生态系统，并贡献自己的资源、创意和想象力。这是传统VC投资人没有体会到的关键点，也是Web 2.0商业模式没有抓住的关键点。

让我们考虑一下Ethereum的生态系统。2014年9月，Ethereum

基金会在有史以来第一批ICO中筹集了（仅）1 800万美元，通过出售自己的原生加密货币ether完成。在随后的三年里，世界各地的独立项目已经筹集了超过36亿美元的资金，这些资金都建立在Ethereum网络的基础上，丰富了生态系统。用经典金融学的说法，这就是所谓的**杠杆**。

去中心化应用（Dapp）代币

Dapp代币与生态系统代币有着本质上的区别。即使在Dapp代币具有实用功能的地方，即在一个特定的基于区块链的应用中协调操作，其经济功能也从根本上受到限制。Dapp并不像真正的网络生态系统那样建立公共的、共享的基础设施。

长期以来，专注于某一特定产品或垂直分工领域的利润中心都以股权作为主要融资机制。Dapp有收入和盈利模式，Dapp服务的用户可以用现有的法币、加密货币、稳定币，甚至是Dapp所依托的底层网络或生态系统的代币等方式进行支付。在很多情况下，很难证明赋予Dapp自己独特的效用币或应用币与生态系统代币的区别。

即使在Dapp使用访问或成员代币的情况下（如访问内容），这种代币也没有经济理由需要二级市场流动性，而生态系统代币则需要它作为其经济设计的一部分。在实践中，Dapp代币的效用价值往往显得很勉强，作为一种机制，在公开募资中规避证券法，本质上是私人利润中心的股权。

在ICO领域，目前分析的重点是这些基于区块链的代币的"性质"或"功能"。特别是某个代币被归类为实用型代币、代币化证券，还是像比特币这样的加密货币。代币化证券显然会被归类为证券，受所有适用的法律和法规约束。然而，在实用型代币类别中，有一个细微的区别。虽然实用型代币可能会跨越生态系统和Dapp代币，但这些代币对于去中心化的生态系统和基于区块链的网络运行是必不可少的，而对于Dapp运行来说，它们并不是不可或缺的。

由于生态系统代币和应用币的根本区别，我们认为，法律分析应该从那里开始，而不是从一个代币是否具有实用功能开始。从逻辑上分析，Dapp实用型代币的说法往往非常牵强，如果只是为了利用ICO炒作，目前全世界的监管机构都在审查。

没有任何经济或设计上的理由表明Dapps不应该或不能由传统股权出资，这使得实用性案例更难证明。正如SEC主席杰伊·克莱顿所说："某些市场专业人士试图突出他们提议的首次货币发行的实用性特征，以声称他们提议的代币或货币不是证券。其中许多说法似乎将形式提升到了实质之上。"[1]

---

[1]　SEC Chair Jay Clayton, "Statement on Cryptocurrencies and Initial Coin Offerings," *SEC. gov*, US Securities and Exchange Commission, 11 Dec. 2017. www.sec.gov/news/public-statement/statement-clayton-2017-12-11, accessed 1 Feb. 2018.

令人担忧的是，由于很多不负责任的机会主义ICO招致监管打击，代币作为开源生态系统必不可少的融资机制的初衷就可能丢失了。

在下面的章节中，我们研究了ICO实践的演变，以及随之而来的SEC在ICO领域的指导和执法行动。然后，我们将会就开放生态系统项目的合规融资如何发展提出一系列建议和见解，这些建议和见解既能增强此类项目的长期可行性，又能为投资者提供新的价值主张。

实践和监管办法不断变化的局面

历史性分析

比特币和中本聪

基于区块链系统的第一个实例是比特币，这是一个由声称是中本聪的人于2008年精心设计的点对点电子现金系统，2009年1月3日进行了第一笔交易。[①] 从设计上看，比特币是一个开放的

---

① 描述比特币协议的开创性白皮书是由中本聪于2008年在一个加密邮件列表中分发的。参见Satoshi Nakamoto, "Bitcoin: A Peer-to-Peer Electronic Cash System," White Paper, *Bitcoin.org*, 1 Nov. 2008. www.bitcoin.org/bitcoin.pdf, accessed 5 Feb. 2018.

生态系统，我们可以将其视为经济意义上的准公共产品。[①] 相对于中心化的数字平台，比特币没有任何私人的盈利中心，以其原生货币（即比特币）为手段，降低了贡献不足和过度开发的风险。

这种自我调节来自交易费（用户必须用比特币支付）和**挖矿奖励**的混合，据此，新的比特币被发行给那些为维护和保障网络安全而贡献计算机能力的人。[②] 因此，比特币之所以获得价值，是因为它是执行交易的必需品。比特币也可以在二级市场或交易所进行交易，在那里，比特币可以与法币进行买卖。

以太坊和维塔利克·布特林（Vitalik Buterin）[③]

随着比特币开始受到追捧，像维塔利克·布特林这样的人

---

① 从经济学的角度来看，公共物品是指在消费中不可排他和非竞争的资源。更具体地说，根据 Gravelle 和 Rees 的说法，"公共物品的决定性特征是它的非竞争性：一个人对它的消费不会实际或潜在地减少另一个人可以消费的数量。"见 Hugh Gravelle 和 Ray Rees，第14章，"市场失灵和政府失灵"，《微观经济学》第三版。(Harlow, Essex: Pearson Education Ltd., 2004): 326。准公共物品是一种呈现公共物品特征的资源，但它可能受到部分排他性、部分竞争性或部分减损性的影响。比特币只有部分非竞争性，虽然一个人使用比特币网络一般不会对其他人的系统可用性产生影响，但如果太多人同时使用网络，实际上可能导致系统的潜在拥堵。它是部分可排除的，因为，要在比特币网络上执行一项交易，需要花费（因此首先要获得）一些比特币的部分。

② 原则上，个人矿工的激励与公共利益是一致的。事实上，我们在这里认为，任何"自私的采矿"策略都应该为其经营者带来负的预期利润。关于自私采矿概念的更多细节，见 Ittay Eyal and Emin Gün Sirer, "Majority is not Enough: Bitcoin Mining is Vulnerable," *ArXiv.org*, Cornell University Library, NSF Trust STC, and DARPA, 15 Nov. 2013. arxiv.org/abs/1311.0243, accessed 5 Feb. 2018.

③ 维塔利克·布特林：以太坊创始人、程序员、写作者，被行内称为V神。——译注

意识到，他们可以将底层区块链技术用于简单金融交易之外的其他类型的应用。布特林是一位加密货币研究者和程序员，曾联合创办了《比特币》杂志，他在2013年年底首次构思了一个开源、去中心化、基于区块链的计算平台。[①] 比特币实现了一种非常基础的交易脚本语言，有意识地不具备图灵完备性，而布特林的野心则是创建一个具有图灵完备性编程语言的平台，实现智能合约的执行，以创建用户生成的Dapp及其随之而来的应用币。[②]

他将这个平台命名为Ethereum。[③] 这个基于区块链的新网络的开发是在2014年7月至8月间通过在线众筹ether（其原生货币）的方式获得资金的。[④] 与比特币一样，ether可以被视为一种生态系统的代币：人们使用代币来支付使用Ethereum基础设施所需的手续费（即gas fee）；而用户可以通过向网络贡献

① "Vitalik Buterin," *Bitcoin Magazine*, BTC Media LLC, n.d. bitcoinmagazine.com/authors/vitalik-buterin, accessed 31 Jan. 2018.

② 参见 Vitalik Buterin, "A Next-Generation Smart Contract and Decentralized Application Platform," *Ethereum/Wiki*, GitHub Inc., Nov. 2013, first edited on GitHub by HeikoHeiko 1 Sept. 2014, and last updated by James Ray, 3 Feb. 2018. github.com/ethereum/wiki/wiki/White-Paper, accessed 6 Feb. 2018. 从其介绍来看："一个内置成熟的图灵完备编程语言的区块链，可用于创建'合约'，可用于编码任意的状态转换函数，允许用户仅通过在几行［智能合约］代码中写出逻辑来创建［任何应用程序］。"

③ VitalikButerin, Administrator, "So Where Did the Name Ethereum Come from?" *Ethereum Community Forum*, Ethereum Foundation, March 2014. forum.ethereum.org/discussion/655/so-where-did-the-name-ethereum-come-from, accessed 1 Feb. 2018.

④ 2014年7月30日，以太坊平台建成前，代币销售正式开始。承诺向公众出售1 190万枚代币，一旦平台推出，这些承诺将转化为以太币。

资源，也就是通过挖矿来获得ether。与比特币类似，Ethereum
生态系统不运行任何营利中心。然而，它的治理与比特币略有
不同，因为布特林在项目中保持着积极的领导作用，而社区
可以依靠身份明确的非营利性Ethereum基金会来开发和维护
代码。

在过去的几年里，Ethereum已经发展成为领先的区块链生态
系统之一，吸引了一大批开发者、企业家、初创企业、成熟企业
以及各种学术和研究兴趣的人群，他们都渴望探索，并有可能利
用其平台来构建Dapps。

DAO 系统

新一轮创新浪潮的旗舰举措之一是DAO，这是一个分布式投
资基金，通过2016年5月推出的代币销售筹集所有资金。DAO在
几周内从约1.1万名投资者那里筹集了超过1.5亿美元的资金，在
当时创下了历史上最大的众筹活动纪录。

DAO的一个主要特点是，它没有传统的管理结构（即没有官
方管理机构或董事会），也没有正式的组织形式。DAO没有法律实
体，它只是作为一个建立在Ethereum区块链上的去中心化组织而
存在。

虽然DAO从未真正开始运营，但分析其代币的功能或效用

还是很有意义的，它被称为TheDAO。[1] DAO旨在成为Ethereum
生态系统中的重要参与者，使代币持有者能够通过投资各种商业
和非商业性的努力来进一步发展生态系统，从而促进Ethereum网
络的实用性，进而提高其价值。此外，作为创建一个去中心化组
织的尝试，DAO本身在某种程度上可以被视为一个开放的生态系
统：使用TheDAO代币，任何人都可以参与或贡献于DAO。

尽管德国公司Slock.it开发了DAO的代码，但Slock.it只是接
受DAO资金的众多其他竞争者之一。[2] DAO的目的是完全自主
的，一个独立的努力，它将有自己的生命。它将由投资者们集体
管理，并直接与DAO开源智能合约代码进行交易。因此，在其
推出后，将由代币持有者而不是Slock.it来控制DAO的运营。

然而，与比特币或ether不同，TheDAO代币的效用并不是
生态系统的基础。就像证券一样，它是一种可转让的代币，赋予
每个持有者DAO未来从其投资中获得的任何利润的份额。此外，
代币持有人有权参与DAO的治理，而策展人负责将符合条件的
项目列入白名单，代币持有人的法定人数将决定DAO的资金

---

[1] 然而，大约一个月后，攻击者发现并利用了一个代码弱点，导致其消亡，并引发了一场治
理危机，导致以太坊区块链的硬分叉得到了大多数以太坊开发者的支持，而社区的其余部分则
决定维持原来的区块链，这成为以太坊的经典。

[2] 参见Slock.it GmbH, slock.it. For a technical analysis of the DAO, see Christoph Jentzsch, "The
History of the DAO and Lessons Learned," *Slock.it Blog,* A Medium Corp., 24 Aug. 2016. blog.slock.
it/the-history-of-the-dao-and-lessons-learned-d06740f8cfa5, accessed 1 Feb. 2018.

分配。^①

　　换句话说，就像股东可以通过在年度股东大会上投票参与公司治理一样，TheDAO代币持有者可以通过投票直接影响DAO的最终分配决策。DAO是一个投资基金，其投资人并没有将选择项目的任务委托给投资经理，而是根据自己在总投资资本中的份额自行决定投资选择过程。^②从某种意义上说，DAO的运作方式类似于投资证券的开放式基金，股东可以根据他们在基金总投资资本中的份额决定基金的投资。

　　TheDAO代币确实有一个特别的用处：任何愿意向DAO提交项目的人都必须花费TheDAO代币。然而，如果DAO最初的设计包括这个选项，他们可以通过花费ether实现同样的功能。TheDAO代币相对于ether唯一增加的使用价值是，它使其持有者能够在DAO的投资提交和选择过程中进行投票。

　　尽管DAO的管理流程不同于标准的公司管理流程，但TheDAO

---

① 策展人充当了一个"故障保护机制"，其任务是确保网络分发防止项目提交人串通到51%的攻击中，这意味着检查他们的身份（"加密的某某"），以确保网络决策过程可能不受联盟的约束。关于馆长角色的简短解释，见 Stephan Tual, "Vitalik Buterin, Gavin Wood, Alex Van De Sande, Vlad Zamfir announced amongst Exceptional DAO Curators," *Slock.it Blog*, A Medium Corp., 25 April 2016. blog.slock.it/vitalik-buterin-gavin-wood-alex-van-de-sande-vlad-zamfir-announced-amongst-stellar-dao-curators-44be4d12dd6e, accessed 3 Feb. 2018. For more details, see Stephan Tual, "On DAO Contractors and Curators," *Slock.it Blog*, A Medium Corp., 9 April 2016. blog.slock.it/on-contractors-and-curators-2fb9238b2553, accessed 3 Feb. 2018.
② 这是经济学中标准的委托人/代理人模型，即所有者（作为委托人）雇用一个经理（代理人）来经营和管理公司的日常运作。代理人的激励机制需要适当配置，以使代理人的行为符合委托人的既定目标。

代币赋予其持有人的投票权与标准股东及其所代表的私人利益有些相似。看起来，TheDAO代币的存在并不是为了支持DAO生态系统的运营，而是为了确保代币持有人能够获得与个人贡献成正比的投资回报。

DAO众筹的意外成功，激发了大量基于区块链的项目和计划推出自己的代币销售，其中一些项目和计划超出了创始人的预期。Filecoin、Tezos、IOTA和EOS是一些采用ICO模式而非VC计划的计划（见图3-2）。[①]

（百万美元）

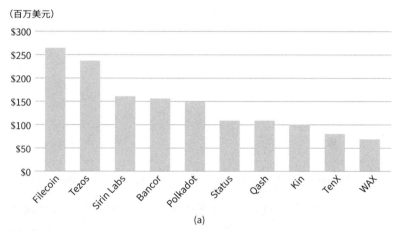

(a)

数据来源：Oscar Williams-Grut，"The 11 Biggest ICO Fundraises of 2017"，Business Insider，2018年1月1日。

---

① Sources of data in this paragraph and Figure 3-2: Oscar Williams-Grut, "The 11 Biggest ICO Fundraises of 2017," *Business Insider*, Insider Inc., 1 Jan. 2018. www.businessinsider.com/the-10-biggest-ico-fundraises-of-2017-2017-12; "Cryptocurrency ICO Stats 2017," *CoinSchedule*, CoinSchedule.com, 26 Feb. 2018. www.coinschedule.com/stats.html?year=2017; "IOTA: ICO Overview with Rating and Review," *TokenTops.com*, 21 Dec. 2015. tokentops.com/ico/iota, all accessed 26 Feb. 2018.

1. EOS	$4,177,107,587
2. Telegram Open Network	$1,700,000,000
3. Bitfinex LEO	$1,000,000,000
4. TaTaTu	$575,000,000
5. Filecoin	$262,000,000
6. HDAC	$258,000,000
7. Tezos	$234,000,000
8. Sirin Labs	$157,885,825
9. Bancor	$148,000,000
10. PolkaDot	$144,000,000

(b)

Smith + Crown代币销售活动追踪，sci.smithandcrown.com/ico-tracker，截至2020年9月17日。

图3-2 2017年前十名ICO

Munchee

虽然这些项目是以创建生态系统为目标，但越来越多的私人公司为开发基于区块链的应用或Dapps筹集资金，正在尝试使用这些新的筹资机制，这些应用或Dapps不是作为开放的生态系统，而是作为私人利润中心运作。

后一种趋势的一个代表性例子是Munchee，这是一家总部位于旧金山的公司，它为用户创建了一个移动应用，用于评价餐厅以及对他们的食物体验。为了改进其应用，Munchee在2017年第四季度推出了代币销售（使用MUN代币），目标是筹集1 500万美元。

MUN代币持有者能够在该应用上购买商品和服务，如广告、食品以及餐厅忠诚度积分，并根据其会员身份和其代币持有量的分级，为其评论收取付款。Munchee将其代币称为Munchee生态系统内部的一种交换方式。[①]

然而，MUN代币事实上并不是一个生态系统的代币。Munchee应用作为一个私人利润中心运作：无论用户用MUN代币实现了什么，他们都可以用以太币、法币甚至中心化的代币系统轻松完成。

这四种举措，即比特币、Ethereum、DAO和Munchee，说明了从纯粹的生态系统代币（如比特币和以太币），到开放生态系统中使用的安全代币（TheDAO），再到完全私有的代币或应用币（MUN）的各种可能性。

不断发展的证监会标准

在本节中，我们将对ICO代币进行法律分析，并考察美国证

[①] Sanjeev Verma, Nghi Bui, and Chelsea Lam, "Munchee Token: A Decentralized Blockchain Based Food Review/Rating Social Media Platform," White Paper, Munchee Inc., 16 Oct. 2017, p. 11. www.theventurealley.com/wp-content/uploads/sites/5/2017/12/Munchee-White-Paper.pdf, accessed 3 Feb. 2018. 比如，MUN白皮书第11页提到"Munchee代币（MUN）是Munchee生态系统内部的一种交换方法。"

券交易委员会从2017年7月对DAO的初次报告到2017年12月对Munchee的最新新闻发布和执法行动，论述其方法的演变。

关于DAO的报告

2017年7月25日，SEC发布了一份调查报告和一份新闻稿，告诫业界，区块链技术的使用并不能使代币发行商或交易所免于遵守旨在保护投资者和市场诚信的现有法律和法规。[①] 该报告指出，基于区块链的去中心化组织（如DAO）出售数字资产（或代币），很可能符合证券发行的条件，因此需要遵守联邦证券法的登记和披露要求。

虽然该报告旨在为ICO实践的法律考虑提供一般性指导，但SEC将大部分法律分析集中在DAO上。虽然SEC根据具体情况确定某一特定代币是否符合证券的条件，但它将重点放在DAO上，以说明证券法在"虚拟组织"的背景下更普遍地适用于基于区块链的代币的发行。

具体而言，为了确定TheDAO代币是否符合证券的条件，

---

① SEC, "Report of Investigation Pursuant to Section 21(a) of the Securities Exchange Act of 1934: The DAO," Release No. 81207, SEC.gov, US Securities and Exchange Commission, 25 July 2017. www. sec.gov/litigation/investreport/34-81207.pdf; and "SEC Issues Investigative Report Concluding DAO Tokens, a Digital Asset, Were Securities," Press Release 2017-131, *SEC.gov*, US Securities and Exchange Commission, 25 July 2017. www.sec.gov/news/press-release/2017-131, both accessed 1 Feb. 2018.

SEC采用了豪威测试，这是美国最高法院的一个案例（SEC v W.J. **Howey** Co.，328 US 293），用于确定投资合同是否涉及美国证券法。正如法院在**Howey**案中所认定的那样，投资合同要求：① 资金投资；② 投资于一个共同的企业；③ 有合理的利润预期；④ 来自他人的创业或管理努力。所有要素都必须满足，才能认定为证券，从而牵涉到证券法律法规。

就DAO而言，证监会认为，Slock.it团队承担了足够的管理工作，如编写白皮书、设计协议、编写大部分代码、维护公共论坛和网站，以及宣传Slock.it团队和DAO策展人的专业知识。SEC注意到：

> TheDAO的投资者有理由期望Slock.it及其联合创始人，以及TheDAO的策展人在TheDAO启动后提供大量的管理努力。……事实上，Slock.it及其联合创始人确实积极监督了TheDAO。他们密切监控着DAO，并在出现问题时及时处理，建议暂停所有提案，直到解决了DAO代码中的漏洞，并任命了一位安全专家来监控对DAO的潜在攻击。当攻击者利用代码中的一个弱点并转移投资者的资金时，Slock.it及其联合创始人会介入帮助解决这一问题。[①]

---

① SEC, "Report of Investigation Pursuant to Section 21(a) of the Securities Exchange Act of 1934: The DAO."

此外，根据SEC的说法，TheDAO代币持有人的投票权是有限的，因此不足以取代其对Slock.it管理团队的总体依赖。"即使投资者的努力有助于使企业盈利，但这些努力也不一定等同于发起人的重大管理努力或对企业的控制。"[1]

公众参与对于提高生态系统代币长期价值的必要性，这正是很多律师认为SEC在DAO报告中对豪威测试的分析在最后一个要素上薄弱的原因，即需要期望利润主要**来自他人的管理努力**。

构建一个生态系统不是被动的投资，而是需要社会各界的参与。然而，困难的是建立一个生态系统需要时间，需要最初的发起人付出大量的努力。因此，一个项目的初始发起人必须先建立一些生态系统，让其他人来参与。在DAO的案例中，包括Slock.it团队在内的各种人都为构建该生态系统的价值作出了贡献（从而也提高了与该生态系统相关的代币的价值）。然而，在SEC的报告之后，如果一个可识别的团队正在向公众推销一项潜在的投资，并且公众对该团队寄予信任以激励社区，那么该团队的努力必然属于豪威测试中的"管理努力"。

---

[1] SEC, "Report of Investigation Pursuant to Section 21(a) of the Securities Exchange Act of 1934: The DAO."

对 Munchee 的强制执行

2017年12月11日，就在SEC对Munchee的ICO采取行动时，SEC主席杰伊·克莱顿发表了一份关于ICO的声明。一方面，他表示，SEC认为ICO是有效的筹资机制，并鼓励"主街"投资者对其持开放态度。另一方面，他又警告说，大多数ICO(迄今为止)完全符合证券的条件，但并未遵循旨在保护"主街"投资者的必要注册和披露要求。克莱顿主席在发言中指出：

> 我相信，首次代币发行——无论它们是否代表证券发行——都是企业家和其他人士筹集资金的有效途径，包括为创新项目筹集资金。……我们SEC致力于促进资本形成。加密货币和ICO所基于的技术可能被证明是颠覆性的、变革性的和提高效率的。我相信，金融科技的发展将有助于促进资本形成，并为机构和"主街"投资者提供有前景的投资机会。我鼓励"主街"投资者对这些机会持开放态度，但要问好问题，要求得到明确的答案，并在这样做时运用好常识。[1]

---

[1]　SEC Chair Jay Clayton, "Statement on Cryptocurrencies and Initial Coin Offerings," *SEC. gov*, US Securities and Exchange Commission, 11 Dec. 2017. www.sec.gov/news/public-statement/statement-clayton-2017-12-11, accessed 1 Feb. 2018.

然而，正如Munchee强制执行令和克莱顿主席的声明所指出的那样，仅仅将代币称为实用型代币并不足以逃避证券法的制裁。证券法分析将考虑到代币的实际营销方式、代币的目标对象，以及代币购买者是否因项目发起人的努力和声明而对利润有合理预期。正如克莱顿主席所解释的那样：

> 某些市场专业人员试图强调其提议的ICO的实用性特征，以声称其发行的代币或货币不是证券。其中许多说法似乎将形式提升到实质之上。仅仅将代币称为"效用"代币或将其结构化以提供某种实用性并不能阻止代币成为证券。根据美国法律，代币和其发行仍然具有证券的特征，因其包含强调基于他人创业或管理的潜在利润要素以及营销举措。[①]

随后的Munchee强制执行令提供了更具体详细的信息。SEC似乎并不相信MUN代币是真正的效用代币，尽管它被描述为一个"生态系统"（SEC在整个强制执行令中用引号表示生态系统，表明其对生态系统论点的怀疑）。MUN代币似乎只是作为一种筹资机制，被机会主义改造到现有的应用程序上，据称可以逃避SEC的监管要求。Munchee确实不是我们上面所定义的生态系统，

---

① SEC Chair Jay Clayton, "Statement on Cryptocurrencies and Initial Coin Offerings," *SEC.gov*, US Securities and Exchange Commission, 11 Dec. 2017.

因为它的目标不是建立一个开放的开源工具网络，其他人可以在此基础上构建应用程序。相反，Munchee纯粹是一个传统的美食评论社交媒体类应用，现在加入了一个内部代币作为支付和忠诚度奖励机制。

SEC指出，MUN代币并没有立即使用，它只向加密投机者和暴利者推销，而不是向Munchee应用用户推销，而且Munchee团队用语言描述了MUN作为一种效用代币的价值将如何因Munchee团队的需求和努力而增加，以构建Munchee生态系统。

SEC提供了一些有价值的指导，即尽管代币不能立即使用，但如何以符合实用型代币的方式出售代币：

> Munchee及其代理商将MUN代币产品的营销对象锁定为对代币或其他数字资产感兴趣的人，这些代币或数字资产近年来为ICO的早期投资者创造了利润。这种营销没有针对Munchee应用的现有用户来宣传购买MUN代币如何让他们有资格在未来的评论中获得更高的层级和更大的报酬。Munchee也没有在餐饮业媒体上宣传提供MUN代币，以接触到餐厅业主，并宣传MUN代币如何让他们在未来做广告。相反，Munchee及其代理人在针对有兴趣投资比特币和其他数字资产的人的论坛上宣传MUN代币的发行，包括在BitcoinTalk.org上——这是一个人们讨论投资数字资产

的留言板。[1]

正如 SEC 所暗示的那样，Munchee 仍然可以向其现有和未来的客户群出售 MUN 代币，以实现 MUN 代币未来的效用。但由于代币是专门向对 ICO 和加密货币的盈利方面感兴趣的加密投资者推广的，因此，营销工作和销售策略破坏了 Munchee 的论点，即代币是应用程序本身的功能和内部经济的组成部分。相反，部署的销售渠道证明了 Munchee 将这些代币作为纯粹的投资工具进行销售的真实意图。简而言之，MUN 代币是一个装扮成效用代币的证券代币。

虽然 SEC 指出，MUN 代币没有直接的效用，但仔细阅读强制执行信后发现，无论如何，代币的实际效用都不是证券法问题的决定性因素。使用避开任何升值预期的语言，向适当的受众出售未来的效用，可能会通过审核。相反，通过销售渠道、并针对投资者利润预期与价值升值的营销语言，销售具有即时可用性的效用代币，这将触犯豪威测试，并被视为证券发行。SEC 表示：

---

[1]　SEC, "In the Matter of MUNCHEE INC., Respondent; Order Instituting Cease-and-Desist Proceedings Pursuant to Section 8A of the Securities Act of 1933, Making Findings, and Imposing a Cease-and-Desist Order," Securities Act of 1933 Release No. 10445, Administrative Proceeding File No. 3-18304, *SEC.gov*, US Securities and Exchange Commission, 11 Dec. 2017: p. 6, pt. 18. www.sec.gov/litigation/admin/2017/33-10445.pdf, accessed 2 Feb. 2018.

即使MUN代币在发行时有实际用途，也不能排除该代币是一种证券。确定一项交易是否涉及证券并不取决于贴标签——例如将ICO定性为涉及"效用代币"——而是需要评估"交易背后的经济现实"。Forman，421 US at 849。[①]

SEC的执法信和克莱顿主席的新闻稿没有仅仅关注代币的实用性方面，而是明确指出，在确定这些"经济现实"时，营销语言和销售策略是证券法分析的重要因素。克莱顿主席指出：

> 当这些代币发行的发起人强调这些代币的二级市场交易潜力时，尤其令人不安。潜在买家被出售的代币有可能增值，并有能力在二级市场通过转售代币锁定增值，或通过其他人的努力从代币中获利。这些都是证券和证券发行的关键标志。[②]

此外，在Munchee的执法函中，SEC指出，Munchee使用了描述团队预期MUN代币将升值的经济机制的语言。因此，这种语言使代币购买者产生了合理的利润预期。它引用了一位创始人

---

① SEC, "In the Matter of MUNCHEE INC., Respondent": p. 9, para. 35. www.sec.gov/litigation/admin/2017/33-10445.pdf, accessed 2 Feb. 2018.

② SEC Chair Jay Clayton, "Statement on Cryptocurrencies and Initial Coin Offerings," *SEC.gov*, US Securities and Exchange Commission, 11 Dec. 2017.

在一次播客中使用的语言：

> 如此一来，[用户]会创造更多的优质内容来吸引更多的餐厅入驻平台。所以，我们的餐厅越多，Munchee的优质内容就越多，MUN代币的价值就会上升——这就像是一种潜在的激励，让用户真正作出贡献，真正建立社区。[①]

此外，SEC还指出，Munchee计划销毁代币，以调节代币供应量，从而调节代币价值。

虽然我们并不反对SEC关于叫停MUN代币销售的最终决定，但MUN代币销售显然是一种证券发行，SEC选择强调的关于价值增值的语言作为支持证券分类的证据有些令人费解。大多数经济交易不涉及证券法。所有的经济交易都涉及一些关于价值的评估，包括商品或服务的价格是否公平，购买者对影响该资产价值因素的看法，该商品或资产是否会因为当前被低估而升值，等等。

让我们来看看投资房地产，其中可能包括购买合作结构的公司股份。房地产投资一般不涉及证券法。房地产当然具有实用价值，它是人们生活、工作、娱乐和发展的地方。但很多人购买房

---

① SEC, "In the Matter of MUNCHEE INC., Respondent": p. 5, para. 16. www.sec.gov/litigation/admin/2017/33-10445.pdf, accessed 2 Feb. 2018.

地产也是希望未来能够升值。事实上，对于大多数普通人来说，房屋是他们的主要金融资产，他们从中获得实用性（住在家里）和经济保障（升值）。开发商可以利用房地产销售的收益进一步投资开发，从而提升整体房地产的价值。

另一些人则明确将房地产作为投资性房产或用于租金收入，并在销售过程中明确分析租金价格趋势或房屋历史升值趋势。法律是否应该禁止房地产经纪人与潜在的购房者讨论他们认为房屋的真实"评估价值"与市场价格的关系，从而讨论某套房子的价格是否处在一个好的买入点，是否会因为人口趋势向好等因素而有可能增值？

SEC在**Munchee**案中挑出的语言，如果应用在真正的生态系统（不是Munchee的）中，就是生态系统代币激励公众对公共资源贡献的经济机制：个人对生态系统作出积极贡献，因为他们这样做会得到回报。

在其他条件不变的情况下，社区参与度和终端用户吸纳度越高，对生态系统代币的需求就越大，从而提高了代币的价值。在我们看来，仅仅描述这种经济机制，不应该需要证券法的监督。这与房地产经纪人向潜在买家解释房屋价值受人口结构、国内生产总值、犯罪率、当地学区质量、贫民窟等因素影响没有什么不同。仅仅描述特定经济交易中影响价值的因素，不应该在表面上将生态系统代币归类为证券。

另一方面，当项目发起人发表或认可诸如"以ICO价格购买MUN代币，将获得199%回报率！现在就注册参与预售吧！"或"别犹豫，如果你足够早参与进来，你很可能会得到回报"或"1 000美元的投资可以创造94 000美元的回报"[1]时，关于某项资产的利润增值的具体陈述才是重点，而不是笼统地描述某项资产可能如何增值的经济理论，以调整激励机制。

将所有此类讨论——无论其性质如何——标记为证券发行的证据，很可能会产生负面的公共政策效应，即扼杀关于网络生态系统固有特征的相关讨论。鉴于代币和代币经济学领域还处于萌芽状态，阻碍创业者和市场参与者的公开讨论将对分析、挑战和测试这些新理论和模型有害。

然而，尽管对ICO和使用代币作为筹款工具仍然持开放态度，但SEC似乎已经收窄了对证券法问题的看法。当SEC首次发布报告将TheDAO代币归类为证券时，如前SEC律师Nick Morgan这样的众多从业者认为，SEC对豪威测试的分析在最后一个要素上最弱，即要求预期从他人的管理努力中获得利润。在这个方面，可能会打赢一场法律战。[2] 这个要素的核心在于，DAO

---

[1] SEC, "In the Matter of MUNCHEE INC., Respondent": p. 6, para. 17. www.sec.gov/litigation/admin/2017/33-10445.pdf, accessed 2 Feb. 2018.

[2] "Nick Morgan: The DAO, the SEC, and the ICO Boom," *Epicenter*, hosted by Brian Fabian Crain, Sebastien Couture, and Meher Roy, episode 198, Epicenter Media Ltd., 29 Aug. 2017. epicenter.tv/episode/198, accessed 2 Feb. 2018.

尽管是一个去中心化的基金机制，但它并没有充分独立于Slock.it团队，因此，DAO的投资者主要是依靠Slock.it来实现其利润预期的被动投资者。

随着SEC在**Munchee**执法信中的最新指导意见，豪威测试的最后一个标准，即对利润的预期是否来自他人的创业或管理努力，似乎越来越没有实际意义，特别是对于生产前项目。这一点与寻找合理的利润预期是相辅相成的。

与DAO报告一样，SEC在**Munchee**案中指出，Munchee强调了其团队的资质，对Munchee的承诺产生了合理的依赖，即改变应用，并培养一个有价值的"生态系统"，由使用MUN代币作为忠诚度奖励的食品评论员和餐馆组成。因此，对利润的预期将取决于Munchee是否有能力创建该"生态系统"，并通过消耗代币来管理代币供应，从而提高其价值。[①]

将最新的指导意见提炼出来，可以明确的是，效用代币是逃避证监会管辖的必要而非充分条件。效用代币是否具有即时可用性与未来可用性，既不是逃避证券法问题的必要条件，也不是充分条件。我们在这里特意使用可用性一词来区分"理论效用"与"实际功能"。效用代币在设计上是功能性的，而其在平台或网络中的即时可用性则是开发过程中的一个函数。

---

① SEC, "In the Matter of MUNCHEE INC., Respondent": pp. 6-7, points 21 −24; p. 9, point 33. www.sec.gov/litigation/admin/2017/33-10445.pdf, accessed 2 Feb. 2018.

如SEC所述，代币的可用性并不能决定（即不能解决）证券法问题。相反，代币的营销和销售方式，包括客户渠道，可能足以决定证券法的适用，包括代币是否真正是效用代币。例如，无论代币是否具有立即使用的效用，只要营销语言和策略能够使购买者对利润产生合理预期，就足以将代币发行纳入证券法规的范围。

从倡导的角度来看，我们会向SEC或法官（即对SEC的行政立法进行司法审查）提出，代币销售的营销策略是重要的（也许是决定性的）指标，可以说明一个代币是真正的效用代币还是伪装成证券。尽管如此，我们认为，仅有营销分析并不是豪威测试下证券法分析的一个要素或要求。

从生态系统代币和应用币的
角度重构Howey的语境

步骤1：代币的功能性分析

由于SEC的最新指导意见，并尊重"实质重于形式"的格言，我们重申观点，即对代币的证券法分析必须从功能分析开始：

（1）项目或正在建设的应用程序的性质是什么？

（2）代币的经济设计和原理是什么？

（3）代币的存在和设计是否有令人信服的理由？

（4）筹款是代币的主要功能吗？

然而，我们认为，要确定一个代币是否符合证券条件，还必须看该代币所属平台的类型：

（1）该平台是否是一个开源的生态系统或网络，可以让很多业务和用例围绕它来构建，而这里的代币代表了协调和开发共享开源资源的基本功能和经济机制？

（2）或者它是某一个特定的商业应用或Dapp，而其代币作为一种内部经济机制（如忠诚度积分），与平台的内部运营没有内在联系，只是用来代替传统的会员费、收入或交易费？

生态系统代币与Dapp代币（或应用币）之间的这种区别，有助于确定投资者在评估代币未来盈利能力时，将"他人的努力"作为一个重要的分析标准。对于Dapp，投资者没有参与开发和运营的基本经济需求。投资者扮演的角色比较被动，主要是依靠Dapp团队的努力来开发、维护和推广系统。

在一个生态系统中，代币在基于区块链的底层平台的运作中发挥着固有的功能。因此，这些代币将始终具有实用性，因为它们被用来解决与过度开发或未充分利用共同资源有关的公地悲剧。此外，由于这些代币的价值与生态系统的价值有着内在的联系，因此，随着更多利益相关者的参与或对生态系统的贡献，它们的价值将会增加。

在这种情况下，代币升值也取决于"他人的努力"，但这里的"他人"指的是包括投资人在内的更广泛的利益相关者群体，他们都以不同的方式为进一步推动生态系统作出了贡献，比如贡献开源代码、推广平台、开发社区，甚至在该生态系统之上创建或开发其他Dapp。

鉴于此，我们根据被评估的代币类型，重新解读豪威测试的适用性是有用的。当豪威测试在1946年建立时，它无法预见开源项目的存在，更不用说基于区块链的生态系统了。当我们将该测试应用于一个全新的环境时，我们应该注意到这一点。特别是豪威测试的第四项，关于"他人的努力"，应该根据该测试是适用于一个开放的生态系统还是适用于一个Dapp的私人利润中心来进行不同的解释。

事实上，一个开放和分布的生态系统将始终依赖于"他人的努力"，因为生态系统是通过该生态系统中所有行为者的贡献建立起来的。我们认为，在Web 3.0的背景下，豪威测试的最后一个要素应该被解释为对他人努力的极大程度或实质上的永久性依赖，注意这里的"他人"指的是一个可识别的管理团队或组织机构，如果没有这个团队或机构，生态系统将不再也不可能有效地运行。因此，我们可能需要一个"碎片化"或"颗粒度"测试，以确定是否确实满足了豪威测试的第四项标准：

（1）是否有一个社区成员群体的参与度明显高于其他群体，并贡献了绝大部分的努力？

（2）如果将该团队从社区撤走，是否会危及整个项目？

如果对这两个问题的答案是肯定的，那么很可能存在一个标准的核心"管理"团队，其活动对系统的成功至关重要。然而，如果一个小团队的努力相对于社区的其他成员来说保持着"忽略不计"，那么情况就不一样了。某一特定小组对社区有影响和核心作用，不应成为决定性因素；相反，问题应该是项目的生存或成功是否从根本上取决于这一小组长期的运作。

因此，旨在为生态系统的发展筹集资金的代币销售——我们可以称之为生态系统币（ECO）——不一定会因为他人的努力或仅仅是代币价值升值的可能性而受到证券法的约束，除非有其他原因证明其适用豪威测试。

当然，我们并不是说生态系统代币永远不会被视为投资安全。有些行为可能会触发安全旗，比如一个核心且可识别的团队公然营销代币的投资价值，就像Slock.it对DAO的营销。

最终，证监会将不得不依靠"嗅觉测试"：它是否有证券发行的味道？这是一种"整体情况"的分析。没有任何单一特征孤立地影响分析结果。最终，只有少数项目有资格成为真正的生态系统，比如比特币或以太坊，大多数项目只是停留在法律的灰色地带①。

步骤2：一种代币销售的营销和时机

如我们所言，真正的效用代币在设计上始终是一个实用型代币，无论其在基础协议发展的任何阶段是否可用。实用性是证券法之外的一个必要条件，但不是充分条件。正如SEC所澄清的那样，证券法问题不仅取决于代币的可用性，还取决于其营销：

（1）实体平台向谁、如何、何时出售其代币？
（2）营销语言是否给购买者合理的利润预期？

相对于项目的发展而言，代币销售的时机有着至关重要的影响，因为它影响到营销策略，以及潜在买家依靠他人的努力来获

---

① 自动化也带来了一个有趣的灰色地带，涉及"管理性工作"的本质。如果一个DAO一旦（而且只有一次）启动和运行，并通过算法治理运作，代币被出售会发生什么？假设这个DAO的目标只是通过自动交易规则为其代币持有人创造利润。法官可能会发现自己处于一个灰色地带，不清楚是否符合豪威测试的第四条原则，而在这个仅以利润为导向的案例中，显然代币应被视为投资证券。在这里，无疑需要对实质重于形式作出明确的判断。

利的程度。当向潜在的客户或用户群体而不是纯粹的投资者群体销售代币时，声称代币不是一种证券更容易，因为客户将能够在运行的网络上使用代币。

到目前为止，项目只在前期生产阶段使用ICO来筹集资金；这也是为什么这种用法一直是SEC的分析范围。在预生产阶段，生态系统代币和应用币之间的区别是理论上的：在实践中，生态系统和Dapp项目都可能是初创期，由小的管理团队控制和编写有限的代码库。因此，考虑到在没有现成的平台之前，向未来的客户和用户销售的实际困难，生态系统代币有被归类为证券的风险。

对于不精通解析技术白皮书的监管者来说，生态系统和Dapp之间几乎没有什么区别；大部分分析将集中在销售机制、所作的承诺，以及这种做法和承诺是否需要SEC采取行动来保护公众。SEC被授权考虑这一公共政策要点：代币购买者在没有证券法为其提供的更为传统的融资方式的保护下，其风险明显更大。

对于这些早期项目，SEC发现代币购买者在很大程度上依赖于项目发起人的努力管理。对于代币购买者必须付出努力才能提高代币价值的说法（如DAO的情况），SEC并不为所动。在早期阶段的项目中，反对适用豪威测试的第四个要素（"他人的努力"）将是困难的，因为总是可以说购买者主要依靠项目发起人的努力来播种生态系统和激励社区。

因此，对于那些通过公开代币销售寻求资金的生态系统项目来说，还存在着有趣的问题。例如：

（1）哪些事实和情况会改变对购买者是否依赖他人努力管理的分析？

（2）是否会与证监会有关，如果：

① 分叉代码成为一种真正的可能性或已经发生？

② 谁都可以成为节点验证者或矿工？

③ 在没有任何形式的集中控制情况下，公众积极使用、改编和消费开源代码，并建立在生态系统之上？

④ 投票和治理机制的健全足以克服证监会在DAO报告中指出的批评？

与以前一样，分析将归结为嗅觉测试，以及公共政策是否使证监会有理由对某项发行采取行动。如果发行的总体气味是一种证券的气味，如DAO的情况，那么证监会可能认为购买者的努力不足以克服对发起人管理努力的依赖。

法律虚构与创造性建构：现实解决方案述评

在本节中，我们将回顾和评估各项目为预测各种监管问题而采用的各种法律解决方案，包括瑞士非营利基金会模式、简单代币协议、可转换票据和证券注册豁免。

基础模式

　　瑞士的环境及其监管设施似乎对建立新的区块链企业具有吸引力。特别是瑞士的基金会模式，首先被用于管理初始众筹交易的收益，旨在为开发基于区块链的新网络或应用提供资金。2014年，Ethereum是第一个在瑞士楚格州建立基金会（Stiftung Ethereum）的区块链项目。很快，其他基于区块链的项目也纷纷跟进，Ethereum基金会奠定了"加密谷"的基石，自称是"全球领先的区块链和加密技术生态系统之一"。①

　　直到2017年中期，对于希望以合法的方式筹措资金的隐秘项目，楚格州是首选的司法管辖区，而瑞士基金会（Stiftung）是首选的组织结构。楚格州因其低的州税和良好的商业信誉而颇具吸引力。瑞士的组织结构将把筹款框定为对一个基金会的捐赠，该基金会的使命是Linux和Mozilla基金会那样的开源软件基金会，这两个基金会都位于加州，具有免税地位。② 据我们所知，迄今

① "Why Switzerland?" Crypto Valley Association, Crypto Valley Association, n.d. cryptovalley. swiss/why-switzerland, accessed 3 Feb. 2018.

② 参见ProPublica关于Linux Foundation记录，projects.propublica.org/nonprofits/organizations/ 460503801，关于Mozilla Foundation记录，projects.propublica.org/nonprofits/organizations/ 200097189, both accessed 3 Feb. 2018。

为止，这些瑞士基金会都没有获得实际免税地位，这将使捐赠在瑞士可以免税。

其想法是，如果募集的资金被定为慈善捐款（尽管缺乏法律认可的慈善地位），而不是投资，那么就不会在全球范围内违反证券法。然而，考虑到豪威测试的要求和美国监管机构（如SEC）的长臂管辖权[①]，瑞士律师建议阻止美国人和美国IP地址参与ICO，作为额外的预防措施。

此外，由于瑞士基金会受到严格的监管，其目的在没有得到瑞士联邦基金会监督局（Die Eidgenössische Stiftungsaufsicht，ESA，监督瑞士慈善基金会的联邦监管机构）的批准下不能改变。因此，有人认为，瑞士基金会实际上是一个很好的治理结构，可以监督开发区块链项目的资金使用。根据《瑞士民法典》的定义，瑞士基金会是"为特定目的捐赠资产而设立的"。[②] 例如，Ethereum基金会的官方目是：

> 以促进和支持Ethereum平台和底层的研究、开发和教育，为世界带来去中心化的协议和工具，让开发者有能力制作下一代Dapps，共同构建一个全球可访问、更自由、更值

---

① 美国的"长臂管辖权"，即美国法院在某些情况下拥有可以将管辖权延伸至域外"指州外乃至国外"的权力。——译者注

② Swiss Civil Code of 10 Dec. 1907 (status as of 1 Sept. 2017), articles 80-89. www.admin.ch/opc/en/classified-compilation/19070042/index.html, accessed 7 Feb. 2018.

得信赖的互联网。[①]

随后的加密基金会一直在使用类似的语言来描述其官方目的和法律目的。

然而，随着越来越多的巨额资金通过瑞士基金会流入，瑞士的监管者和政治家们加强了对他们的审查。瑞士基金会原本的功能更像是家族信托或捐赠基金，而不是全球筹款工具或尖端科技项目。根据我们与瑞士几家律师事务所的讨论，瑞士金融市场监督管理局（以下简称FINMA，相当于SEC，但授权范围更广，包括大宗商品和银行业）现在要求所有项目在公开募资前都要收到一封不作为函。

FINMA的主要关切是代币销售构成公共存款，因此，进行销售的组织必须有银行执照。此外，代币销售出资超过500瑞士法郎的，需要进行全面的KYC视频核查，并履行全面的反洗钱义务（如提交可疑活动报告）。[②]

FINMA最近发布了具体的指导方针，描述了它打算如何将金

---

① "About the Ethereum Foundation: Mission and Vision Statement," *Ethereum Project*, Ethereum Foundation (*Stiftung Ethereum*), 14 July 2014. www.ethereum.org/foundation, accessed 3 Feb. 2018.

② "AML News and Trends Cryptocurrencies ICOs Latest FINMA Guidelines on ICOs; How to Do KYC for Your Token Holders," *Competitive Compliance*, Competitive Compliance GmbH, 3 Oct. 2017. www.competitivecompliance.com/single-post/2017/10/04/Latest-FINMA-Guidelines-on-ICOs-How-to-do-KYC-for-your-token-holders, accessed 3 Feb. 2018.

融市场法规应用于ICO。该指南区分了以下几点：

（1）不被视为证券但必须遵守反洗钱条例的支付代币。

（2）提供对特定应用或服务的访问的公用事业代币，只要在发行时已具备功能，就不符合证券的条件，但条件是它们不具有投资目的的附加功能。

（3）代表参与实物资产、公司或其他收入流的资产代币，根据瑞士法律，这些代币显然符合证券的条件。

理论上，这与SEC的做法在法律上是不同的，实际效用不一定是决定性的。然而，在实践中，我们预计这两种方法将趋于一致，因为根据SEC和FINMA的规定，具有投资功能的效用代币将符合证券的条件。此外，在实际"功能"之前出售的实用型代币很可能会被作为具有投资目的的证券持有。事实问题仍然存在，即代币必须具备多大的功能才能在证券代币和效用代币之间划清界限，也就是说，多少实际效用才足以使代币符合效用代币的条件？

楚格州当局还关切的是，虽然楚格州从技术上筹集了数亿瑞士法郎，但其几乎没有看到任何好处，因为这些收益大多只需缴纳很少的税。同时，在该地区创造的就业机会很少（尽管这对律师和顾问来说是一个福音），没有带来技术专长，也没有发展出一个真正的知识和人才生态系统。这些基金会大多按照法律要求设立了基金会理事会，法定的瑞士当地居民理事会成员通常是专业理事会成员，以满足其在当地的存在要求。这些项目的核心团队仍然在瑞士以外的其他地方。瑞士当局也很可能会仔细审查当地存在的要求和税务处理。

由于监管环境的变化，加密基金会（或任何其他法律机构）在瑞士开设银行账户变得越来越困难，因为银行的合规部门可能会采取比监管机构更保守的做法。许多银行已经完全停止接受加密客户。

随着全球其他司法管辖区竞相开展业务，瑞士基金会模式的吸引力在2018年还有待观察。许多司法管辖区现在正在努力改革自己的监管框架，以适应基于区块链的项目和代币销售。

SAFT模式：未来代币的简单协议

由Filecoin和Cooley LLP推广的SAFT模式，是一种投资合约，其通过限制"认可的投资者"参与，以便从SEC豁免（D条例）中获益。虽然SAFT有资格作为一种证券，并且只针对认可的投资者，但只要相关平台启动并运行，它就为投资者提供了获得特定数量代币的权利。

SAFT模型是基于这样的想法：在平台建立之前，通过ICO

发行的效用代币可能有资格成为一种证券，不论其未来的实用性如何。只有在平台运行后，这些效用代币才会真正获得必要的可用性，不再有资格成为证券。考虑一下以太坊众筹：当ETH在2014年出售时，在以太坊网络还没有建成之前，这些代币没有可用性，因此可能符合证券的条件。然而今天，这些代币已经绝对地获得了有形的效用，因为它们的持有者可以用它们来支付以太坊网络上的交易。

为了降低平台可运营前卖出代币的证券法风险，SAFT模式建立了一个两步走的流程：

（1）首先是向经认可的投资者发出投资合同，由其承担项目可能失败的风险。

（2）第二步是向这些早期投资者发行效用代币（一旦平台运作起来），然后这些投资者将能够在二级市场上向那些渴望使用该平台的人出售这些代币。

更准确地说，SAFT白皮书指出：

SAFT是一种投资合同。SAFT交易是指开发者向合格的投资者首次出售SAFT。SAFT规定投资者有义务立即向开发商提供资金。作为交换，开发者使用资金将其效用代币及产品网络建设成有真正实用的功能性产品，并在功能化后将这些代币交付给投资者。然后，投资者与开发者可以为了盈利将这些代币转售给公众。[①]

SAFT的创建者认识到，他们的创造是一种必须遵守证券法的证券。然而，他们坚持认为，代币本身功能齐全，可以供消费者使用；因此，它们应该遵守联邦和州的消费者保护法。换句话说，监管机构不需要将代币视为证券。"已经可以使用的代币的卖家很可能已经付出了'必要'的管理努力，否则可能满足豪威测试的要求。"[②]

鉴于证监会的最新指导意见和我们的上述分析，我们认为SAFT模式完全站不住脚。SAFT模式要求两个条件为真：

（1）证监会将承认预售代币的投资合同与日后公开出售或发行代币之间的法律区别。

（2）由于代币的实际使用性，其确实会被视为非证券公用代币或商品。

---

① Juan Batiz-Benet, Jesse Clayburgh, and Marco Santori, "The SAFT Project: Toward a Compliant Token Sale Framework," *SaftProject.com*, Protocol Labs Inc. and Cooley LLP, 2 Oct. 2017. saftproject.com/static/SAFT-Project-Whitepaper.pdf, accessed 7 Feb. 2018. For more detail, see the final three paragraphs of page 1.

② 同上。

我们已经根据**Munchee**的执行书分析过，第二个条件是不真实的。仅此一点，就足以使《安全贸易条约》失去意义，因为《安全贸易条约》的两个条件都必须为真才能发挥作用。

鉴于SEC主要强调评估"交易的经济现实"而非交易形式，SEC很可能会同意Cardozo区块链项目的分析，即通过宣布SAFT本身是一种证券（因此，需要获得D条例的豁免），整个交易（包括这种交易的对象，即效用代币）都是一种具有盈利预期的证券交易。

Cardozo报告指出：

> 人为地将整体投资计划划分为多个项目，并不能改变认可的投资者出于投资目的购买代币（尽管是通过SAFT）的事实，且很可能不会妨碍法院在评估这些代币是否为证券时考虑这些现实情况。[①]

因此，在签约SAFT时，这些代币已被作为投资工具进行销售，即使它们随后在生态系统或Dapp中获得了有效的效用，但

---

① Cardozo Blockchain Project, "Not so Fast, Risks Related to the Use of 'SAFT' for Token Sales," Research Report 1, co-directed by Aaron Wright and Jeanne Schroeder, *Benjamin N. Cardozo School of Law,* Yeshiva University, 21 Nov. 2017. cardozo.yu.edu/sites/default/files/Cardozo%20 Blockchain%20Project%20-%20Not%20So%20Fast%20-%20SAFT%20Response_final.pdf, accessed 3 Feb. 2018.

它们仍然是并且将继续是一种证券。

此外，从公共政策的角度来看，SEC对给予早期投资者大量折扣的预售定价结构持谨慎态度，就像SAFT经常出现的情况一样，因为这些早期投资者有动力将其代币转手给公众以获得即时回报。这种激励削弱了SEC承认销售合同和最终发行公用事业代币之间存在法律区别的论点。

即使代币具有即时使用性，SAFT合约也会鼓励以符合证券交易和投机的方式转手代币，从而损害公众买家的利益，无论公众购买这些代币是否为了其效用。事实上，如果公众购买代币是基于效用考虑，并受到这些代币的投机性交易的负面影响，那么受到的伤害会严重得多，公共政策问题也会更大。

此外，一旦发行人提出豁免申请，从法律上讲，就等于宣布该工具为证券。SAFT模式特别有问题，因为它要求发行人根据D条例的506（b）或506（c）规则向SEC提出申请，这种豁免的目的是通过提供登记要求的一般豁免来减轻证券发行的负担。但有一个警告，即根据D条例提出的证券只能卖给经认可的投资者。

如果SAFT和通过SAFT出售的代币之间的人为分离不被承认为合法的分离，如果这些代币本身符合证券的条件，那么通过SAFT合约出售的代币将被永久地视为豁免证券，并受到所有附带的限制。换句话说，一朝证券，永远证券：即使这些代币最终获得了可用性，它们仍然会受到交易限制。只有经认可的投资者才能交易它们。

因此，真正的效用代币不能成为只能在其他合格投资者之间交易的豁免型证券，因为这样一来，只有合格的投资者才能使用基础网络。这将使这些代币的目的落空。

SAFT主题的一个变体是区块链初创公司Colony推出的未来代币或股权的简单协议（SAFTE）。Colony团队没有依靠美国科律律师事务所（Cooley LLP）阐述的SAFT，而是起草了一份协议，如果没有ICO，则给予投资者股权。[①] 和SAFT一样，SAFTE也是基于Y Combinator的SAFE(折价，无上限)，这是一个简单的未来股权协议，"通过协商的折价率……脱离标准优先股的每股价格……适用于将SAFE转换为SAFE优先股的股份"[②]。Colony的SAFTE规定，从早期投资者筹集的资金可以在第一次流动性事件中（以特定的折扣）转换为股权，或者在代币生成事件中（以相同的折扣）转换为代币，以先到者为准。

虽然它增加了一个股权后备选项，但如果ICO没有发生，SAFTE在形式和实质上与SAFT没有什么不同：它有一个围绕代币预售的基本证券法问题。与SAFT一样，发行人通过D条例豁

---

① Jack du Rose, "SAFTE: A Simple Agreement for Future Tokens (or Equity)," *Colony*, Collectively Intelligent Ltd., 18 April 2017. blog.colony.io/a-simple-agreement-for-future-tokens-or-equity-b8ef08608347, accessed 1 Feb. 2018.

② Carolynn Levy and Cadran Cowansage, "SAFE Primer," YCombinator.com, Y Combinator LLC, 28 June 2017. www.ycombinator.com/docs/SAFE_Primer.rtf, accessed 3 Feb. 2018.

免预售被列为证券的代币。期望SEC接受预售代币的投资合同与获得"效用"后的实际代币销售之间的法律区别，需要同样的逻辑飞跃。

投资者将股权作为获取代币的可接受替代物，可能构成投资者将代币视为等同于股权这一典型证券的投资工具的证据。因此，无论代币是否具有实际效用，代币销售的经济现实就是证券发行的经济现实。

我们可以想象可转换贷款，其中转换是自愿的，不仅为投资者提供了股权或代币转换的选择，而且还提供了第三种可能性：在代币发行等符合条件的事件下，进行赎回和应计利息。[①] 然而，这种类型的产品——实体通过现有金融工具的可兑换性获得代币——很可能会带来与SAFT和SAFTE相同的监管风险。换句话说，对"一朝证券，永远证券"的严格解释仍然适用。

证券登记豁免

《1933年证券法》第5条规定，任何证券的发行或销售都必须向SEC登记，或满足豁免要求。许多豁免权都可获得，主要是根据D条例规则506，该规则提供了两种不同的豁免：506（b）和

---

① 在这种情况下，可转换贷款持有人会因为急需现金或其他原因而决定既不参与代币发行，也不将其贷款转换为股权。

506（c）。这两项豁免使发行人能够从符合其中任何一项条件的经认可的投资者那里筹集无限量的资金：

（1）前两年每年的年收入都在20万美元以上。

（2）净资产至少100万美元，且不包括个人主要住所的价值。

根据506（b），发行人不得公开发布广告，但可向最多35名非认可的投资者出售，并且在合理的情况下，可依赖投资者的自我认可。根据506（c），发行人可以公开发布广告，但只能向经认可的投资者出售，而证明经认可地位的责任则由发行人承担。[①]

特别是SAFT模式鼓励根据506（c）豁免进行申报，因为它可以向经认可的投资者进行众筹。利用Reg D豁免的传统融资选择了506（b）。506（c）规则是随着众筹平台的兴起而在《乔布斯法案》（JOBs ACT）下最新增加的规则，它可以通过互联网、社交媒体和广告对投资者进行一般性的募集。[②] 到目前为止，

---

① Office of Investor Education and Advocacy, "Rule 506 of Regulation D," *SEC.gov*, US Securities and Exchange Commission, 16 Jan. 2013, updated 27 Nov. 2017. www.sec.gov/fast-answers/answers-rule506htm.html, accessed 1 Feb. 2018.

② "Eliminating the Prohibition against General Solicitation and General Advertising in Rule 506 and Rule 144A Offerings: A Small Entity Compliance Guide," *SEC.gov*, US Securities and Exchange Commission, 20 Sept. 2013. www.sec.gov/info/smallbus/secg/general-solicitation-small-entity-compliance-guide.htm, accessed 1 Feb. 2018.

506（c）的采用仍然缓慢，主要是因为在核实认可地位的方面存在法律上的不确定性，如审查和核实财务文件，尽管已经出现了核实地位的第三方服务。

根据Reg D发行的证券是限制性证券：证券发行的默认规则是必须登记。Reg D的豁免权只属于发行人，而不属于转售人。代销商通常会被视为承销商，需要获得许可。第144条规则，即"销售限制性证券和控制性证券"，为在公开市场上转售限制性证券提供了安全港豁免，而不必成为承销商。①

根据第144条规则，非报告公司需要持有ICO典型的Reg D限制性证券至少一年。私营公司的某些信息应该公开，包括其业务性质、高管和董事的身份以及财务报表。遵守第144条规则或寻求其他转售豁免的主要义务由受限制证券的转售者承担；然而，SEC希望发行人建立充分的内部控制，以防止其高级职员、董事和雇员违反联邦证券法。

此外，根据1934年《证券交易法》，任何拥有500名以上非认可股东或2 000名以上股东的公司都将被视为完全的"报告公司"，即实际上的上市公司，其负有所有相应的披露和报告义务。

根据《交易所法》规定的报告公司义务也限制了A+条例

---

① "Rule 144: Selling Restricted and Control Securities," Investor Publications, *SEC.gov*, US Securities and Exchange Commission, 16 Jan. 2013. www.sec.gov/reportspubs/investor-publications/investorpubsrule144htm.html, accessed 1 Feb. 2018.

（Regulation A+）规定的集资销售的吸引力，即《证券法》规定的"小额和额外发行豁免修正案（Regulation A）"，该条例使发行人可以不受限制地向公众征集经认可的投资者。[1] 此外，A+条例要求披露文件和财务报表必须得到SEC的批准。据我们所知，到目前为止，还没有根据A+条例发行的ICO。[2]

我们认为，由于大多数ICO都是针对Dapps的，越来越多的做法将是利用各种豁免，特别是根据规则506（c），将ICO作为证券代币发行，该规则允许公开招标，但只针对认可的投资者。与A+条例一样，在被视为完全的报告公司之前，规则506（c）也会受到2 000名股东这一门槛的限制。

然而，理论上，根据规则506（c）发行将比A+条例募集更多资金，因为发行规模没有限制（A+条例的II级标准下最高5 000万美元，A+条例的I级标准下最高2 500万美元），也没有投资限制。（在A+条例的I级标准下，没有投资限制。在A+条例的II级标准下，投资者最多可以投资其净资产的10%或净收入的10%这两者中价值较大的，该项可自行申报。）

① SEC, "Final Rules: Release No. 33-9741: Amendments for Small and Additional Issues Exemptions under the Securities Act (Regulation A)," *SEC.gov*, Division of Corporation Finance, US Securities and Exchange Commission, June 2015. www.sec.gov/rules/final/2015/33-9741.pdf, accessed 3 Feb. 2018.

② Anzhela Knyazeva, "Regulation A+: What Do We Know So Far?" *SEC.gov*, Division of Economic and Risk Analysis, US Securities and Exchange Commission, Nov. 2016. www.sec.gov/files/Knyazeva_RegulationA%20.pdf, accessed 3 Feb. 2018.

这些证券型代币需要专门的交易系统，包括受监管的交易所和另类交易系统（Alternative Trading System，ATS），它们是非交易所的交易场所，可以匹配买卖订单。SEC根据ATS监管条例对ATS进行监管，将这些代币作为经纪商而非交易所进行监管，与交易所相比，其监管要求较少。我们预测市场将采用基于区块链的去中心化替代交易平台，该平台可实现证券型代币的点对点交换，交易记录到分布式账本。

证券型代币和自动交易系统可以利用智能合约来编码自动执行第144条规则和其他转售豁免（例如，一年的自动锁定期）。在欧洲监管下，自动交易系统的对应术语是多边交易设施（Multilateral Trading Facility）。

不断前进的创新解决方案

所有代币发行者，尤其是在发展的早期阶段，都需要仔细考虑他们的销售、营销和代币设计方法。特别是那些推出Dapps的公司，将需要确定如何构架他们的代币销售，以筹集资金而不违反证券法。

我们在此提出了一系列可能降低代币被定性为证券的解决方案。虽然代币发行者无法控制代币买家的动机，但他们可以根据一系列技术、合同或实际理由进行干预，以阻止买家进行纯粹的投机。

只向战略合作伙伴或潜在平台用户销售

在SEC评估代币是否符合证券条件时，代币的营销是一个决定性因素。因此，发行人向哪些受众推销代币，很可能在法律分析中占有重要权重。向那些想要在生态系统中使用代币的人出售代币的实用价值，或者将代币作为投资工具向那些想要从代币升值中获利的人进行营销，都可能最终影响这些代币的法律资格。

按照SEC在**Munchee**案中的推理，发行人可以在平台推出之前合法地销售效用代币，但前提是销售的对象是其用户和消费者。对这些利益相关者和未来客户的营销语言应该描述平台的实用性，而不是代币的增值。

对于在预生产阶段推出的ICO，代币发行者可以与关键利益相关者或平台的未来用户形成合作关系，以代币换取试点资金。其结果将是以服务合同形式的融资模式，这种模式看起来并不违反证券法，但却能开发出证明项目可行性的上市试点。

同时，如果一个平台将效用代币作为内部协调机制，那么我们可以说这些代币甚至不应该被终端用户看到。对于零售用户来说，我们可以认为这些代币应该是完全不可见的，就像信用卡支付网络对于一个信用卡用户来说是不可见的一样。

好的用户体验设计会让终端用户使用法币购买服务的使用权，然后平台会在幕后将法币转换为原生代币。也就是说，终端用户不需要知道或了解后台有一个实用的代币。这也是很多Dapp代币销售显得很勉强的原因，代币的出现只是为了让用户体验复杂化，除了筹集资金之外，没有增加功能。

除了法律方面的考虑，从商业和生态系统发展的角度来看，向机构和战略合作伙伴以及平台的大型和资深用户进行机构或批量代币销售将比一次性零售代币销售更有意义。向Dapp开发者进行机构或批量销售生态系统代币也是有意义的。

不鼓励建立二级市场

为了避免代币符合证券的条件，代币发行者不应承诺进行任何与建立这些代币二级市场有关的努力，或参与、支持或促进其建立。正如克莱顿主席所说，建立二级市场是"证券和证券发行的标志之一"。①

当然，即使代币发行商没有实际参与为其代币创建二级市场，别人也可能会参与。为了避免投资者购买代币仅用于投机的

---

① SEC Chair Jay Clayton, "Statement on Cryptocurrencies and Initial Coin Offerings," *SEC. gov*, US Securities and Exchange Commission, 11 Dec. 2017. www.sec.gov/news/public-statement/statement-clayton-2017-12-11, accessed 1 Feb. 2018.

风险，代币发行商可以从技术上进行干预，例如，阻止通过ICO发行的代币的可转让性。如果一个代币不能转让，那么可能很少有人会购买它并期望获利。因此未能通过豪威测试，而且根据欧盟法律，该代币将不符合"可转让证券"的条件。[①]

平台的实际或未来用户购买代币只是因为其实用价值，而不是因为他们以后转售代币可能获得的潜在利润。不可转让的代币还将减少围绕银行和资金转移法律的监管问题，包括美国财政部下属的金融犯罪执法网络（FinCEN）所监管的持续的反洗钱/充分了解你的客户义务。[②]

然而，这种方法不太可能在实践中流行和实际应用，特别是在真实的生态系统代币的背景下，如许多基于区块链网络的原生加密货币。正如我们所讨论的那样，如果没有通过二级市场的流动性，吸引节点验证者到一个新的网络将是困难的，因为代币补偿了他们维护网络基础设施的时间和资源。

一个不那么激进的替代办法是限制一段时间的代币可转让

---

① 《金融工具市场指令》（MiFID）II第4（1）条第（44）（c）点在其范围内包括"任何其他有权收购或出售此类可转让证券的证券，或根据可转让证券、货币、利率或收益率进行现金结算的证券、商品或其他指数或指标"。见 "Directive 2014/65/EU of the European Parliament and of the Council of 15 May 2014 on markets in financial instruments and amending Directive 2002/92/EC and Directive 2011/61/EU," eur-lex.europa.eu/legal-content/EN/TXT/HTML/?uri=CELEX:32014L0065&from=EN, accessed 5 Feb. 2018.

② "FinCEN's Mandate from Congress," *Financial Crimes Enforcement Network*, US Department of Treasury, n.d. www.fincen.gov/resources/fincens-mandate-congress, accessed 3 Feb. 2018.

性（例如一年），根据第144条"安全港"规则，这将是转售受限 Reg D 证券的必要条件。虽然这种时间限制不一定会取消这些代币作为证券的资格，但它可以减少这些代币交易中固有的投机动态，并使代币持有人的利益与项目或生态系统的利益保持一致。

设定代币价格上限或使用代币约束机制

即使发行人决定不阻止通过 ICO 发行的代币的可转让性，但是他们仍然可以通过引入代币价格的上限来避免过度投机。事实上，如果存在二级市场，代币的价格有可能会上涨到访问或使用平台变得极其昂贵的程度。根据代币的实际或潜在升值情况，人们可能会决定囤积代币或以更高的价格转售代币，而不是在平台上消费。这是一种自欺欺人的模式：对效用代币价值的投机实际上降低了其相关平台的可用性。

效用代币设计的一个关键因素是其价格稳定性，因为服务和商品的价格应该是稳定的，不像营利性或投机性的工具。为了对抗投机动态，代币发行者可以设置一个持续的 ICO，这样在任何时间点，人们都可以通过 ICO 智能合约以特定的价格（上限）购买代币。

每当代币的市场价格超过上限时，人们就会停止在市场上购买代币，而是直接以上限价格从 ICO 智能合约中购买。随着人们通过ICO智能合约购买代币，增加市场上的供应量，市场价格就会下降。只有当市场价格跌破上限时，人们才会再次在市场上购买这些代币。

以太坊研究员Vlad Zamfir讨论了实现价格下限和价格上限的代币约束机制，据此，（与固定供应的比特币经济学相反）代币供应可能会在价格边界内波动。正如Zamfir所指出的那样，"一个恒定的上限消除了代币购买者可能有的所有合理的回报预期。任何低到一定程度的上限都可以防止从抽水泵中'拉高出货'"。[①]

代币设计者可以定制价格控制机制，以实现预期目标。例如，永久上限机制可以每年根据通货膨胀或其他相关指标进行调整。在加密世界中，运行以太坊智能合约的手续费成本等指标可能比通货膨胀的某种广义经济定义更适合锚定挂钩机制。

定期调整的上限的永久执行应该（理论上）很容易做到，因为这需要在有需求时以上限价格自动发行新的代币。然而，保证一个下限水平可能不是在所有情况下都能做到。正如Zamfir所指出的那样，"如果提高底价会使其无法以底价购买所有代币，那么销售管理人就不能提高底价"。[②]

即使将ICO收益的很大一部分存入ICO智能合约，以便人们

---

① Vlad Zamfir, "A Safe Token Sale Mechanism," *Medium*, A Medium Corporation, 13 March 2017. medium.com/@Vlad_Zamfir/a-safe-token-sale-mechanism-8d73c430ddd1, accessed 1 Feb. 2018.
② 同上。

可以以底价赎回代币，但是这种储备的能力也是有限的；一旦这种方式被采用，生态系统将缺乏发展资金，代币价格将在二级市场上暴跌。这里的重点不是支持底价，而是确保价格稳定：与效用需求脱钩的代币价值的投机性收益会降低真实项目使用协议达到预期目的的动力。

通过向下倾斜预期收益的分布（因为价格上限可以完全保证，但不一定是底价），这种控制机制应该就代币买家的真正意图发出积极的信号：他们会进行投资，因为他们真正支持这种平台的发展，并相信这种平台是必要的"基础设施"投资，以构建出整个代币经济（例如，Dapps 和证券代币）。

随着代币市场的成熟，生态系统代币将成为投资者在其代币投资组合中持有的锚定代币，以分散风险，就像他们使用法币或密切相关的工具（如政府债券）来降低更为传统的投资组合中的 β 风险[①]一样。

到目前为止，代币边界设计在法律上仍未得到验证。在 SEC 看来，引入价格下限，有可能使代币价格维持在一定水平以上，是否会产生盈利预期？引入价格上限是否足以消除任何利润预期？

在 **Munchee** 案中，SEC 认为团队承诺销毁代币是增加代币价值的一种方式，与利润预期分析有关。SEC 认为，Munchee 白皮

---

① 译注：投资学中，β 风险是衡量个别股票或投资组合相对于整个市场波动性的指标。它是 CAPM 的核心概念，用于评估系统性风险。

书中"代币烧毁计划"下的这段文字是相关的：

> Munchee有可能选择在每次餐厅向Munchee支付广告费时，烧掉（从流通中取出）一小部分MUN代币。这……可能会提升剩余MUN代币的价值，因为流通中的总供应量减少。[①]

如果Munchee将代币烧毁定位于缓解下行风险而非价值增值，从而稳定代币价格以便实现应用内更好的功能，而非纯粹作为一种与股票回购无异的价格支撑机制，SEC的分析是否会有所不同？

为了限制利润的合理预期，我们可以想象具有各种价格上限机制的代币设计。然而，与这个不断发展的领域的所有事情一样，分析将归结为事实和背景。SEC可能会考虑以下问题：

（1）价格上限有多紧，其驱动力是什么？

（2）这些机制的部署到底是为了稳定价格还是为了价格增值？

[①] Sanjeev Verma, Nghi Bui, and Chelsea Lam, "Munchee Token: A Decentralized Blockchain Based Food Review/Rating Social Media Platform," White Paper, Munchee Inc., 16 Oct. 2017, updated 14 Nov. 2017, p. 22. s3.amazonaws.com/munchee-docs/Munchee+White+Paper+-+EN.pdf, accessed 3 Feb. 2018.

（3）平台中的代币价格稳定将提供哪些增强功能？

最终，SEC可能会采取一种全面的方法来评估代币交易的经济性——嗅觉测试，以逐一确定代币是否符合证券的条件。

真正的生态系统代币具备价格稳定功能的必要性，以及SEC在这一问题上的不明确立场，凸显了这一固有的本体论问题：真正的生态系统代币并不完全是经典的证券，但其功能类似于货币。事实上，法币在经济生态系统中转移资源并促进交易，这些经济生态系统与Web 3.0网络生态系统很像，都有多个利润中心共享共同的基础设施。

分开募资与代币生态体系治理

我们回到最初的主题，即使用旨在协调共同资源的生态系统代币作为私人筹款的手段，存在固有的紧张关系。虽然将真正的生态系统代币出售给生态系统核心利益相关者以维护和开发共同资源是有好处的，但在早期筹款阶段，区分网络化生态系统的开发和在该生态系统之上运行的Dapp的部署可能很困难。换句话说，资助一个在公共轨道上运营的营利企业和资助底层公共轨道之间的区别往往是理论上的，也是不明确的。

作为一个实际问题，这些生态系统项目很可能需要一个独立的、有一定规模的私营企业来筹集资金，为投资者提供传统的债务或股权融资工具。这种模式类似于开放源码生态系统中的一般情况，其中有代表性的是各种非营利性软件基金会（如Linux基金会），以及将与开放源码软件有关的特定产品或服务商业化的营利性公司（如发行和商业化利用Linux内核操作系统的Red Hat公司）。

对于生态系统项目，可以利用私营企业的资金初步建立生态系统基础设施，以换取非营利组织的代币，该组织将成为开源生态系统的管理者。在这种情况下，代币的交换将是一个简单的服务协议（例如，代币作为开源IP开发的补偿），这不会违反任何证券法规定。私营企业可以专注于生态系统的特定垂直或商业应用，或者成为生态系统中其他Dapps的营利性孵化器，从而启动生态系统的发展。营利性私企很可能是一家社会企业，可选择成为一家福利公司和/或通过利益公司（BCorp）认证。

从务实的角度来看，民营企业可以接触到各种各样的投资者，包括加密投资者，也包括更多传统的专业投资者，他们的基金没有法律授权接受代币代替股权。然而，这些传统投资者将通过私营企业的资产负债表间接接触到代币。实际上，生态系统代币的价值代表了私营企业对开源IP的贡献价值。与传统的专有知识产权不同，后者通常是一家初创企业的核心资产，而理论上存在于资产负债表上的生态系统代币，如果它们的二级市场发展起来，将被市场标记为具有更大的流动性和可交易性。

最终，这种新的创意融资工具可能会以下列形式出现：

（1）种子期融资预估的典型可转换票据，可以用代币而非股权来消灭。

（2）可转换为代币的股本权益。

（3）ICO可赎回现金的优先权益。

通过智能合约、动态账本以及去中心化的交易平台和交易所，将更容易管理、更复杂但也更具动态性的资本结构，而这些结构结合了债务、股权和代币。

小结与建议

ICO正在改变筹款格局，但似乎与今天大多数人认为的水平不同。虽然目前绝大多数的ICO都是在预生产阶段（即种子级别）进行的，但我们认为，如果在其相关的基于区块链的平台或去中心化应用构建之前就出售代币，那么无论是对于生态系统的代币还是应用币来说，都很难规避证券法律法规。

生态系统代币是基于区块链的系统的固有组成部分，因此可能有更大的机会被视为效用代币。然而，目前SEC关于豪威测试的指导意见似乎证实了这样一个观点，即出售具有实际或潜在效用的代币并不构成排除其作为证券出售的充分条件。我们还必须考虑到代币是如何向公众推销的，以及人们为什么购买它们。

因此，除非发行人想要引入具体的技术保障，以减少或消除对其代币升值的投机机会（例如，通过使代币不可转让或创建低水平的代币价格上限），否则他们需要设计新的方法来确保正在出售的代币不符合证券的条件。虽然SAFT（以及相关的SAFTE）是实现这一目标的一个有趣的提议，但在后Munchee阶段，SEC很可能不会接受其逻辑。

作为协调机制的生态系统代币与作为类似证券的筹资工具之间存在着内在的冲突。采取务实的态度，基于区块链的开源生态系统最初将不得不依靠私营企业和初创企业典型的筹款实践来建立一些利润中心。因此，这些生态系统可能会像传统的Web 2.0模式一样发展。

去中心化是一种演变，在实践中，开始时比较集中，但在正确的治理和发展下，随着时间的推移会演变为一个真正的去中心化的生态系统。

我们认为，ICO，尤其是真正的生态系统代币，将不得不脱离前期生产阶段（种子轮），而在后期生产阶段（A轮、B轮、C轮等）的融资轮进行，这时，有一个最小的可行网络或产品，有现成的用户和客户基础。只有在平台部署完毕，并在其周围出现一个生态系统之后，实用性才会显现出来，这些代币的内在价值才会有目共睹。然后，发行者最终才能将代币作为真正的产品或商品而不是投资工具来销售。

为此，代币发行者可能需要设计创造性的公司形式，将非营利性结构（监督共享开源资源的使用）与营利性结构（可能是利益公司或共益企业）相结合，专注于开发特定的商业应用或Dapps。大多数ICO不会是真正的生态系统代币，因此将非常适合作为使用登记豁免的证券代币发行，并通过分布式替代交易系统进行交易。

面向未来，我们希望区块链社区（包括企业家、技术专家、研究人员、学者、律师等）能够与SEC等监管机构合作，为新兴的代币经济设计一个监管框架，包括ICO等募资和持续的市场监督。事实上，围绕着如何思考和讨论代币"经济学"，即驱动效用价值的因素，以及代币价格约束是否会缓解SEC的一些担忧，仍然存在重大问题。

此外，即使是真正的生态系统代币，某种程度上市场也需要这些代币的投机交易来提供流动性。在尊重生态系统代币功能要求的同时，市场对一些投机活动的需求如何与围绕二级市场的监管问题相协调？当我们试图在区块链技术的辅助下创造更多的去中心化经济模式时，从豪威测试的角度来看，我们应该重新思考依靠"他人的努力"意味着什么？

SEC作为保护消费者和投资者的公共监督机构，其担忧是有根据的。我们希望设计出鼓励创新、尽量减少投机的法规，并最终使区块链技术实现Web 3.0的承诺，即生态系统在分配权力和资源时更有生产力、更有弹性、更公正。

Chapter 4

REINVENTING INTERNATIONAL CLEARING AND SETTLEMENT

04

重塑国际清算和结算

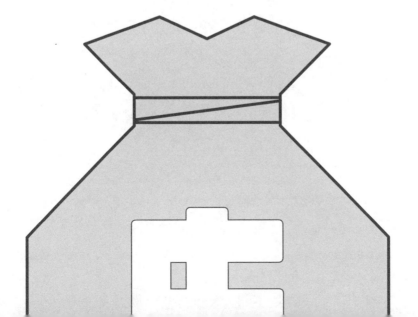

分布式账本技术如何改变
我们的全球支付系统

鲍勃·塔普斯科特

全球支付系统简介

（1）**全球支付系统是世界商业的命脉。** 在互联网时代，企业和消费者的国际资金转移速度慢、成本高、不透明，是令人沮丧的根源。钱似乎在机构之间悬空了好几天。一家在法国和英国都有大量业务的银行，从法国到英国的支票结算可能需要六到八周的时间！[①]

---

① "Questions of Cash: 'Foreign currency cheques are a nightmare,'" *The Independent*, Independent Print Ltd., 13 May 2011. www.independent.co.uk/money/spend-save/questions-of-cash-foreign-currency-cheques-are-a-nightmare-2283754.html, accessed 8 Jan. 2018.

（2）**转账通常是通过国际资金清算系统（以下简称SWIFT）发出的信息。**大多数银行不会对国际资金转移请求作出回应，除非该请求是通过高度安全和可信的SWIFT网络发出的。虽然环球同业银行金融电讯协会的资金流动电文几乎是即时的，但银行内部的传统程序却不是这样。

（3）**新兴的区块链技术可能会削弱甚至取代SWIFT及其支持的系统。**分布式账本技术（Distributed Ledger Technology，以下简称DLT）为加快传输速度和降低成本提供了三种可能性：

① DLT避免了需与复杂系统进行层层对话的要求从而管控了风险，同时为其服务增加了费用；② DLT可以实现国家之间的资金转移，而不会有任何明显的延迟；③ 在DLT中，信任源于数学，而不是易犯错误的人及其系统。

（4）**随着国际商务的迅猛发展，它要求建立一个成本更低、耗时更少的中介机构。**智能手机应用程序将成为非银行用户无处不在的支付机制。无论有没有区块链，类银行和非银行支付系统都在蓬勃发展。

（5）**这是游戏规则的改变者。**消费者和企业将确切地知道他们的资金何时到达，也不必猜测最终的货币兑换金额。没有中间人收取高额费用的穷人支付系统将消除阻碍更高经济目标的摩擦和低效率，从而刺激更多的商业活动。

（6）**在技术上有两种方法来实现引人注目的新系统。**① 革命性的（大爆炸）和② 进化性的（无形的耳语）。快速实施的大规模变革，无论计划多么周密，总是会产生负面的、意想不到的后果。因此，将每天数万亿的国际支付转变为DLT技术，必须是渐进式的。

全球支付简介

全球支付系统如何运作

两个国家银行之间的简单外汇交易可能涉及众多参与者。交易者（或他们的计算机）商定交易的金额、汇率和未来的结算日期，（对于简单的即期合同）通常是明天或后天。

就一个简单的案例而言，有关金融机构需要确保在交易结算日，资金通过这些国家的中央银行以所涉货币存入并获得可用性。在该结算日，当两个中央银行的清算系统都启动并运行时，一个被称为持续连接结算系统（Continuous Linked Settlement，CLS）的中央银行间清算系统将协调近乎同步的资金双向转移。

如果涉及的银行在CLS没有账户，那么它们通常必须借助有账户的银行。对于系统外的人来说，这是关于资金流动的。对内部人士来说，它是通过许多双记账系统进行借记和贷记，并有历史审计跟踪作为安全和可信的记录。事实上，这只是受信任和监管的字节的移动。是的，只是一点点。

交易方必须信任（并接受风险）两端的银行、各自国家的货币清算系统、代理银行以及用于协调的CLS。在可能引入DLT的情况下，许多人选择相信被证明能保证代币流动及其信息安全的数学，而不是相信许多机构（及其成本）能妥善维护其系统。为什么这些代币不能是美元或欧元？答案是，它们可以是，而且，我们认为，很快就会是。

为什么系统有时不起作用

尽管为确保交易双方同时发生作出了巨大的努力（和制度），但我们的假设有时还是会让大家失望。考虑一下加拿大历史上最大的石油交易。当谈判在卡尔加里（Calgary）结束时，媒体宣布交易已经签署。基于这一点，东海岸的银行家们从美国银行转了几十亿美元到加拿大花旗银行的账户上。然后，东岸银行家们就回家了。

然而，这笔交易没有签署。当剩下的几个还在美国银行工作的人意识到，他们转移了几十亿的资金，却没有相应的资产（已执行的销售合同），他们必须说服加拿大花旗银行把这几十亿的资金转回来，或者通知美国联邦储备局，他们在技术上已经破产了。这是一个漫长的夜晚。

如果他们使用的是基于区块链的智能合约，据此合约的条款和条件与其执行的大规模资金转移在数学上是不可分割的，就不会有任何风险。同样，当我们可以将资金的流动委托给无可辩驳的数学时，谁还需要风险管理？对于今天的复杂性，有简单的解决方案。最初的区块链创造了一个不可改变的、可被数学证明的活动日志。它结合了公钥和私钥加密技术来验证身份，以及共识算法来验证交易，并防止重复或欺诈性消费，所有这些都在一个点对点网络中进行。没有集中控制的要求。每个特征都不是革命性的。所有这些技术在20世纪就有了。它们的简单组合也极可能早就有了。

支付系统的历史

在一家银行的账户之间转移资金很容易。银行只需将钱存入一个账户，再从另一个账户中扣除。消费者在每月的账户费用中支付这些转账的费用。在同一国家的不同银行之间转移资金就不那么直接了。这些钱通过该国的中央银行，无论是美国联邦储备局（Fed）、英格兰银行（BoE）、加拿大银行（BoC）还是欧洲中央银行（ECB），都要重新进行转账。银行自动化加快了支票清算的速度，但银行保留了大部分的利益。新系统可以完全消除纸张。通过使用更少的纸张和更多的字节，清算系统成功地处理了支付量的急剧上升。

几十年前，大多数国家允许银行持有客户的资金，并为了自己的利益，在资金提供给收款人之前，通过金融机构之间开出的支票，多日使用客户的资金。然而这些国家一个接着一个地把规定都收紧了。例如，美国2011年的《多德-弗兰克法案》要求银行在存款后的第二天提供首笔200美元的资金，并在适用的情况下支付利息。[1] 在菲律宾，次日提供资金的规定在2017年成为法律。[2]

在25年前的加拿大，主要的清算银行都有自己的支票分拣机，根据不同的来源银行对存入的支票进行分拣。一家银行一旦完成这种分类，并确定其他各家银行的欠款，它就会从其他银行在加拿大银行的账户上扣款。第二天上午，它将把支票退还给发票银行，以核实借记的金额和账户。

系统性风险是显而易见的：一家陷入困境的银行可以轻易地从其他银行在央行的账户上（半夜）取走数十亿资金，实际上是

---

① Grovetta N. Gardineer, "Dodd-Frank Wall Street Reform and Consumer Protection Act-Regulations CC and Q," *OCC Bulletin 2011 – 25*, Office of the Comptroller of the Currency, US Department of Treasury, 24 June 2011. www.occ.treas.gov/news-issuances/bulletins/2011/bulletin-2011-25.html, accessed 8 Jan. 2018.

② Ted Cordero, "One-day Clearing of Checks to Start in January 2017: BSP Enjoins Banks to Participate," *GMANetwork*, GMA Network Inc., 14 Sept. 2016. www.gmanetwork.com/news/money/economy/581315/1-day-clearing-of-checks-to-start-in-january-2017/story, accessed 31 Oct. 2017.

在没有证据证明其提款的情况下将它们置于困境之中。通常情况下，如果一家银行在央行没有资金，政府会充当"最后贷款人"。政府确实会作出非常大的努力（包括准备金要求）来防止这种情况发生，但它确实发生了。

在过去的二十年里，大多数先进的资本主义国家都实施了实时全额结算系统（Real Time Gross Settlement，RTGS），要求一天多次结算。这样可以降低每次结算的规模，避免系统性失灵。结算的金额相当巨大。在加拿大，由中央银行运行的大额转账系统（Large Value Transfer System, LVTS）每天结算约1 400亿美元。[①]加拿大支付公司运行的零售（较小价值）系统每天结算约240亿加元。[②] 2017年，英国央行的支付清算系统（Clearing House Automatic Payment System，CHAPS）每天结算约5 000亿英镑。[③]鉴于涉及的资金量巨大，在证明新系统无懈可击之前，没有一家央行愿意实施新系统。

2016年，加拿大通过一家名为Interac的银行财团推出了

---

① Neville Arjani and Darcey McVanel, "A Primer on Canada's Large Value Transfer System," *BankofCanada.ca*, Bank of Canada, 1 March 2006. www.bankofcanada.ca/wp-content/uploads/2010/05/lvts_neville.pdf, accessed 8 Jan. 2018.

② "Canada's Major Payments Systems," *Bank of Canada*, Bank of Canada, n.d. www.bankofcanada.ca/core-functions/financial-system/canadas-major-payments-systems, accessed 8 Jan. 2018.

③ "Bank of England to Take over Running of Chaps as RTGS Make-over Comes Onstream," *Finextra Research*, Finextra Research, 9 May 2017. www.finextra.com/newsarticle/30535/bank-of-england-to-take-over-running-of-chaps-as-rtgs-make-over-comes-onstream, accessed 31 Oct. 2017.

P2P支付系统，账户可以与手机号码或电子邮件地址绑定。通过Interac，消费者可以在不知道对方账号的情况下，互相进行近乎实时的支付。接受存款时的手机短信会将资金存入收款人的账户。虽然对消费者来说，付款是实时的，但实际上资金是在当天晚些时候通过中央结算系统在银行之间转移的。

美国的Venmo也提供类似的服务，但由于没有直接进入清算系统，从付款发起到资金实际到账可能要经过好几天。[1] 信用卡用户需要支付3%的费用，但除此之外是免费的。

2017年夏天，美国五大银行推出了一个名为Zelle的全国消费者支付网络。[2] 预计未来一年内将有二十几家小型银行和信用社加入。与加拿大的Interac一样，美国的Zelle将提供消费者之间近乎实时的P2P支付。为了加速其应用，Zelle目前是一项免费服务，不过其接入的账户通常会收取费用。

今天，在一个国家签发的国际支票在另一个国家兑现，可以通过至少两家中央银行、一个中央银行交易协调中介机构（如CLS）以及可能的其他中介机构（称为代理银行）的账户进行信息传递（见图4-1）。为什么会演变出这种复杂性？

---

[1] Mike Derins, "How Banks Are Keeping up with Venmo in Attracting Millennials," *Mobile Payments Today*, Networld Media Group LLC, 22 Sept. 2017. www.mobilepaymentstoday.com/articles/how-banks-are-keeping-up-with-venmo-in-attracting-millennials, accessed 8 Jan. 2018.

[2] Jason Del Rey, "America's Biggest Banks Have Announced Their Venmo Competitor, Zelle," *CNBC*, CNBC, 24 Oct. 2016. www.cnbc.com/2016/10/24/americas-biggest-banks-have-announced-their-venmo-competitor-zelle.html, accessed 8 Jan. 2018.

图4-1　当前银行间跨境支付流程

即使在今天，国际支付也是在发起人到接收人的接力中从中间人传递到中间人。

东印度贸易公司和Ronald Coase公司

当我们在市场买苹果的时候，我们可以看到苹果，小贩也可以看到我们的现金。如果一方作弊，另一方很容易提出质疑。当我们身处万里之外时，这种方法是不可能的。如何建立远距离的信任？这非常困难。对方很可能受制于我们所不知道的法律，反之亦然。显然，对于出口商来说，在没有看到钱的情况下就进行生产和运输是不谨慎的。对于进口商来说，在没有看到货物的情况下付款同样是不谨慎的。这是一个难题。

1932年，经济学家罗纳德·科斯（Ronald Coase）在苏格兰邓迪的一次演讲中提出了他对公司为什么存在的看法，当时他只有21岁。他认为，公司之所以创立并仍然存在，是因为到市场上购买资源比内部雇用这些资源更昂贵。具体地说，公司的存在是为了降低交易成本。在公司的围墙内，寻找资源、协调资源、签订合同和建立信任都比较容易。他进一步认为，这些交易成本往往随着企业的发展而增长。他的见解几十年来一直被人忽视，但他最终在1991年获得了诺贝尔奖。

与他的论点相一致的是，历史上跨洋信任问题的第一个大规模解决方案就是信任自己。全球性的公司应运而生，它们可以在印度或中国购买产品，并将其运到自己在伦敦或鹿特丹的仓库。荷兰东印度贸易公司就是一个例子。它是世界历史上最大的公司。用今天的话来说，它的规模大约是苹果公司的10倍。[①]

与其相当的英国版跨洋公司也是大规模的。起初，它的主要产品是把茶叶从印度运到英国。最终，它发现从阿富汗运鸦片到中国更有利可图。为了确保其"信任"的说法不受侵犯，印度总督组建了比英国规模大一倍的军队。18世纪末，夺取印度的不是英国政府，而是一个不受管制的公司，由一个失控的总督和私掠者（罗伯特·克莱夫）经营。然而今天，他被认为是一个反社会的人。[②]

英国东印度公司在英国的总部只有35名员工，曾经是效率的

---

① Tyler Durden, "Apple's $700 Billion Market Cap Is Nothing Compared to Dutch East India Company at Its Peak," *Business Insider*, Insider Inc., 11 Feb. 2015. www.businessinsider.com/apples-market-cap-in-fx-inflation-adjusted-context-2015-2, accessed 31 Oct. 2017.

② William Dalrymple, "The East India Company: The Original Corporate Raiders," *The Guardian*, Guardian News and Media, 4 March 2015. www.theguardian.com/world/2015/mar/04/east-india-company-original-corporate-raiders, accessed 8 Jan. 2018.

典范。直到克莱夫作为一个流氓特工，在没有得到总公司同意的情况下，组建并部署了一支26万人的军队。这支军队并不在公司的商业计划中。

正如罗纳德·科斯所解释的，当这一巨额间接费用（执行公司层面信任所需的军队）的交易成本变得过大时，公司就变得不可持续了。当英国政府最终控制了这支私人军队时，一些人认为这是大英帝国的诞生。①

商业银行的兴起、信用证和伴随的痛苦

对出现的信托难题的下一个答案是商业银行。它专门管理和缓解没有历史信任关系的买卖双方之间的国际信任问题，并从中获利。他们这样做的主要金融工具被称为信用证（Letter of Credic，以下简称LoC）。这是一组复杂的文件，由四个或更多的当事方组成，每个当事方信任其他当事人中的一个，即实质上是在一个信任链中为一项交易而联系在一起。

如果我们不信任货物的制造者，那么我们认识的人可能认识他们信任的其他人，而这些人又信任另一方的人，后者又信任另一个信任卖方的人。这听起来完全不可行，但几个世纪以来，这

---

① T.G. Percival Spear, "Robert Clive," *Encyclopædia Britannica*, Encyclopædia Britannica Inc., 15 Dec. 2016. www.britannica.com/biography/Robert-Clive, accessed 31 Oct. 2017.

些LoC一直是（而且在很大程度上仍然是）国际商业的金融基础。

因此，举例来说，当货物按规格生产并可装运时，一家银行将支付货款（并接受风险）。然后，当货物到达并在码头接受出口检验时，另一家银行向前一家银行付款（该银行将接受过境风险）。当货物到达进口商的码头时，另一家银行将向先前第二家银行付款（该银行随后将支付并接受下一阶段的过境风险）。然后，当货物按订单抵达买方的交货码头并接受检查时，由另一家银行，即最终买方的银行支付。为成功地执行这些交易而记录和谈判冗长的条款和条件是很复杂的，不仅速度慢，而且费用高（见图4-2）。

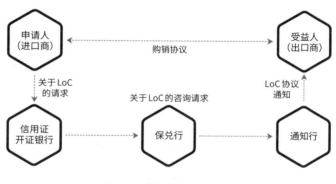

图4-2　信用证运作流程

通知行向卖方及其银行保证买方银行是合法的。从直觉上讲，我们可以预期，信用证中如此多的中间人的时间消耗和利润分割会使国际贸易的车轮停滞不前。但事实上，情况恰恰相反。几个世纪以来，信用证一直是使国际贸易成为可能的润滑剂。那些能够就这些交易进行谈判的人发现，对于进口商、出口商和所有中间人来说，这些交易都是非常有利可图的。

然而，在关于谁将确切接受什么样的风险以及何时接受风险的谈判中，这些进程往往失败。为了促进货物的国际流动，大多数出口国政府将通过其进出口银行向担保银行提供压倒一切的担保。即使有政府的支持，"按规格制造"的文件、与众多不可信的中间方的责任转移也是一项困难但非常有利可图的工作。

对于银行来说，预测客户的对外支付充其量只是一场猜测游戏，这取决于我们玩这场游戏的效率，我们和客户都有可能赢或输。今天为了满足客户的外币需求，银行不断地将资金从一个机构转移到另一个机构，从一个国家转移到另一个国家，试图达到更高的资本效率。有时他们成功了，有时不成功；无论如何，这都会增加运营成本。支付过程中的每一步都是串行处理的，这就增加了结算风险、延误和耗时的人工调查，因为编码不当的转账或银行在外国的nostro（"我方在贵方的"）账户资金不足而延误或停止支付。

Nostro和**vostro**（"贵方在我方的"）账户是银行在其他国家的机构持有外汇余额，以应付客户可能的外汇需求。例如，对于一家在10个国家设有分行的银行来说，预测明天客户在第11个国家的外汇需求是很困难的，甚至是不可能的。投入太多资金，资金就会被浪费。投入太少，客户的付款可能会进入无限期的僵局。如今，国际支票被暂时扣留，银行试图评估哪些是合法付款，哪些不是。这一过程相当耗时，而且对许多人来说，这是一个密集的手工对账过程。

这些都是金融机构与客户之间缺乏信任的结果。缺乏信任是一种夸张的说法，但对银行之间信任程度的限制是结构化的。在风险管理的博弈中，我们可以在信任谁的问题上做出正确的选择，但可能还是会遭受损失。通过金融市场，如果一个人信任一个第三方的人，而这个第三方最终证明是不值得信任的，那么他可能会输。这是所有银行家的终极噩梦。这就是所谓的系统性风险。例如，2008年，如果没有美联储的大规模干预，那些既信任高盛又信任AIG的人就会深陷困境。[①]

DLT将给这个方程带来的是一个100%可信的有（或没有）银行的货币流动的概念。它显然是游戏规则的改变者。

SWIFT及其报文服务的建立

直到20世纪70年代初，银行都是通过电传在国家间发送支付指令。虽然金额可能很大，但这些过程都是手工操作，容易出

---

① Paritosh Bansal, "Goldman's Share of AIG Bailout Money Draws Fire," with Lilla Zuill and Kevin Drawbaugh, *Reuters*, Thomson Reuters, 18 March 2009. www.reuters.com/article/us-aig-goldmansachs-sb/goldmans-share-of-aig-bailout-money-draws-fire-idUSTRE52H0B520090318, accessed 31 Oct. 2017.

错。这些指示是用非结构化的句子，通常是用英语。有时，这些信息的意图在翻译中丢失。通过电话线打字和发送，这些电汇很容易丢失，容易被误解，也容易被黑客攻击。数学被用来检测电文是否存在未经授权的更改，但使用的程度并没有达到应有的广泛。

例如，有一个诈骗犯知道用数学来制作一个秘密的消息验证码（MAC），以验证来往的交易方和金额，他只需要申请一个小额有效的"电汇"电文，截取后将货币从意大利里拉改为美元，然后再转发下去，因为他知道这将会被接受为一个真实的电文。对于几千美元的投资（当时是几百万里拉），骗子的回报是指数级的。必须有一个更好的方法，这就需要设定一个标准。20世纪70年代初，计算机被引入商业领域，这使得一种更安全的方法成为可能。

1973年，SWIFT被特许在布鲁塞尔监管并将这些过程自动化。到了1978年，SWIFT上线了必要的第三方基本控制措施，以确保大型银行之间的金融支付报文的安全，并确保发送机构的两个人在信息发送前参与"制作并检查"报文，以及MAC（数字签名的前游标）应用于所有字段。

每次传输都按顺序编号，以确保能够检测到信息的欺诈性插入或删除。此外，还制定了进一步的标准，用以标明交易对手、货币、日期、分行、中介机构以及一套基本金融服务的行动代码。SWIFT报文类型已从支付发展到包括财务和证券报文。

信息格式和元数据的标准现在是ISO20022。^① 更具体地说，ISO20022是一套统一的可扩展标记语言（XML）金融报文标准，涵盖支付、贸易、证券、卡和外汇交易。对于该标准的变更，SWIFT被公认为ISO20022的注册机构。^②

环球银行间金融电信协会网络是世界上安全金融信息服务的主要提供者。它目前在200多个国家有1.1万名成员。

如今，SWIFT制定了无处不在的报文标准、参考模型，并运行着国际银行间支付指令的系统和网络（见图4-3）。SWIFT是比利时法律规定的一个合作协会，拥有3 000个金融机构成员。它是世界上最值得信赖的系统之一，平均每天的交易量超过2 700万笔。^③ 该服务已扩大到包括200多种报文类型，包括客户付款和支票指示、金融机构转账、国库市场、外汇和衍生工具、托收和现金信函、证券市场、贵金属和银团（辛迪加）以及跟单信用证。

---

① ISO20022 Registration Authority, "ISO20022: Universal Financial Industry Message Scheme," *ISO20022*, International Organization for Standardization, 29 Dec. 2017. www.iso20022.org, accessed 31 Oct. 2017.

② SWIFT, "Data Standards: BIC (Business Identifier Code)," *SWIFT*, Society for Worldwide Interbank Financial Telecommunication, n.d. www.swift.com/standards/data-standards/bic, accessed 8 Jan. 2018.

③ SWIFT, "SWIFT FIN Traffic and Figures," *SWIFT*, Society for Worldwide Interbank Financial Telecommunication, n.d. www.swift.com/about-us/swift-fin-traffic-figures, accessed 8 Jan. 2018.

数据来源：SWIFT，www.swift.com/about-us，2018年1月5日。

图4-3　无处不在的SWIFT

必须指出的是，资金并不通过SWIFT网络流动。它只是一种高度安全的短信服务，用于编码、发送、接收，然后认证从一个金融机构到另一个金融机构的标准化结构化报文。资金的实际流动通常通过中央银行的国家清算和结算中心进行。在这个过程中，资金流动的时间和协调要经过多家中央银行，可能还有其他中间银行，这使得系统的运行速度缓慢而复杂。

不足为奇的是，参与这一过程的人都希望自己的努力能得到补偿。这些费用因机构而异，但通常商业银行会收取转出和转入的费用，两者加起来会在50~100美元之间。[①] 这还没有考虑到当

---

① Adrienne Fuller, "How Much Do Banks Really Charge for Wire Transfers?" *Finder.com*, Finder US, 26 Oct. 2017. www.finder.com/bank-fees-wire-transfers; Spencer Tierney, "Wire Transfers: What Banks Charge," *NerdWallet*, NerdWallet Inc., 15 Nov. 2017. www.nerdwallet.com/blog/banking/wire-transfers-what-banks-charge, both accessed 8 Jan. 2018.

资金暂时处于各家银行控制之下时，重新部署到其他用途时可能产生的利息利润。除此之外，还有外汇汇率的利润（见图4-4）。

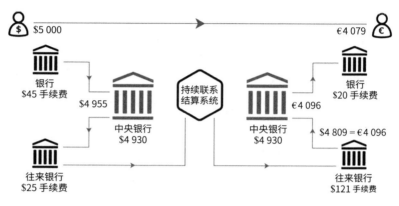

图4-4　相应的银行模式

从美国到欧洲的5 000美元转账中，211美元转到了银行。其中一半是美元—欧元外汇的中间市场汇率与客户提供的买入汇率之间的差额。其余部分是支付给各金融机构的费用。

举个例子，2017年8月18日，在道明加拿大信托网站上，我们发现，如果我们将1 000美元兑换成加元，然后再兑换回来，最后我们得到了948.06美元。[①] 换句话说，一个典型的银行在两种主要货币之间进行1 000美元的外汇兑换，每个方向都会有2.5%的利润。货币的重要性（和流动性）越低，客户的损失就越

---

① Foreign exchange rates calculator, TD Bank Group, as of 18 Aug. 2017. www.tdcanadatrust.com/products-services/banking/foreign-currency-services/rates.jsp, accessed 18 Aug. 2017.

大，因为买入和卖出的外汇汇率之间的利润率越大。

难以衡量的是由此造成的业务延误，以及由于预期的延误而可能造成的交易利益损失。TransferWise、Venstar、OFX 和其他系统，虽然仍然基于法币，但已经发现如何将成本和延迟降到最低。即使在区块链出现之前，固有的低效率和使传统玩家与系统脱节的盈利机会也是引人注目的。

当 SWIFT 最初为机构的自动支付提供便利时，主要是用于大额外汇支付。在 20 世纪 80 年代，对于一笔百万美元的跨境支付，50~100 美元的费用被认为是可以接受的。对于一些个人转账，总是伴随着西联汇款或美国运通办公室的低效率。然而，随着互联网商务的诞生，当从中国网站上购买一件 10 美元的商品或向第三世界汇款时，50 美元的费用显然是不可接受的。缓慢的转账速度（美联储认为更快的支付生效）阻碍了商业的发展，或者会在家庭紧急情况下造成灾难性的后果。SWIFT、央行、传统银行和金融科技（fintech）都意识到这是一个大问题，也意识到了它带来的机遇。

然而，人们对变革有抵触情绪。许多金融机构把通过 40 年的自动化努力所获得的效率看作提高利润率的领域，而不是改善客户服务的领域。他们在这些系统上投资了数十亿美元，他们并不急于冲销或贴现这些系统带来的费用和利润。

对于一家银行来说，要想实时正确地预测客户的外汇需求几乎是不可能的。此外，并不是所有的银行都对跨境支付带来的延迟和费用感到高兴。对于小银行来说，在有需求的情况下，将他国货币闲置在海外nostro账户中，是一种必要但不可取且无利可图的资金调配。然而，对于大银行来说，它们可以充当小银行的国外代理，并且可以通过在更大的客户群上平均化来减少意外需求，利润是非常真实的。

在国家间的资金流动速度方面，缺乏国际标准或协议。人们曾经根据纸质的手工系统来确定期望值。国家间的法规通常远远落后于国家内部的法规。因此，银行几乎没有动力将自动化的优势传递给客户。银行把通过计算机化获得的效率看作利润的来源，而不是客户服务。

转让方和受让方机构之间的中介机构尽可能长时间地持有和使用转让的资金。如今，国际资金转移被扣留30天的情况仍很常见。[①] 清算和结算系统为了避免结算风险，可能会将资金暂时排队过夜。在有多个清算系统的情况下，这种排队有时会持续两三个晚上。为了使资金的使用有利可图，银行可能会将货币持有更长时间。尽管如此，消费者面对一个不透明的过程，被告知资金"在途"。我们可以追踪亚马逊的一笔50美元的国际购物，从发货

---

① Citibank, "Important Notice Regarding Agreement for Online Funds Transfers," *Citibank Online: Agreement for Online Funds Transfers*, Citibank, 18 Oct. 2014. online.citi.com/JRS/forms/wire_xfrs_tsandcs.html, accessed 8 Jan. 2018.

点到交货点的整个过程，然而一笔10万美元则大不一样，可能会悬空很多天。在各国的监管环境之间，很少有规则来保护客户，无论他们是企业还是消费者。

SWIFT实验室研发主管、用户体验主管Damien Vanderveken表示，SWIFT已经意识到这些问题，并制定了解决一些问题的计划："如果银行能够实时管理其往来账户流动性，这将使他们能够准确地衡量每个账户在任何特定时刻需要多少资金，最终使他们能够腾出大量资金用于其他投资。"①

这句话非常正确。在一个国家的nostro账户，可以通过银行在许多国家的任何存款账户进入，其一直以来都是最难核对和最容易欺诈的账户。通过使用DLT，我们也许能够完全消除nostro/vostro账户的核对问题。

其中一些计划目前已经实施。Vanderveken解释说，SWIFT全球支付创新(global payment innovation，gpi)计划通过在国际支付上启用追踪功能，以实现费用的透明化和资金当天到位的可能性，从而使代理银行模式重新焕发活力。② 毫无疑问，银行面临的竞争压力可能导致行为的改变。不过话说回来，现状是如此有利可图，改变的阻力会很大。

---

① Damien Vanderveken, interviewed via telephone by Bob Tapscott, 19 Sept. 2017; e-mail to Bob, 7 Dec. 2017.
② 同上。

在国家之间转移资金的金融科技初创公司给老牌的参与者带来了压力，伴随着利润的挤压，要求他们作出更多的反应。即使服务提供近乎即时、免费的转账服务，客户在速度和费用上获得的收益，也常常在不知情的情况下从汇率上损失掉了。改善端对端收费和汇率透明度的区块链解决方案有能力颠覆这个市场。

管理支付系统的支付系统

CLS于2002年推出，它是世界主要外汇银行拥有的一个系统，旨在解决外汇交易两边结算时间上的差异。更具体地说，CLS是一个国际多币种清算系统，旨在确保外汇合约的两边在两个不同国家的清算系统中同时执行，并具有确定性和支付的最终性。CLS系统通过在18个国家中央银行的账户结算18种货币的基础外汇交易的支付指令。[1] 这么多银行的计算机在这么多时区、这么多国家之间的技术协调不是一件小事。

CLS系统使用SWIFT报文提供世界上最大的外汇现金结算系统。[2] 每个结算成员(通常是一家银行)在CLS持有一个单一的多

---

[1] CLS, "Currencies," *CLS: Trusted Market Solutions*, Continuous Linked Settlement, n.d. www.cls-group.com/About/Pages/Currencies.aspx, accessed 8 Jan. 2018.

[2] CLS, "CLS Empowers Clients," *CLS: Trusted Market Solutions*, Continuous Linked Settlement, n.d. www.cls-group.com/About/Pages/default.aspx, accessed 8 Jan. 2018.

币种账户。在正常结算日的开始和结束时，每个结算成员和每个中央银行的账户余额为零。它不是"最后贷款人"。结算成员可以直接向CLS提交与自己的外汇交易以及第三方客户的外汇交易有关的支付指令。CLS在其货币通过CLS进行结算的各家中央银行开设账户。CLS、结算成员和许多国家的国家RTGS系统通过SWIFT信息进行通信。

CLS的工作方式是，当两国中央银行系统都开放接收和发送付款时，通过货币和国家的RTGS系统几乎同时结算。这使得外汇交易双方（比如大西洋彼岸）的付款能够同时结算。[1] 如果将美元兑换成英镑，那么这两种货币（纽约的美元和伦敦的英镑）的流动将在两国央行结算系统同时可访问的短时间窗口内协调。

CLS的初始设置成本超过3亿美元，其因昂贵的结构而备受诟病。[2] 治病的成本远远（至少从历史上看）超过了疾病本身。在银行家看来，这种时间差的潜在问题被称为赫斯塔特（Herstatt）风险。为CLS辩护的理由是，在2008年的股灾期间，它完成了保持外汇市场流动性的主要任务，而其他许多市场都冻

---

[1]　CLS, "How It Works," *CLS: Trusted Market Solutions*, Continuous Linked Settlement, n.d. www.cls-group.com/ProdServ/Settlement/Pages/How.aspx, accessed 8 Jan. 2018.

[2]　Lee Oliver, "Trading Technology: CLS Blocks FXMarketSpace's Plan to Pre-Net Cash Trades," *Euromoney*, Euromoney Institutional Investor PLC, 27 Nov. 2006. www.euromoney.com/article/b1321tw6ss6432/trading-technology-cls-blocks-fxmarketspaces-plan-to-pre-net-cash-trades, accessed 8 Jan. 2018.

结了。如果没有CLS，很可能在2008年银行危机中，外汇支付会被冻结，大衰退可能会严重得多。

然而，建立清算和结算系统来管理资金在清算和结算系统之间的流动，又增加了复杂性。由于美国、欧洲、远东之间的时区重叠时间较短，资金的流动会出现排队现象，速度较慢。但它确实达到了管理定时结算风险的目的。

尽管CLS的成员包括世界上最大的金融企业，但对于小规模参与者来说，组织之间的外汇交易间接路由会导致几天甚至几周的延迟。不要忘记，这些交易中的每一个私人当事方都会收取费用。

对于银行业以外的人来说，所有这些中介系统可能看起来都很疯狂。对于那些对银行系统及其历史有所了解的人来说，这是完全合乎逻辑的。对于银行家来说，蜿蜒曲折的每一段旅程都是为了确保更大的信任和解决特定的风险。正如我们所指出的，这些步骤需要时间和金钱。客户被迫接受延误和间接费用，尽管这些费用看起来很随意。

---

① "Special FX: CLS Keeps the Market Safe from Settlement Risk but Needs to Add More Currencies," *The Economist*, The Economist Newspaper Ltd., 21 Sept. 2013. www.economist. com/news/finance-and-economics/21586540-cls-keeps-market-safe-settlement-risk-needs-add-more; Richard Levich, "Why Foreign Exchange Transactions Did Not Freeze up during the Global Financial Crisis: The Role of the CLS Bank," *VOX,* Centre for Economic Policy Research, 10 July 2009. voxeu.org/article/clearinghouse-saved-foreign-exchange-trading-crisis, both accessed 8 Jan. 2018.

寻找更好的系统

实物现金或黄金在美联储的国家金库中进行国际支付的日子要追溯到上个世纪初。如果不是（更安全的）数字签名的可移植文档格式（PDF）文件作为表示文档的可信位，即使是信用证也是用密码保护的文件来交换的。

即使是通过电子邮件发送，这种信任也来自许多纪律、规则、条例和对每一步的控制。具体来说，我们相信我们的金融机构会：

（1）履行其受托责任，培养机构对其他机构的层层信任。

（2）有效地运行其系统，定期测试这些系统，并对这些系统应用变更管理流程。

（3）维护其防火墙、病毒防护软件、备份、独立控制和补偿控制、储备需求以及信息传输网络的安全。

（4）遵守从巴塞尔协议 III 到公认会计原则（GAAP）的标准和规定。①

---

① 参见 Basel Committee on Banking Supervision, "Basel III: International Regulatory Framework for Banks," *BIS.org*, Bank for International Settlements, 7 Dec. 2017. www.bis.org/bcbs/basel3.htm; FASB. "Financial Accounting Standards," Financial Accounting Standards Board, n.d. www.fasb.org, both accessed 9 Jan. 2018.

（5）由主管管理层监督合规性，由内部和外部审计师核实，并由政府监管机构根据经常受到外部说客影响的不断变化的法规重新核实，按照这样的方式遵守上述所有规定。

所有这些功能都有成本，这些机构强迫客户接受。我们也知道，每一步都有可能导致失败的弱点。

这种对政府、金融机构、人员、系统、流程、审计师和监管者的信任是否真的得到了？最近发生的许多事件动摇了这种信任。2008年和2009年，7.77万亿美元的美联储贷款和担保被大量注入银行，以挽救他们的愚蠢行为。[①] 这均摊到美国每个男人、女人和孩子大约是4万美元。

后来，到了2015年，花旗集团、巴克莱银行、摩根大通和苏格兰皇家银行承认操纵外汇汇率的罪名，并同意支付56亿美元的罚款。[②] 美国地方法院法官Stefan R. Underhill观察到，"当市场被操纵时，遵守规则的人都是傻瓜。"[③] 如果不是直接的银行欺诈，

① Eyder Peralta, "Report: Fed Committed $7.77 Trillion to Rescue Banks," *NPR.org*, National Public Radio, 28 Nov. 2011. www.npr.org/sections/thetwo-way/2011/11/28/142854391/report-fed-committed-7-77-trillion-to-rescue-banks, accessed 8 Jan. 2018.

② Aruna Viswanatha, "Banks to Pay $5.6 Billion in Probes," *Wall Street Journal*, Dow Jones & Company, 20 May 2015. www.wsj.com/articles/global-banks-to-pay-5-6-billion-in-penalties-in-fx-libor-probe-1432130400, accessed 8 Jan. 2018.

③ Erik Larson, Tom Schoenberg, and Chris Dolmetsch, "As Big Banks' FX Case Ends, Judge Urges Probe of Traders," *Bloomberg Markets*, Bloomberg LP, 5 Jan. 2017. www.bloomberg.com/news/articles/2017-01-05/rbs-jpm-citi-barclays-fined-2-5-billion-in-fx-rigging-case, accessed 8 Jan. 2018.

这几乎是在纵容作弊。

仅在2017年，Equifax公司就曝光了1.45亿美国人最隐秘的财务信息，这实际上是给整个信用评分行业抹黑，让成年美国人的声誉受到伤害，还可能受到欺诈。[①] 汇丰银行必须为可疑的外汇行为支付1.75亿美元，西联汇款公司必须为未能阻止电汇欺诈支付5.86亿美元。[②] 富国银行支付了1.85亿美元的和解金，因为它曾在未经许可的情况下以客户的名义开设了多达210万个银行和卡账户。[③] 此后，随着富国银行扩大对销售滥用行为的调查，可能受影响的客户数量已经增加到350万。令人发指的银行行为和由此产生的罚款似乎太多了，因为这只是做生意的一种成本。

正如威廉·K. 布莱克所推测的那样，抢劫银行的最好办法

---

① Ken Sweet, Associated Press, "Equifax Says 2.5 Million More Americans May Be Affected by Hack," *Bloomberg.com*, Bloomberg LP, 2 Oct. 2017. www.bloomberg.com/news/articles/2017-10-02/urgent-equifax-2-5-million-more-americans-may-be-affected-by-hack, accessed 8 Jan. 2018.

② Patrick Rucker, "US Fines HSBC $175 Million for Lax Forex Trading Oversight," with Lawrence White, *Reuters*, Thomson Reuters, 29 Sept. 2017. www.reuters.com/article/us-hsbc-fed-fine/u-s-fines-hsbc-175-million-for-lax-forex-trading-oversight-idUSKCN1C4283; David McLaughlin, Chris Dolmetsch, and David Voreacos, "Western Union to Pay $586 Million Over Failure to Stop Fraud," *Bloomberg.com*, Bloomberg LP, 19 Jan. 2017. www.bloomberg.com/news/articles/2017-01-19/western-union-admits-to-aiding-wire-fraud-to-pay-586-million, both accessed 9 Jan. 2018.

③ Jesse Hamilton, "Wells Fargo Is Fined $185 Million Over Unapproved Accounts," *Bloomberg.com*, Bloomberg LP, 8 Sept. 2016. www.bloomberg.com/news/articles/2016-09-08/wells-fargo-fined-185-million-over-unwanted-customer-accounts, accessed 9 Jan. 2018.

就是拥有一家银行。① 更为雪上加霜的是，美国国会通过了一项法律，使那些受伤的人更难，甚至不可能起诉银行赔偿他们的损失。② 华尔街大获全胜。当时的副总统迈克·彭斯投了决定性的一票。③

在美国和其他国家，人们对金融机构和政府进行适当监管的信任度正处于历史最低点，而代表们却在继续侵蚀这种信任。2017年12月，共和党国会通过了一项1.5万亿美元的减税政策，主流经济学家的调查认为，这项政策将大幅增加国家债务。④ 现在，众议院和参议院似乎正计划废除《多德-弗兰克法案》的大部分内容，该法案的出台是为了降低导致2008年银行濒临倒闭和大衰退的各种渎职风险。⑤

---

① William K. Black, *The Best Way to Rob a Bank Is to Own One: How Corporate Executives and Politicians Looted the S&L Industry*, 2nd ed. (Austin: University of Texas Press, 2014). www.amazon. ca/Best-Way-Rob-Bank-Own/dp/0292754183, accessed 9 Jan. 2018.

② Elizabeth Dexheimer, "The Senate Voted to Make It Harder to Sue Banks," *Bloomberg Politics*, Bloomberg LP, 24 Oct. 2017. www.bloomberg.com/news/articles/2017-10-25/consumer-bureau-s-arbitration-rule-overturned-by-vote-in-senate, accessed 8 Jan. 2018.

③ Donna Borak and Ted Barrett, "Senate Kills Rule That Made It Easier to Sue Banks," *CNN*, Cable News Network, 25 Oct. 2017. www.cnn.com/2017/10/24/politics/senate-cfpb-arbitration-repeal/index. html, accessed 9 Jan. 2018.

④ Jeff Stein, "37 of 38 Economists Said the GOP Tax Plans Would Grow the Debt. The 38th Misread the Question," *The Washington Post*, WP Company, 22 Nov. 2017. www.washingtonpost. com/news/wonk/wp/2017/11/22/37-of-38-economists-said-the-gop-tax-plans-would-grow-the-debt-the-38th-misread-the-question, accessed 9 Jan. 2018.

⑤ Elizabeth Dexheimer, "Bipartisan Bank-Relief Bill Wins Approval from Senate Panel," *Bloomberg.com*, Bloomberg LP, 5 Dec. 2017. www.bloomberg.com/news/articles/2017-12-05/ bipartisan-bank-relief-bill-wins-approval-from-key-senate-panel, accessed 9 Jan. 2018.

总部位于伦敦的金融科技初创公司TransferWise以"再见，再见银行"为座右铭，推出了其所称的"无边界"账户。截至2018年1月，它支持28种不同的货币，与英国、美国和欧洲的本地银行账号相关联。[①] 其网站解释了"无国界货币"业务的起源：

> Taavet（Hinrikus）曾在爱沙尼亚为Skype工作，因此获得的是欧元工资，但他住在伦敦。Kristo（Kärmann）在伦敦工作，但在爱沙尼亚有欧元抵押贷款。他们设计了一个简单的方案。每个月两人都会在路透社上查看当天的市场中间价，以找到一个公平的汇率。Kristo把英镑存入Taavet的英国银行账户，而Taavet则把欧元充值到他朋友的欧元账户中。两人都拿到了自己需要的货币，而且都没有支付一分钱的银行隐性费用。[②]

Hinrikus和Kärmann认为他们并不是唯一面临这一挑战的人，所以他们把这个简单的工作方法变成了一个没有区块链的十亿美元业务。

不需要新兴技术就能战胜效率极低的外汇传统系统。如果

---

① "TransferWise Borderless Account," *TransferWise*, TransferWise Ltd., n.d. transferwise.com/ca/borderless, accessed 9 Jan. 2018.

② "TransferWise Was Born of Frustration," *TransferWise*, TransferWise Ltd., n.d. transferwise.com/de/about, accessed 9 Jan. 2018.

我们自己持有并净额支付，就可以省下很多钱，对于更聪明的中间人来说，也可以赚很多钱。持有多种货币余额的公司，如Facebook、亚马逊和谷歌都意识到了这个机会。

基于这种模式，TransferWise使客户能够在不支付国际转账费用和非中间市场外汇汇率的情况下接收和支付外汇。投资者包括维珍集团的Richard Branson和PayPal联合创始人Peter Thiel的Valar Ventures。[①]

TransferWise只需收取市场中间价的0.05%作为手续费。这听起来并不多，直到我们意识到每天有数万亿美元的外汇。虽然它的座右铭对金融机构的威胁似乎比SWIFT更大，但其信息也是针对SWIFT的核心。它的转账（在很大程度上）绕过了SWIFT、央行和CLS网络。相比之下，加拿大的道明银行（Toronto-Dominion Bank）在**其结束**国际资金转账时收取的费用从30美元到80美元不等。[②] TransferWise并不孤单，nanopay也有类似的抱负。[③]

---

① "Sir Richard Branson Joins Our Mission to Stamp out Hidden Charges," *TransferWise*, TransferWise Ltd., 28 June 2016. transferwise.com/us/blog/sir-richard-branson-joins-our-mission-to-stamp-out-hidden-fees, accessed 9 Jan. 2018.

② TD Helps, "How Do I Send a Wire Transfer?" *TD Bank Group*, Toronto-Dominion Bank, 31 Oct. 2017. td.intelliresponse.com/mortgages/index.jsp, accessed 31 Oct. 2017. A wire transfer takes approximately 3-5 business days to be processed. Transfer costs are between $30–$80.

③ "Transforming the Way the World Moves Money," *nanopay*, nanopay Corporation, n.d. nanopay. net, accessed 9 Jan. 2018.

SWIFT的核心是通过电信线路将短信作为安全位传输。假设，人们可以把一个简单的短信应用，如WhatsApp（对短信进行加密）作为传输媒介，添加一些身份管理、排序、报文验证码，使用ISO20022作为金融报文格式，并挑战SWIFT的存在。如今支付服务正在尝试这样做。

从消息服务（带Snapchat的Snapcash）到社交网络（带Messenger的Facebook、Google Wallet、Venmo/PayPal和Square Cash），P2P支付系统如雨后春笋般不断涌现。从Snapchat 2014年11月推出Square Cash支持Snapcash功能，其策略是一样的。

通过将支付整合到信息服务中，Facebook试图在Venmo/PayPal、Google Wallet和Square Cash等专注于消费者支付的竞争对手中占据优势。Facebook表示，用户登录其网站的频率更高。Facebook宣布与TransferWise合作，开展国际支付业务。苹果宣布推出基于短信的支付系统。① eBay的PayPal试图通过PayPal提供的2.9%外加0.3美元的费用来削弱银行费用，而收入模式在别处的Facebook Messenger则免费提供其Facebook Messenger支付系统。② 银行家们要小心了。

---

① "Apple Pay: Cashless Made Effortless," *Apple.com*, Apple Inc., n.d. www.apple.com/apple-pay, accessed 9 Jan. 2018.

② Facebook Help Center, "Payments in Messenger," *Facebook.com*, Facebook Inc., n.d. www.facebook.com/help/messenger-app/750020781733477, accessed 9 Jan. 2018.

现有参与者的战略

SWIFT、央行和世界各地的其他机构都在设计下一步甚至下一代系统，以解决当前的挫折。

加拿大

加拿大支付部为现代支付系统设想了8项要求：

（1）更快的支付方式。

（2）数据充分的支付。

（3）交易透明度。

（4）更简单的支付。

（5）跨境便利。

（6）基于活动的监督。

（7）开放和基于风险的准入。

（8）一个创新的平台。

加拿大央行启动了项目Jaspar，该项目开发了两个DLT清算和结算系统原型，先是在以太坊上，然后再次在R3的Corda

上。作为一家央行，它含糊地得出结论，DLT"可能不会给央行带来整体的净收益"。然而，它确实指出，对于一个设计上是去中心化的国际清算系统来说，它可能更有意义。我们同意这一观点。

美联储

在美国，美联储于2015年6月委托成立了一个"更快的支付任务组"，以寻找加快支付过程的方法，这些方法应是安全的、公平的访问，并能够24/7/365（全年365天、每周7日、每日24小时全天候）结算交易。[①] 它表示，希望创新是基于市场的，而不是强制性的。美联储希望为这种创新提供一个正式的框架。它呼吁制定一个大幅改善跨境支付的路线图。它说，跨境支付速度慢，成本、移动和交付时间不透明，是经济增长的障碍。

美联储将其改进目标定义为：

（1）速度：无处不在、安全、成本效益高。

（2）安全：需要保持坚固。

（3）效率：更多电子化，更少纸张。

[①] Faster Payments Task Force, "The US Path to Faster Payments," Fasterpaymentstaskforce.org, Federal Reserve Banks, n.d. fasterpaymentstaskforce.org, accessed 9 Jan. 2018.

（4）国际：用于跨境支付。

（5）协作：让广泛的付款者参与其中。

当我们看到美联储希望建立一个"安全、更快、无处不在、广泛安全、高效"的支付系统时，很难不想到区块链。一些提案将区块链作为央行所有活动的不可改变的审计线索，但钱最终还是在传统的银行账户中。其他的像Ripple和TransferWise绕过SWIFT，在一定程度上自己管理转账。

美联储在2017年7月底发布了支付研究报告。在报告中，美联储承认，"其他国家已经通过授权和/或发展国家更快的支付系统来解决这些挑战。"[①] 作为世界上最重要的银行，美联储选择的不是授权解决方案，而是鼓励创造性。在美联储认真考虑并随后公布的16项提案中，有5项涉及区块链技术。

（1）ECCHO、Hub Culture和Xalgorithms提出DLT作为实时资产交换账本（RAIL）和实时资产交换网络（RAIN），

---

① Faster Payments Task Force, "The US Path to Faster Payments: Faster Payments Final Report, Part One: The Faster Payments Task Force Approach," Federal Reserve Banks, Jan. 2017. fedpaymentsimprovement.org/wp-content/uploads/path-to-faster-payments.pdf, accessed 9 Jan. 2018. See also Faster Payments Task Force, "The US Path to Faster Payments: Faster Payments Final Report, Part Two: A Call to Action," Federal Reserve Banks, July 2017. fasterpaymentstaskforce.org/wp-content/uploads/faster-payments-task-force-final-report-part-two.pdf.

有朝一日可以使区块链的全球支付成为现实。^①

（2）Kalypton集团将其提案描述为"区块链式"，但没有限制。^②

（3）Ripple实现了DLT的高吞吐量，通过金融参与者之间直接的端到端分布式账本，不需要一个中心账本。Ripple的架构和吞吐量表明，他们明白参与者越少，吞吐量越快。

（4）WingCash甚至更进一步，建议美联储发行自己的加密货币。^③ 它呼吁"无处不在的收据，即所有支付服务提供商都能够接收更快的付款，并将这些资金实时提供给客户"。^④

2018年1月，加密货币的总市值为7 500亿美元，大约是美国联邦预算的20%。^⑤

① Faster Payments Task Force, "The US Path to Faster Payments: Faster Payments Final Report, Part One: The Faster Payments Task Force Approach," Federal Reserve Banks, Jan. 2017. fedpaymentsimprovement.org/wp-content/uploads/path-to-faster-payments.pdf, accessed 9 Jan. 2018.

② Angela Scott-Briggs, "Fintech Companies Urge the Federal Reserve to Use Cryptocurrency," *TechBullion*, TechBullion, 30 July 2017. www.techbullion.com/fintech-companies-urge-federal-reserve-use-cryptocurrency, accessed 9 Jan. 2018.

③ Wolfie Zhao, "Faster Payments? Start-up Pitches Federal Reserve Group on Cryptocurrency," *CoinDesk*, Digital Currency Group Inc., 21 July 2017. www.coindesk.com/faster-payments-startup-pitches-federal-reserve-group-cryptocurrency, accessed 9 Jan. 2018.

④ John Ginovsky, "Faster US Payments by 2020?" *Banking Exchange*, Simmons-Boardman Publishing Corp., 21 July 2017. www.bankingexchange.com/news-feed/item/6963-faster-u-s-payments-by-2020, accessed 9 Jan. 2018.

⑤ Leigh Angres and Jorge Salazar, "The Federal Budget in 2017: An Infographic," Congressional Budget Office, US Congress, 5 March 2018. www.cbo.gov/publication/53624, accessed 7 Oct. 2019. *CoinMarketCap.com*, coinmarketcap.com/charts, accessed 10 Jan. 2018.

欧洲中央银行

欧洲中央银行宣布了一个新的即时支付、结算系统计划。它将使企业和消费者能够在整个欧盟范围内实时发送资金。该系统已于2018年开始运行。

欧洲央行的一份报告提出，DLT必须能够与非DLT系统相互操作才是可行的。同英格兰银行一样，它进一步认为，即使DLT还没有成熟到可以被认为是欧元系统提供的市场基础设施的可替代方案，但其肯定值得分析和思考。①

2017年8月，英格兰银行发布了一份类似的报告，在鼓励未来合作的同时，也表示DLT还没有成熟到可以进行实时全额结算。英格兰银行对互操作性的要求给DLT在清算和结算方面的出现提供了很大的暗示。

新加坡

2017年10月初，新加坡金融管理局（MAS）和新加坡银行

---

① "Distributed Ledger Technology: Hype or History in the Making?" *News and Reports*, European Central Bank, n.d. www.ecb.europa.eu/paym/intro/news/articles_2016/html/mip_qr_1_article_3_distributed_ledger_tech.en.html, accessed 9 Jan. 2018.

协会（ABS）宣布了一个基于区块链的支付模式，这是他们命名为Ubin项目的第二阶段。来自埃森哲的David Treat告诉我们，他们与货币当局合作，在Hyperledger Fabric、R3 Corda和Ethereum Quorum中建立了并排比较的系统，用于银行间支付的实时全额结算。同样的用户界面被用来在三者之间做直接的架构比较。Treat说：

> 对我来说，该项目最有趣的发现之一是这三个技术的解决方案都符合要求。他们以三种不同的方式做到了这一点，所以在处理隐私和数据隔离方面他们有着不同的特点和影响。所以我们基本上表明，三种不同的、相互竞争的技术版本满足了要求。[1]

新加坡是否会挑选一个可以生产的产品？我们可能很快就会看到。正如Treat所说：

> 现在我们所处的阶段是——所有这些平台的第一个版本。领英的创始人Reid Hoffman准确地指出："如果你不嫌弃你的产品的第一个版本，那么你就推出得太晚了。"第二个

---

[1] David Treat, interviewed via telephone by Bob Tapscott, 24 Oct. 2017; e-mail to Bob, 6 Dec. 2017.

版本看起来会有很大的不同，有很大的改进。[①]

Treat进一步表示，监管机构对新技术中显而易见的好处很着迷，不太可能阻碍其采用。

日本

2017年9月，日本银行家协会（以下简称JBA）宣布，它正在与日本最大的IT设备和服务提供商富士通，在其基于云服务的区块链平台合作，并把它作为成员银行的测试平台。富士通通过JBA将向成员提供其合作区块链平台，用于清算和资金转移等应用。

JBA将与其他机构合作，测试和实施这些应用程序。瑞穗银行和富士通也在研究比目前的T+3更快、更有效的证券清算和结算方式。富士通已经开发了多种区块链技术，包括一种用于匹配交易信息的结算流程、基于政策的交易限制和多用户密钥管理。

---

① David Treat, interviewed via telephone by Bob Tapscott, 24 Oct. 2017; e-mail to Bob, 6 Dec. 2017. 也参见Nick Saint, "If You're Not Embarrassed by the First Version of Your Product, You've Launched Too Late," *Business Insider*, Insider Inc., 13 Nov. 2009. www.businessinsider. com/the-iterate-fast-and-release-often-philosophy-of-entrepreneurship-2009-11, accessed 8 Jan. 2018。

SWIFT

作为大多数国际资金转移的媒介和信息标准，SWIFT管理着三项资产：

（1）一个独立于互联网的安全网络。

（2）金融机构之间的存储、转发和路径系统。

（3）一个XML参考模型，其中包含由作为ISO20022注册机构的SWIFT定义的消息类型格式。

SWIFT的Vanderveken告诉我们，SWIFT非常清楚这些问题。他强调，SWIFT gpi解决了跨境支付中的许多难点：gpi可以实现资金的当日使用、费用的更大透明度以及支付的端到端跟踪，包括在必要时停止支付。他还指出，系统还需进一步的数据元素，以便能够更快、更容易地进行对账。银行对这些特征的适应速度还有待确定。[①]

对于nostro/vostro会计，SWIFT gpi倡议正在提供端到端的可视性，以了解从发起到往来银行和清算所的支付过程。当交易方

---

① Damien Vanderveken, interviewed via telephone by Bob Tapscott, 19 Sept. 2017; e-mail to Bob, 7 Dec. 2017.

的时区重叠时，它甚至可能使近乎实时的支付成为现实。我们可以把它想象成联邦快递的追踪，个人可以看到他们的转账从一个队列到另一个队列的情况。

关于其试点，SWIFT表示："DLT目前还不够成熟，无法在跨境支付上广泛使用。但是，这项技术可能为相关账户的核对提供解决方案。"[①] 此外，它还表示：

> SWIFT将利用其关键资产使该技术符合金融业的要求，包括强有力的治理、公钥基础设施（PKI）安全计划、银行识别码（BIC）识别框架和流动性标准专业知识，目标是为其社区的利益提供一个独特的DLT概念验证（POC）平台。[②]

2017年10月13日，SWIFT发布了一份关于POC的中期报告，其用于使用SWIFT开发的DLT沙盒进行实时nostro对账，有33家银行参与其中。

SWIFT还有远见地参与了新的主要ISO技术委员会，这些委

---

① "SWIFT gpi: Delivering the Future of Cross-Border Payments, Today," *SWIFT*, Society for Worldwide Interbank Financial Telecommunication, Jan. 2017. www.swift.com/file/31751/download?token=BK_pC-m9, accessed 9 Jan. 2018.

② "The Technological Transformation of Cross-Border Payments," *SWIFT*, Society for Worldwide Interbank Financial Telecommunication, n.d. www.swift.com/our-solutions/global-financial-messaging/payments-cash-management/swift-gpi/the-technological-transformation-of-cross-border-payments, accessed 9 Jan. 2018.

员就开放区块链支付的关键标准举行了会议，这些标准包括：

（1）ISO/TC 307/SG 1 参考体系结构、分类法和本体论；

（2）ISO/TC 307/SG 2 用例；

（3）ISO/TC 307/SG 3 安全和隐私；

（4）ISO/TC 307/SG 4 标识；

（5）ISO/TC 307/SG 5 智能合约。

同时，SWIFT正在证明DLTs的好处，它为场外交易（OTC）衍生品市场建立了一个标准的结算指令数据库，在参考数据环境中没有数据保密问题。POC可以说明与现有系统的互操作性和向后兼容性。

SWIFT正在与中央证券存管机构（CSD）进一步合作制定证券DLT管理标准。参与者包括咨询公司安永、加拿大证券存管机构、莫斯科交易所集团、南非的Strate、俄罗斯国家结算存管机构、瑞士的SIX证券服务公司、纳斯达克北欧公司，以及智利的Depósito Central de Valores。不可避免，这个名单还会增加。

SWIFT也有一个债券生命周期POC的项目。这是一个合理的市场，因为其规模大，发行和到期相对简单。

新旧范式之间的一个明显区别是身份。Damien Vanderveken告诉我们，SWIFT正在研究身份和访问管理。[①] 区块链使用公钥

---

① Damien Vanderveken, interviewed via telephone by Bob Tapscott, 19 Sept. 2017; e-mail to Bob, 7 Dec. 2017.

进行（可以说是匿名的）身份识别；SWIFT使用X.509证书和其PKI进行数字证书和签名。其目标是评估两者如何共存或互操作，并且我们希望，它能实现自主权身份。

许多（如果不是大多数）SWIFT报文都会触发或通知他人资金流向下一个中介机构或最后一个提供者。

DLT有能力在全球范围内操作和存储、转发和无处不在的路由选择代币或加密货币，以解除许多利益相关者和SWIFT三分之二的业务模式。剩下的就是设置标准的消息格式，私营公司或其他标准机构可以简单地采用。瑞波公司就是这样做的。换句话说，我们可以预见一个没有SWIFT网络的DLT上的资金转移生态系统。

最后，作为其gpi路线图的一部分，SWIFT在2017年推出了一个POC，以便了解DLT是否能更有效地协助核对nostro账户。对于银行来说，将资金从原来10个国家的客户账户中取出，然后在第11个国家清算付款（即让这些资金可用）是缓慢、有风险和困难的过程。SWIFT巧妙地选择了这个高风险问题，但在低风险的领域进行试点。这不是在转移资金，而是对已经转移的资金进行核对。

了解DLT的潜力并不等同于从根本上改变支付业务模式。[1]

---

① SWIFT, "Distributed Ledgers, Smart Contracts, Business Standards and ISO 20022," Information Paper, Society for Worldwide Interbank Financial Telecommunication, 7 Sept. 2016, modified 6 Nov. 2017. www.swift.com/news-events/events/iso-20022-information-session/document-centre, accessed 8 Jan. 2018.

SWIFT认为，"在多方网络环境中解决自动化问题，还需要业务参与者定义并同意共享数据、业务流程、角色和责任的意义与内容。"[1] 它担心，"在了解一项技术的能力和限制之前，试图过早地强加标准，有可能造成标准迅速过时或变得无关紧要"。[2] 它指出，DLT目前的特点，即每个人看到相同的信息（如土地所有权管理）显然是一个优点，但每个人看到其他人的支付信息则不是。

SWIFT目前使用的身份识别标准（ISO17442）显然不是DLT公钥。这并不意味着大家没有努力去定义新的标准。去中心化身份基金会（包括IBM和Hyperledger）、加拿大银行和许多其他机构都在尝试这样做。[3]

SWIFT在nostro/vostro账户上的DLT努力将使SWIFT跟上新兴技术的步伐。SWIFT需要极其谨慎，抵制快速变化。然而，这并不排除不太谨慎的竞争者，特别是没有什么损失的初创公司，争相将他们从生存中脱颖而出。在2017年，大多数区块链的实施是有吞吐量限制的。用于清算和结算的DLT可能会在风险低得多的环境中实施，并被证明是可行的，即便有可管理的初期问题。

---

[1] SWIFT, "Distributed Ledgers, Smart Contracts, Business Standards and ISO 20022."

[2] 同上。

[3] Marc Hochstein, "IBM, Hyperledger Join Blockchain Identity Consortium," *CoinDesk*, Digital Currency Group, 11 Oct. 2017. www.coindesk.com/ibm-hyperledger-join-blockchain-identity-consortium, accessed 9 Jan. 2018.

竞赛正在上演。

尽管许多初创企业渴望用分布式账本取代SWIFT网络，但我们必须记住，SWIFT的客户也是其成员。我们可能会期待大量坚持现状的人抵制SWIFT（或其他任何人）在DLT上的努力。作为一个多成员协会，SWIFT不是为快速变化而设计的。关于银行如何在五年或十年后进行清算和结算的辩论，其假设为越来越多的其他非银行中介机构不会取得重大进展。

这些报文的格式和元数据在ISO20022中得到了标准化，SWIFT是其注册机构。埃森哲的David Treat认为这可能是其持久的附加值之一，但我们不那么确定。在向美国快速支付任务组和世界各地的初创企业提出的建议中，这一标准正在被扩展。在一个基于DLT的系统中，身份管理将基于加密散列的密钥。目前通过ISO9362的商业标识码需要从根本上改写或直接退役。

毫无疑问，通过SWIFT的DLT工作，他们将对DLT的转移、控制和安全保管问题了解更多。当目前的吞吐量、安全、身份和其他限制被克服后，不难看出SWIFT如何能监督一个作为国际资金流动审计线索的私有区块链。例如，如果SWIFT管理的DLT中的代币成为价值记录的实际数据库，它们可能一开始就会淘汰CLS。这也不难，甚至更有可能看到其他人通过做类似的事情来解除SWIFT的中介作用。

SWIFT为市场提供了三项服务：① 网络，② 网络上的安全报文，以及③ 定义明确的格式和元数据。我们可以在DLT上更安全地实现前两项。第三项正在转变和扩展，用于密码学和智能合约。毫无疑问，对于世界资本主义如此关键的过程来说，从标准中转移出来的注意力，最终会收敛到一些标准上。这些可能会也可能不会回到SWIFT。在不久的将来，创新将层出不穷，而赢家将占据市场的大部分份额。

瑞波

通过ICO获得了极为充足的资金，瑞波（Ripple）公司开发了通过两端的同步账本反映在两个机构之间的资金流动的代码。通过ICO，它推出了一种加密货币XRP。它希望将以中央银行为基础的中心和银行业务支付模式转变为去中心化的，甚至是分布式的模式。瑞波是一个开源的链式账本，支持多个代币和点对点同步到一个账本。这些代币可以代表任何东西，从货币到频繁的买家积分到商品。

瑞波是基于一个共享的分布式账本，它可以取代今天的大部分清算和结算系统，采用直接连接所有点的蜘蛛网线结构，而不是今天用于清算和结算的中心辐射模式。它使用一个同步账本，该账本使用一个共识过程，允许在分布式过程中以更高的速度进行支付、交换和汇款。[①]

瑞波宣布，美国运通（American Express）和西班牙桑坦德银行（Spanish bank Santander）都将通过其区块链RippleNet使用Ripple进行跨大西洋支付[②]。

一个广为流传的神话是，DLT的性能问题主要与它的区块容量的大小和当前的计算机速度有关。但事实并非如此。有一个普遍的误解，即如果我们把计算机的速度提高一倍，那么我们就将它的吞吐时间减半。例如，如果我们的计算机以20%的速度运行，并在80%的时间内等待I/O，那么将计算机的速度提高一倍，只会给我们带来10%的吞吐量（20%/2）。所有速度的计算机（甚至是量子计算机）都以同样的速度等待I/O[③]。

降低共识模式DLT速度的原因是计算机等待I/O的时间，这是计算机之间相互通信时网络延迟的结果。如果我们减少参与的计算机数量，那么我们就能消除大部分的I/O问题。这正是瑞波所做的。通过这样做，它所宣称的（可靠的）吞吐量比比特币或以太坊区块链的速度快几个数量级。

---

① "Rippled: The Core Peer-to-Peer Server That Manages the XRP Ledger," *Ripple*, Ripple Labs Inc., n.d. ripple.com/build/rippled-apis; Warren Anderson, "Ripple Consensus Ledger Can Sustain 1000 Transactions per Second," *Ripple*, Ripple Labs Inc., 28 Feb. 2017. ripple.com/dev-blog/ripple-consensus-ledger-can-sustain-1000-transactions-per-second, both accessed 9 Jan. 2018.

② Michael del Castillo, "American Express Opens First Blockchain Corridor With Ripple Tech," *CoinDesk*, Digital Currency Group, 16 Nov. 2017. www.coindesk.com/american-express-opens-first-blockchain-corridor-ripple-tech, accessed 9 Jan. 2018.

③ 译者注：I/O→输入/输出。

当我们兑换相对不活跃的货币时（例如，巴西雷亚尔兑换新西兰元），我们通常首先通过流动性更强的货币（如美元）进行兑换。瑞波公司希望有一天我们会用它的加密货币XRP来代替。XRP的野心极大，它想取代美元成为事实上的中介货币。

存款信托及结算机构

存款信托及结算机构（DTCC）是一家由行业拥有和管理的金融市场公用事业公司，拥有40多年为金融业降低风险、推动运营和提高成本效率的经验。DTCC在推动创新以加强交易后流程方面有着悠久的历史。作为一个具有系统重要性的金融市场机构，DTCC为股票和固定收益资产提供集中存放和保管服务，并为这些资产的交易提供集中清算和结算服务。其负责人表示，DTCC运营着业界最强大的处理引擎，平均每天从50个不同的交易市场实时提交的交易量超过1亿份，在处理高峰期，每秒的交易量高达2.5万份。[①] 经测试，DTCC的系统性能可以处理远远超过8亿个交易方，这是其历史峰值交易量的两倍多一点。2016年，其子公司处理的证券交易价值超过1.5万亿美元。[②]

2017年9月，美国的结算周期缩短到T+2的效率。DTCC与

---

① Theresa Paraschac, e-mail to Bob Tapscott, 12 Dec. 2017.
② 同上。

行业协调监督了这一转变，并采用现有技术缩短了周期。此举与全球市场相协调，降低了风险和敞口，增强了市场流动性，并提高了效率。

这一举措的驱动力是"客户价值，即资本效率、降低风险和全球统一的结算周期"。[①] 使用现有技术来缩短结算周期，体现了对现有流程的改进并不总是要求使用新兴技术。根据DTCC的说法，如果行业有意愿，可以利用现有技术加速实时结算。

在DTCC看来，DLT已经远远超过了概念验证阶段。DTCC正在认真考虑用DLT来加强应用。[②] 市场所取得的巨大效率，通过对DTCC全天各种交易活动的头寸进行净值化来降低风险，表明典型的一天可能会产生98%的净值。

DTCC的负责人告诉我们，他们的DLT工作已经超越了简单的原型；但是，他们仍然面临着在寻找正确的用例、可扩展性、性能、恢复能力、冗余、智能合约方法，以及（在适用的情况下）成本效益方面的技术现状的挑战。DTCC表示，它确实认识到分布式账本技术可以通过现代化、精简和简化具有"公共信息共享结构"的金融业基础设施的筒仓式设计来解决交易后流程中的限制。[③]

据DTCC称，DLT的短期价值主张在于解决相对较少的高度

① Starkema Saunders, Jennifer Peve, Michael McClain, and Daniel Thieke, interviewed via telephone by Bob Tapscott, 31 Oct. 2017. Theresa Paraschac, e-mail to Bob Tapscott, 12 Dec. 2017.
② 同上。
③ Theresa Paraschac, e-mail to Bob Tapscott, 12 Dec. 2017.

手工领域的行业痛点。它目前的重点是通过研发投资确定机会，评估如何更好地应用现有技术以及如何最好地利用新技术，从而证明投资回报率和客户价值。DTCC解释说：

> 技术是达到目的的手段，目的是创新我们的工作，为我们的客户创造更强大的价值主张。无论采用现有技术还是新兴创新，客户价值都会指导决策。为了技术而技术是一个失败的命题。[①]

从长远来看，DTCC正在评估DLT在广泛的应用中的潜力，包括主数据管理、资产/证券发行和服务、确认资产交易、交易/合同验证、更复杂资产类型的记录和匹配、净额结算和清算，以及抵押品管理和结算。然而，向前发展的关键因素包括使该技术在现实世界的金融交易要求、可扩展性、互操作性和独立治理方面的能力变得成熟。

考虑到DTCC处理的美国证券市场的交易量，它需要任何分布式账本不仅能够处理当前的峰值交易量，包括验证和不可逆转的交易最终结果，而且还能管理大幅增加的交易量。目前的DLT实施离实现这种能力还有好几个数量级。

和大多数人一样，DTCC对当今技术的成熟度和吞吐量表示

---

① Theresa Paraschac, e-mail to Bob Tapscott, 12 Dec. 2017.

担忧，但随着技术的成熟，他们正在密切关注。该公司表示：

> 目前，该技术的规模或能力还无法与支撑美国市场今天清算和结算需求的强大处理引擎相提并论。在未来，任何适用于成熟、大批量市场的企业级分布式账本解决方案都需要达到或超过这种处理能力。[①]

为了推进这项技术，DTCC响应业界的呼吁，除了继续开发标准和协议外，还要求分布式账本和传统基础设施的互操作性和整合。该公司仍然大力倡导发展独立治理，以应对与DLT解决方案的实施和运营相关的挑战。根据其负责人的说法，DTCC可以在这一职能中发挥关键作用——作为一个中立的网络运营商，制定和执行所需的标准和协议。[②]

TransferWise[③]

TransferWise对真正的中间市场外汇汇率收取0.5%的费用，

---

① Theresa Paraschac, e-mail to Bob Tapscott, 12 Dec. 2017.

② Starkema Saunders et al., interviewed via telephone by Bob Tapscott, 31 Oct. 2017.

③ TransferWise是一家提供国际汇款转账服务的P2P平台，于2010年成立，当时名为CommonFX。2021年2月22日，跨境支付平台TransferWise宣布正式更名为Wise，以帮助用户获得更加全面的跨境金融服务。——译者注

这似乎是一个很小的数字，不太可能赚取多少利润，直到我们意识到这是一个每天有5万亿美元的市场。[①] TransferWise的小额收费可以转换为每天可以为数百亿美元的资金进行转换。当DLT技术完全成熟时，人们开发能够管理国际支付的软件将只花费几百万美元，甚至可能更少。它是开源的，很适合这种应用。

在可信的价值主张的基础上组建一个ICO并不困难。鉴于可能的回报和低门槛，市场进入者的数量将是巨大的。预计每一个大型的软件公司和金融机构都会参与至少一个支付方面的努力，其中国际支付是最大的奖项。也会有许多有抱负的初创企业，如果他们是聪明的，每一个配备优秀的技术部门的大公司都会参与，上升的空间是巨大的。

虽然开发这样一个系统的壁垒很低，但能否获得市场、监管和现有金融业者的支持才是决定胜负的关键。David Treat 与我们在中央银行和监管机构方面的经验很不寻常，因为他们在某种程度上正在推动这一变革。

DLT解决方案的简单性和对他们的好处是显而易见的。公信力，以及与金融服务机构的关键势力建立良好的关系（我们知道

① Committee on Payment and Settlement Systems, "International Payment Arrangements," *Red Book 2003*, Bank for International Settlements, n.d. www.bis.org/cpmi/publ/d53p16.pdf, accessed 9 Jan. 2018.

SWIFT已经有了）可能比开发技术的成本高得多。考虑到基于
DLT系统的优雅、安全和经济优势，监管机构和中央政府正在逐
步接受DLT解决方案，甚至可能引领这一潮流。除此之外，还会
有很多其他参与者，如nanopay和Ingenico集团。[①]

创建一个更好的区块链链上系统

很快，人们将普遍接受这样一个观点，通过同步DLT确保代
币流动及其信息传递的内在教学方法，比在多个传统机构、其人
员和系统之间的信息序列化更好、更快、更便宜。即使是质疑者
也可能因为延迟和成本的大幅减少而动摇，这是将国际资金转移
到区块链上的压倒性的论据。

在20世纪，对于孩子们来说有这样一个教育时刻，即为什么
他们应该把他们的津贴放在储蓄账户中以积累利息。低利率和21
世纪的服务费海啸使这个论点失去了意义。比尔·格罗斯（债券
之王）和许多经济学家关于赤字和量化宽松政策将产生更高的利
率和失控的通货膨胀的可怕预测并没有实现。[②]

---

① "Ingenico Group: More than 35 Years of Innovation," *Ingenico Group*, Ingenico Group, 2018. www.ingenico.com/about-ingenico-group/about-us/our-history, accessed 9 Jan. 2018.

② Joe Weisenthal, "The Bill Gross Blunder That Led To His Demise," *Business Insider*, Insider Inc., 2 Oct. 2014. www.businessinsider.com/this-was-the-bill-gross-blunder-that-led-to-his-downfall-2014-10, accessed 9 Jan. 2018.

相反，自动化和外包的结合提高了生产力，而没有相应的工资增长。这产生了创纪录的利润，同时使通货膨胀得到很好的控制。

银行家们很难站在银行之外的角度思考问题。一个明显但激进的方法是开发一个系统，从而消除或从根本上减少对中央银行和商业银行的依赖性。该系统将在分布式账本中存储货币价值，就像区块链对代币的作用一样。对许多银行家来说，这是不可想象的。我们必须记住，这些价值只是比特字节，是可信的、受监管的和安全的比特字节。还存在比商业银行、代理银行、中央银行、CLS、监管者、审计师等组成的小队更简单的方法来保护和信任不同的比特字节，我们可以通过第三方DLT（见图4-5）提供同样的功能，大大改善中心化清算和结算系统，甚至消除它们。

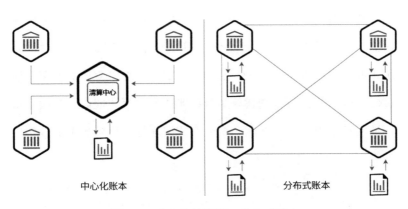

中心化账本   分布式账本

图4-5　中心化结算所vs分布式账本

区块链系统通过数学方法确保交易方确实是他们所声称的身份。它确保了支付的终结性，而且与任何复式记账系统不同，合同在同个区块中实质记录并复制在合同的头部和尾部。支付双方的同步性不需要像我们今天看到的在不同系统之间如此复杂。DLT不需要中央信任机构（如SWIFT和中央银行），不需要时区队列管理（如CLS），并避免了中心辐射架构中的故障风险。它可以是分布式的。

分布式账本避免了中央银行验证所有权和清除交易的作用。它们可以是开放的、无许可的和公开的，允许匿名的行为者参与网络；也可以是封闭的、有许可的和私密的，只允许事先确定的参与者。

我们再也不会认为在两个央行系统中，在它们开放的受限时区内，CLS几乎同时更新。外汇交易双方的借方和贷方都可以从账本中的那个单一合约区块中推断出来，会计的构造也可以保留。当外汇交易的双方都在区块链账本中（以及独立的会计系统）时，有些人将其称为三重分录会计。[①] 跳出会计的框架，通过区块链，我们可以创建单条目记账法。更具体地说，当两家银行的两种货币的分录在同一个分布式国际外汇公共账本的钱包地

---

①   Jason M. Tyra, "Triple Entry Bookkeeping With Bitcoin," *Bitcoin Magazine*, BTC Inc., 10 Feb. 2014. bitcoinmagazine.com/articles/triple-entry-bookkeeping-bitcoin-1392069656, accessed 9 Jan. 2018.

址之间以转账的形式出现时，就会出现一个不可改变的、互锁的会计记录系统。

一个区块链条目实际上将在两个不同银行的总分类账中驱动两个记账借方和贷方，没有中央银行参与。该系统的设计可能要简单得多。从SWIFT的角度来看，很多功能已经在区块链中了。例如，对于大额资金转移，大多数金融机构需要两个（甚至更多）签名来授权大额支付。支付方的多重签名和接收方的付费脚本哈希正是通过要求多个私钥来进行交易的。实施方式可能有所不同，但我们可以说这甚至比SWIFT更安全。

它将提供客户想要的东西：一个没有延迟或高昂费用的国际资金转移实时系统。它将智能合约与物联网结合起来，人们可以以更低的成本做很多事情，让现实世界的事件（如信用证中包含的事件）触发资金的流动。这将会带来一个公开的、没有争议的资金流动的账本。

政府的新角色

首先，在国际支付上，我们可以从区块链中得出不同国家和系统中不同银行的借贷情况。由于我们知道我们在区块链中的资产在数学上保证是我们交易对手方资产负债表中的负债，我们就不再需要对账、补偿控制以及内部和外部审计来确保交易的完整性。审计职能可以集中在内部控制上，而不是资产的核查。

这些新的架构基于新兴技术，可以快速整合智能合约和知识产权，超越传统支付行业。如果我们将加密货币定义为"一种数字货币，其中使用加密技术来规范货币单位的产生和验证资金的转移，独立于中央银行运作"，答案肯定是部分正确。[①]

大多数经济学家认为，如果政府不对财政（政府借款和支出）和货币（利率）政策进行一些控制，资本主义就会崩溃。从2008年的经济崩溃开始，西方政府通过所谓的量化宽松政策向世界经济注入了数万亿美元，即政府的左手（美联储、英格兰银行、加拿大银行）通过购买政府的国库券来印钱借给政府的右手（财政部）。

自由主义者认为："应该废除联邦储备系统，应该把联邦储备局的理事会放在社会保障上，并且也应该废除社会保障。"[②] 对这些人来说，一个不受政府控制的加密货币加上自由市场的统治，确实有一定的吸引力。

对其他人来说，供应由政府控制的加密货币可能看起来是一个矛盾。正如我们在委内瑞拉见证的那样，糟糕的财政政策（印

---

① "Cryptocurrency," *Oxford Dictionaries: US English*, Oxford University Press, n.d. www.lexico.com/en/definition/cryptocurrency, accessed 9 Jan. 2018.
② Leo Melamed, "Revisiting Bretton Woods," *Futures Magazine*, The Alpha Pages, 27 June 2017. www.futuresmag.com/2017/06/27/revisiting-bretton-woods, accessed 9 Jan. 2018.

钞）可以毁掉一个经济。作为回应，委内瑞拉宣布推出一种由石油储备支持的加密货币petro。[1]

在那些没有负责任的经济政策可信记录的国家，任意但透明的价值创造过程（如区块链上的比特币）可能会减少不信任，这意味着我们有一天可能会看到一个加密货币作为国家货币。虽然它可能会放弃该国使用传统技术管理其经济这一能力，但它将使该国摆脱来自巨大的货币中心银行里外汇交易员对其货币的任意攻击。

国际货币基金组织常务董事克里斯蒂娜·拉加德说："想想那些机构薄弱、国家货币不稳定的国家。这些经济体中的一些国家可能对虚拟货币的使用越来越多，而不是采用诸如美元等别国货币。我们称其为美元化2.0。"[2]

布雷顿森林协议将美元确立为全球货币，使美国政府处于非同寻常的权力地位。我们应该考虑采用类似XRP或比特币的加密货币，这是一种必须重视的可能性。[3]

---

① Alexandra Ulmer and Deisy Buitrago, "Venezuela Wants to Launch a Cryptocurrency Backed by Oil Reserves Called the 'Petro,'" *Business Insider*, Insider Inc., 3 Dec. 2017. www.businessinsider.com/venezuela-launch-cryptocurrency-called-petro-2017-12, accessed 9 Jan. 2018.

② Christine Lagarde, "Central Banking and Fintech—A Brave New World?" Speech, Bank of England, London, 29 Sept. 2017. International Monetary Fund, www.imf.org/en/News/Articles/2017/09/28/sp092917-central-banking-and-fintech-a-brave-new-world, accessed 9 Jan. 2018.

③ Jeffrey A. Tucker, "IMF Head Foresees the End of Banking and the Triumph of Cryptocurrency," *FEE.org*, Foundation for Economic Education, 30 Sept. 2017. fee.org/articles/imf-head-predicts-the-end-of-banking-and-the-triumph-of-cryptocurrency, accessed 9 Jan. 2018.

SWIFT 的新角色

"区块链应该取代SWIFT吗?"克里斯·斯金纳在一期《美国银行家》杂志上问道。他认为,基于区块链的系统可以改造或取代SWIFT网络,这将提升系统的安全性、便捷性和准确性。[①] 部分正确,我们仍然需要一些国际机构的元数据标准。这将取决于SWIFT领导层何时以及如何接纳或忽视新的可能性。

如果它进行了创新,那么作为国际资金转账中心的SWIFT就可以维持其与金融伙伴基于信任的关系。目前区块链的局限性以及SWIFT在DLT和nostro/vostro账户方面的创新,虽然远非变革性的,但将使其更好地了解技术的优势和局限性。这一经验将有助于SWIFT指引(如果不是驱赶)外汇DLT的兴起。在全世界接受加密货币之前,还有许多问题有待解决。SWIFT可能比任何人都更了解这些问题。

如果消费者可以将他们的钱放入DLT,用当地计价的加密货币,通过他们的手机就能访问,再加上区块链现在赢得的信任程度,他们为什么要继续使用银行的收费账户呢? 数字法币或加密

---

① Chris Skinner, "Will the Blockchain Replace Swift?" *American Banker*, SourceMedia, an Observer Capital Company, 8 March 2016. www.americanbanker.com/opinion/will-the-blockchain-replace-swift, accessed 9 Jan. 2018.

货币要想被广泛接受，它们需要有12个特点。

（1）易于分割。

（2）易于转移。

（3）有强有力的治理和充分的数据控制。

（4）携带方便。

（5）可靠和高可用性。

（6）产生可预测的利息。

（7）价值稳定。

（8）符合监管要求。

（9）标准化（不太可能有几十种加密货币的空间）。

（10）有一个不能丢失的身份架构。

（11）可扩展。

（12）如果密码（或钱包文字）丢失，可以找回。

中本聪在比特币中设计了前五项特征，而第五项可能很快就会从灵感变成现实。有像Magnr这样的机构愿意为比特币存款支付利息，所以第六项现在也实现了。[①] 第七项随着今天的加密货币价值的巨大波动而难以捉摸。今天人们访问的加密货币市场价

---

① "Magnr Savings Earn 1.28% Annual Interest on Your Bitcoin," *Magnr.com*, Magnr, n.d. magnr.com/bitcoin-savings, accessed 9 Jan. 2018.

值网站（如 *CoinMarketCap.com* 或 *Smith and Crown*）有不同的汇率值。为了减轻这些价值大规模波动的风险，通过实体货币买卖加密货币的经纪人可以采取10%以上的加价。[①]

然而，这种情况很快就会改变。[②] 2017年10月31日，CME集团公司宣布，它将在2017年第四季度开始交易期货。这样做应该会大大缩小买入和卖出率的差距。[③] 这也将使人们有能力购买比特币，而没有钱包和钱包密码的复杂性。换言之，今天，对于国际支付而言，相对于传统的外汇系统使用比特币还没有明显的优势。

"公民可能有一天会更喜欢虚拟货币，因为它们有可能提供与现金相同的成本和便利，即没有结算风险，没有清算延迟，没有中央登记，没有中间人来检查账户和身份。"克里斯蒂娜·拉加德在伦敦举行的英格兰银行会议上说。[④] 她分享了她对加密货币的看法：

---

① Krakenfx, "What Does It Really Cost to Buy and Sell Bitcoins?" *Kraken Blog*, Kraken Digital Asset Exchange, 9 Sept. 2014. blog.kraken.com/post/281/what-does-it-really-cost-to-buy-and-sell-bitcoins, accessed 9 Jan. 2018.

② Camila Russo, "Bitcoin Options Will Be Available This Fall," *Bloomberg.com*, Bloomberg LP, 24 July 2017. www.bloomberg.com/news/articles/2017-07-24/bitcoin-options-to-become-available-in-fall-after-cftc-approval, accessed 9 Jan. 2018.

③ Camila Russo, "Bitcoin Futures Could Open the Floodgates for Institutional Investors," *Bloomberg.com*, Bloomberg LP, 31 Oct. 2017. www.bloomberg.com/news/articles/2017-10-31/bitcoin-futures-could-open-to-floodgates-of-institutional-money, accessed 9 Jan. 2018.

④ Christine Lagarde, "Central Banking and Fintech—A Brave New World?" Speech, Bank of England, London, 29 Sept. 2017. International Monetary Fund, www.imf.org/en/News/Articles/2017/09/28/sp092917-central-banking-and-fintech-a-brave-new-world, accessed 9 Jan. 2018.

目前，像比特币这样的虚拟货币对现有的法定货币和中央银行的秩序几乎没有构成任何挑战。为什么呢？因为它们太不稳定、风险太大、能源太密集，而且底层技术还不能扩展。对监管者来说，许多虚拟货币太不透明了，而且有些已经被黑客攻击。

但其中许多是技术挑战，可以随着时间的推移得到解决。不久前，一些专家认为，个人计算机将永远不会被采用，而平板电脑只会被当作昂贵的咖啡盘使用。因此，我认为否定虚拟货币可能是不明智的。[①]

作为代币，比特币很容易以匿名形式进行价值转移，这使得比特币成为非法丝绸之路网站的事实上的货币。

虽然比特币账本是安全的，但钱包和交易所显然不安全。例如，超过7 000万美元的比特币被黑客攻击并从斯洛文尼亚的NiceHash市场被盗走。[②] 韩国Youbit交易所平台第二次被黑客成

---

① Christine Lagarde, "Central Banking and Fintech—A Brave New World?" Speech.

② Rishi Iyengar, "NiceHash: More than $70 Million Stolen in Bitcoin Hack," *CNN Money*, Cable News Network, 8 Dec. 2017. money.cnn.com/2017/12/07/technology/nicehash-bitcoin-theft-hacking/index.html, accessed 9 Jan. 2018. Oren Dorell, "North Korea Cyber Attacks like 'WannaCry' Are Increasingly Ploys for Money, Analysts Say," *USA Today*, Gannett Satellite Information Network, 20 Dec. 2017. www.usatoday.com/story/news/world/2017/12/20/north-korea-wannacry-cyber-attack-ploy-money-white-house/970138001, accessed 13 Jan. 2018.

功攻击使其停业。① 今天，存储在硬件钱包中的加密货币似乎是安全的，前提是它们没有丢失、被盗、烧毁或发生故障。

加密货币对任何希望隐藏资产的人来说都是非常有意义的。身份管理是一个仍在广泛讨论的问题。了解自己的客户是遵守制裁和避免洗钱的先决条件。我们可以辩论一下，从长远来看，政府的"充分信任和信用"是否可以与加密货币的数学竞争。它们不需要相互排斥，甚至可以合并。作为对美国快速支付工作组的回应，Wingcash创建了一个"建议美联储使用的国家数字货币平台，将美元扩展到数字领域"。②

今天，千禧一代（1977年至1995年出生）和百岁一代（1995年后出生）认为相机只是他们手机的一部分。很快，他们可能会认为手机是一个包含他们的法币和加密货币的钱包。政府和金融机构已经侵蚀了他们的信任。那么，我们可以在什么基础上建立一种新的货币呢？一些人想回到金本位，另一些人想转向能源标准。有些人主张将能源作为一种新的共同货币的基础。③ 但这似

---

① Ben Chapman, "Bitcoin Latest: North Korea Suspected of South Korean Cryptocurrency Exchange Hack," *The Independent*, Independent Digital News and Media Ltd., 21 Dec. 2017. www.independent.co.uk/news/business/news/bitcoin-latest-updates-north-korea-south-youbit-exchange-hack-cryptocurrency-a8121781.html, accessed 9 Jan. 2018.

② Bradley Wilkes, "National Digital Currency Platform Proposed for the Federal Reserve," *WingCash Faster Payments Network*, WingCash, 2017. fasterpaymentsnetwork.com, accessed 8 Jan. 2018.

③ "Energy Currency," *The Perfect Currency*, John Meyer, n.d. www.theperfectcurrency.org/main-energy-currency/energy-currency, accessed 9 Jan. 2018.

乎不太可行。

加密货币，若由政府控制其产生和单位，在数学上和经济上都是可行的。这不是工作证明或股权证明，它将基于权力证明的共识，其中中央银行是权威。有了这样的定义，中央银行可以慢慢地将其法定货币转变为加密货币。

国家加密货币定义的不确定部分是对新单位产生的监管。对于比特币，一个预先确定的数学算法设定了比率。可以开采的比特币的上限是固定的。

对于那些没有负责任的经济政策可信记录的国家，任意和透明的价值创造过程（如区块链），可能会将加密货币设定为国家货币。

小结与建议

随着国际商务爆炸性增长，其要求有一个成本更低、更透明和及时的支付系统。目前的系统不能满足今天的要求，将很快被取代。

- 智能手机应用将成为无银行账户的人无处不在的支付机制。无论是否使用区块链，加密货币和法定货币基础上的类银行和非银行支付系统正在蓬勃发展。这是一个游戏改变者。没有中间商收取高额费用的穷人支付系统将刺激更大的商业。根据报告《利用数字金融加速东南亚的金融包容性》，促进金融包容性的数字技术可以使东南亚一些经济体的GDP增加至少9%。[①] 对于银行服务较少的市场，可以说影响应该更大。

- 尽管DLT技术是革命性的，但国际支付向其的转变将是为了连续性和管理风险而演变的。在加拿大央行、英国央行、美联储和其他机构所定义的DLT系统的必要特征得到证明之前，没有一家主要金融机构会转换到一个新的基于DLT的系统。

- 几十年来，对于国际支付来说，SWIFT的地位是最高的。但是，如果SWIFT不进行自我转型，就有被解除中介的风险。它可以从与CLS的18家机构合作开始，使CLS脱媒。将其1.1万名会员的接口从报文范式改为分类账范式将是一个缓慢的过程。SWIFT和美国快速支付任务组都说引入新标准为时过早。现在是一个技术和社会创新的时代。

- 在国际支付领域，至少有两个主要参与者可以建立由多个组织访问的DLT作为后端日志，或者对已经发生的支付活动进行无可辩驳的审计跟踪。如果它失败了，那它只是一

① ADB, Oliver Wyman, and MicroSave, "Accelerating Financial Inclusion in South-East Asia with Digital Finance," *ADB.org*, Asian Development Bank, 16 Nov. 2017. www.adb.org/sites/default/files/publication/222061/financial-inclusion-se-asia.pdf, accessed 9 Jan. 2018.

个后台日志，而不是市场的冻结。

- 随着技术的成熟，我们可以测试其吞吐量、安全性、真实性、灵活性、隐私性和其他必要的功能，以便得出结论，在将DLT中的比特字节定义为代表货币所需的法规更改之前，它可能是可信的记录数据库。

- 通过几个月甚至很多年来建立信心和信任，组织可以起草合同和改变条例，使DLT成为存放记录的数据库（毕竟，它只是比特字节）。这些组织可以通过重新设计国家和国际支付系统来承担费用（同时从中获利）。

- 通过点对点复制，Ripple以其分布式而非中心式的架构缓解了与分布式共识模型相关的速度问题。如今，它是为nostro/vostro账户生产的，直接连接会立即指示错误的账号，而不是SWIFT的消息传递模式。

- 瑞波的XRP和恒星的Lumens（XLM）都渴望成为世界上的货币。这究竟是一厢情愿的想法还是一个可实现的目标，还有待观察。通过将其分布式账本技术中的分布式参与者的数量限制在两个，瑞波公司可以产生远远超过其更多分布式竞争对手的吞吐量水平。然而，Stellar在简单表达了想与IBM合作后，市值从1.94亿美元跃升至5.16亿美元（高达265%）。

- 对于DLT在世界支付领域的实施，似乎有两条演进的路径。一条是旧技术和新技术的共存，正如英格兰银行所希望的那样，以便在转向新模式的同时不破坏现有的货币流动；另一条是由Ripple和Ethereum阐述的有针对性的实施，DLT（或类似DLT的）软件积极地进入较小的市场，一旦被证明，它们就进入较大的市场。从国家支付（在一个中央银行的许可和指导下）开始转变，要比谈判跨境支付的政治问题容易得多。新加坡这个城市国家的小规模，加上现有区块链的吞吐量限制，使其成为可管理的实施的理想场所。

- 基于区块链的解决方案正处于起步阶段，DAO程序的黑客攻击和由此产生的以太坊区块链的分叉，已经证明了一些需要谨慎的地方。[1] 它向我们表明，尽管那些对DLT有扎实了解的人，怀着最好的愿望，但仍然可能犯一些微妙的实施错误，从而损害系统。

- 美联储在其快速支付工作组撰写的最终报告第二部分中，"鼓励各种解决方案之间的竞争，而不是赞同单一的方法"。[2] 这将确保许多竞争性的实施方案。

---

[1] Matthew Leising, "The Ether Thief," *Bloomberg.com*, Bloomberg LP, 13 June 2017. www.bloomberg.com/features/2017-the-ether-thief, accessed 9 Jan. 2018.

[2] Faster Payments Task Force, "The US Path to Faster Payments: Faster Payments Final Report, Part Two: A Call to Action," Federal Reserve Banks, July 2017. fasterpaymentstaskforce.org/wp-content/uploads/faster-payments-task-force-final-report-part-two.pdf, accessed 9 Jan. 2018.

- 如果不是不可避免的话，国际资金转移设计在没有运营商的情况下也存在明显的可能性，更不用说收费了。这远远超出了目前的想法，我们认为一个有管理的授权证明DLT系统可能是第一个重要步骤。创新型金融科技初创企业或银行创新集团采用更简单、更快、更具响应性的DLT解决方案的商业案例似乎是可能的。

- 由于缺乏关于支付处理的国际规则或控制，它在历史上的变化缓慢而昂贵。这也为低成本的中介机构创造了数十亿美元的机会。数以百计的公司将进入市场，不过除了少数公司外，其他公司都会失败。

- 历史可能会重演。20世纪80年代，计算机管理的高端人群去参加在拉斯维加斯举行的名为Comdex的大型计算机展。拥有技术预算权力的人看到了最先进的新产品。后来，一个最初并不重要的小型消费电子展发展起来，风头盖过了高端会议。

- 启动低风险消费者系统的成本和风险很小，一旦得到监管机构或SWIFT的批准或否决，它可能会被认为是稍大甚至更大的国际转账的安全场所。通过在消费者市场上证明自己（没有大额美元银行间支付的风险），它很可能成长为800磅（1磅=0.454千克）的支付巨无霸。换句话说，现有的机构有可能被一个消费者参与者所取代。

谁将引领这个新的世界秩序的问题还不清楚。是SWIFT、R3、以太坊、中央银行、Visa这些现有的大公司，还是一个新的低成本DLT初创公司？鉴于进入这个每天数万亿美元的市场的成本很低，我们预计竞争会很激烈。

CONSOLIDATING MULTIPLE LEDGERS WITH BLOCKCHAIN

05

区块链整合
多个账本

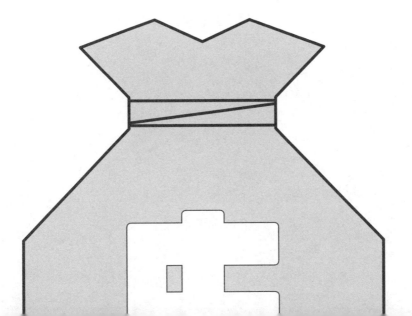

加拿大政府账户的
单一数字账簿

安东尼·威廉姆斯

概述合并多个分类账的方法

从全球金融市场到医疗保健服务，区块链技术正在从根本上改变我们收集、管理和记录信息的方式。它正在简化复杂的生态系统，创建可信和安全的数据存储库，并支持补充技术，如智能合约和人工智能。

从爱沙尼亚到美国，各司法管辖区正在部署区块链（又称DLT），以推动商业登记、身份管理、电子投票、医疗保健服务和国际贸易的创新。

这项研究探讨了加拿大政府通过使用区块链将其多个账本合并为一个单一的分布式账本,这将提升其账目的完整性,提高审计功能的效率,并降低其交易成本。

由于记录在账本上的交易可以立即搜索和公布,基于区块链的账本也可以提高公共透明度,满足并加快总审计师的审计要求,并提高加拿大账户的完整性。

库务局总分类账系统概述

加拿大库务局负责管理整个政府的财政、会计和联邦政府的报告职能。这些活动包括控制从综合收入基金中提取或存入的所有款项,并确保所有这些交易都记入加拿大总分类账的账户,并编制加拿大公共账户。

为了确保所有的交易都反映在加拿大的账户中,库务局实施了一个控制框架,即政府各部门每月提交汇总的财务信息(包括所有的支出和收入),由库务局与总分类账核对。控制框架主要基于需要人工干预的传统应用程序,如文件上传、验证和数据刷新。其中一些操作具有高度的时间敏感性,过程中的任何障碍都会产生严重的影响。

以下是对库务局总体控制框架的主要组成部分的简要概述,包括中央财务管理报告系统、库务局—总分类账和账户余额概念。

中央财务管理报告系统

加拿大政府使用一个中央财务管理报告系统来维持其账户。这个中央报告系统根据政府部门和机构在每个月末提交的经认证的试算表编制总分类账。这些每月的部门试算表包含了政府范围内编码的每个独特组合的期初和期末余额，这是维护加拿大账户所需的标准化输入记录布局。

中央系统执行几个关键功能：

- 根据**库务局—总分类账**（RG-GL）和**薪资系统—总分类账**（PS-GL）中相应的控制账户，核实所有部门的账户余额。
- 确保所有与薪资有关的交易、付款和各部门收到的款项，包括部门间的结算，都在加拿大的账簿中得到说明。
- 验证账户表中各部门提交的代码。
- 通过特设的报告功能向中央机构提供信息。

库务局—总分类账

RG-GL使用部门共同财务系统（CDFS）维护。RG-GL为所有部门的所有付款、部门间结算交易和财务系统处理的存款维护控制账户余额。每天，RG-GL向各部门提供一份电子文件，其中包含针对控制账户记录的所有付款和存款交易。

账户余额概念

由RG-GL和PS-GL维护的控制账户余额是账户余额概念的一个关键组成部分。RG-GL的控制账户总额是基于从财务系统收到的数据和不通过财务系统处理的调整用内部分录凭证。PS-GL控制账户总额是基于从加拿大Phoenix公共服务薪资系统收到的薪资数据和不通过Phoenix处理的调整用内部分录凭证。

各部门需要定期核对部门财务管理系统（DFMS）中的控制账户余额，以及从RG-GL和PS-GL收到的每日控制账户总额。例如，受到其控制账户的内部分录凭证影响的部门需要手动将数据上传到DFMS的相关账户中，并将DFMS账户余额与从RG-GL和PS-GL收到的每日控制账户总额进行核对。

月末，RG-GL和PS-GL会向各部门发送一份最终控制账户余额报告，其中包括包含控制数据和控制账户余额的报告与数据文件。各部门必须将控制账户余额与DFMS中记录的相应账户余额进行核对。

库务局使用调节后的试算表来制作财务运作月报（MSFO）

和加拿大年度公共账目。如果部门试算表数据存在错误、遗漏或不适当的编码，将对MSFO的结果产生重大影响，库务局将进行适当修改并要求各部门在下个月进行调整。

区块链的公共领域应用

区块链是存储在公共或私人网络的多台计算机上的编码数字账本。它由数据记录或"区块"组成，聚集成有时间戳的链，不能被单一行为者改变或删除；相反，它们通过自动化和共享治理协议进行验证和管理。因此，区块链提供了一个不可改变的、透明的事实记录。

使用案例往往集中在金融服务方面。政府机构不仅可以将区块链用于进行金融交易和收税，还可以用于登记选民，识别医疗保健、金融支持和紧急援助的接受者，发放护照和签证，注册专利和商标，记录婚姻、出生和死亡证明，以及维护政府记录的完整性。

各国政府已经在探索将区块链应用于土地登记（瑞典），将所有公共文件数字化（迪拜），以及加强身份管理和电子投票的网络安全（爱沙尼亚）。美国总务管理局现在使用区块链来将其公共采购流程自动化，特拉华州引入立法，允许公司使用区块链进行注册。本章探讨了分布式账本技术在公共部门会计中的部署，这些使用案例都是在简化和改善政府在数据管理方面的实践。

爱沙尼亚的身份管理

1991年，爱沙尼亚作为一个独立国家成立，当年即建立公共互联网，因此该国居民是真正的数字原住民。由于缺乏传统的基础设施，它可以从头开始建立一个数字化的社会和经济。今天，该政府的正常服务（立法、投票、教育、司法、医疗、银行、税收、治安等等）已经在一个平台上实现了数字化，将这个国家打造成地球上最雄心勃勃的技术性国家项目。

电子爱沙尼亚的标志之一是支持区块链的爱沙尼亚身份证，这是一张加密安全的数字身份证，可以统一使用一系列令人难以置信的服务。通过爱沙尼亚身份证，公民可以订购处方、投票、使用网上银行、查看学校记录、申请国家福利、获得医疗和紧急服务、报税、提交规划申请、上传他们的遗嘱、申请在武装部队服役、在欧盟内旅行而不需要护照，以及大约3 000个其他功能。企业主可以使用ID卡提交年度报告、发行股东文件、申请许可证等。政府官员可以使用ID卡加密文件，审查和批准许可证、合同和申请，向执法机构提交信息请求等。

对公民来说，数字化日常的效率是相当高的。爱沙尼亚的

"只需一次"数据政策规定,即关于其公民的任何信息都不应该被输入两次。申请人不必"准备"贷款申请,而是从系统的其他地方提取他们的数据,包括收入、债务、储蓄。在医生的候诊室里没有什么需要填写的,因为有许可的医生可以访问他们病人的医疗记录。当一个孩子在医院出生时,他或她的父母会自动登记享受家庭福利。需要长期用药的公民会在他们的医疗记录上得到一个数字处方单,这减少了医生办公室和医院的排队。

根据经济合作与发展组织(OECD)的数据:"2016年,爱沙尼亚约有68%的成年人口使用互联网向公共当局发送填写的表格,这几乎是经合组织内各国平均水平(35.6%)的两倍。"[①]公民既喜欢在线服务的便利性,政府的节约也很可观。据报道,流程数字化每年可以为国家节省2%的国内生产总值的工资和开支。

爱沙尼亚相信这可以将这些好处扩展到国界之外,在2014年推出了一个数字"电子居留权"计划,允许非居民的外国人参与一些爱沙尼亚的服务,就像他们生活在这个国家一样。100欧元的费用和通过安全检查后将给予用户一张身份证、一把加密钥匙和一个个人信息号码(PIN),以获取企业注册和银行业务等电子服务。爱沙尼亚希望其电子居留权计划能够吸引企业家,并鼓励

---

① OECD, "Government at a Glance 2017: Estonia," Organization for Economic Co-operation and Development, 2017. www.oecd.org/gov/gov-at-a-glance-2017-estonia.pdf, accessed 20 March 2018.

国际初创企业扎下虚拟根基。爱沙尼亚是欧盟商业税率最低的国家，并以科技研究方面的宽松法规而闻名。截至2018年1月，已有2.8万人申请电子居留权（每周约有500人申请），电子居民拥有3 200多家公司。[1]

爱沙尼亚的电子商业倡议使当地居民和电子居民都能轻松地在该国创办和经营企业。爱沙尼亚是世界上创业人口增长最快的国家之一，每10万居民有31家创业公司，比欧洲平均水平高6倍。[2] 一旦公司启动并运行，他们可以将其财务管理API与政府在线连接，自动报告年度税务申报，并减少企业和公共部门的行政负担。

支持区块链的分类账为爱沙尼亚的许多数字公共服务提供了基础数据管理和安全技术。例如，爱沙尼亚的身份证记录了每一条数据，并附有时间、身份和真实性证明，这为记录没有被篡改提供了可核查的保证。[3] 爱沙尼亚的区块链所需要的无钥匙签名基础设施（KSI）确保了存储在其公民身上的电子数据的真实性。"没有一方，包括黑客、系统管理员，甚至政府本身，可以操纵

---

[1]　@e_Residents, Twitter post, 23 Jan. 2018, 4:08 am. twitter.com/e_Residents/status/955728839791038465, accessed 20 March 2018.

[2]　Funderbeam, "Start-up Investment Report: Estonia," *IFuturo.org*, Institución Futuro, Dec. 2017, with data from 2 Oct. 2016. www.ifuturo.org/sites/default/files/docs/startup_investment_report_estonia.pdf, accessed 20 March 2018.

[3]　"e-Identity," *e-Estonia.com*, e-Estonia Briefing Centre, n.d. e-estonia.com/solutions/e-identity/id-card, accessed 17 Oct. 2019.

数据并逃脱。"[1]

利用区块链基础设施意味着分布式的数据存储，从而减少中心式数据库的重大漏洞的机会。"相反，政府的数据平台 X Road 通过端对端加密路径连接各个服务器，让信息驻留在本地。"《纽约客》的 Nathan Heller 如是说。[2] 医院、教育机构、银行和政府机构都维护自己的数据集。当用户请求数据时，系统通过一系列的锁来传递数据，就像一艘船通过运河。[3]

一个严格的权限和隐私保障系统确保公民能够控制谁能看到或不能看到他们的数据。例如，教师可以输入学生的成绩，但不能访问学生的整个学习历史。如果病人认为没有必要，一个医疗专家可以查阅的记录，其他医生并不能看到。很少有人能说清楚是谁看了他们的医疗记录。但爱沙尼亚人可以登录他们的记录，看到医疗专家到底查看了什么，并采取了什么行动。公民可以质疑，司法部门可以起诉任何未经许可或没有法律上的有效理由而获取公民数据的政府官员。

爱沙尼亚的进展受到好评，以至于其他国家的政府也开始引进其电子治理的创新模式。爱沙尼亚的专家曾为格鲁吉亚建立

---

① "KSI Blockchain," Solutions, *e-Estonia.com*, e-Estonia Briefing Centre, n.d. e-estonia.com/solutions/security-and-safety/ksi-blockchain, accessed 17 Oct. 2019.

② Nathan Heller, "Estonia, the Digital Republic," *The New Yorker*, Condé Nast, 18 Dec. 2017. www.newyorker.com/magazine/2017/12/18/estonia-the-digital-republic, accessed 20 March 2018.

③ 同上。

数字登记处提供咨询。爱沙尼亚还与芬兰建立数据伙伴关系，并在欧洲其他地方分享其方法。桑德拉·罗斯纳（Sandra Roosna）告诉《纽约客》："我们的愿景是，我去希腊看医生，能够得到一切。"她是爱沙尼亚电子治理学院的成员，也是《电子治理的实践》一书的作者。她接着说："我认为我们需要给欧盟两年的时间来进行跨境交易，并以数字方式相互承认。"[①] 像摩尔多瓦和巴拿马这样不同的国家已经采用了爱沙尼亚的平台。在一个波罗的海小国开始的工作很快就能为整个欧洲的电子治理提供数字平台。

美国GSA和FASt Lane

在2017财年，美国总务管理局（GSA）代表联邦、州和地方政府买家，从5 000多家公司采购了超过150亿美元的IT设备、软件和服务。[②] 平均而言，GSA花了110天的时间来安排承包商提供服务，相比在今天的环境下，这一等待IT产品的时间太长了。

近年来，GSA一直在努力使用一种被该机构称为FASt Lane

---

① Nathan Heller, "Estonia, the Digital Republic."

② US General Services Administration, "FY 2019 Congressional Justification," 12 Feb. 2018. www.gsa.gov/cdnstatic/GSA%20FY%202019%20CJ.pdf, accessed 3 April 2018.

的新方法来缩短采购过程的时间，这是联邦采购服务（FAS）和综合技术服务（ITS）的混合体。据总务管理局（IT产品和服务）业务主管阿列塔（Jose Arrieta）说："FASt Lane程序可以在40天内授予合同，但只有在要求非常明确的情况下。"[①] 2018年，GSA启动了一个支持区块链的试点，试图在这个过程中缩短更多时间。该机构预计其POC将使FASt Lane的审查过程减少到10天以内。

上述试点目前正在设计和概念验证阶段，GSA希望利用区块链将FASt Lane合同审查过程中最耗时和耗力的环节智能化地自动化。该机构预计，自动化将减少审查新提案文件所需的人工互动，改善用户体验，加快合同的授予和公司的入职。

GSA中POC的一个关键因素是改变了供应商选择和入职过程的两个步骤：审查供应商提交的财务报表和准备谈判前的信件。在财务审查方面，传统的程序是由工作人员从供应商提供的材料中提取财务信息，并计算出公司的财务可行性。仅此一项就可能需要一个月的时间。哈佛大学公共管理学教授史蒂芬·凯尔曼（Steven Kelman）表示，区块链POC加速了这一过程，因此在大多数情况下，自动审查"几乎是瞬间完成的"，"通过的报价将进入工作流程的下一步；那些被标记为进一步审查或拒绝的报价将

---

① Jose Arrieta, Remarks delivered at the ACT IAC Blockchain Forum, 31 Jan. 2018. www.actiac. org/2018-blockchain-forum-0, accessed 3 April 2018.

被转给人工审查员进行进一步分析。"^① 凯尔曼阐述道：

> 同时，预谈判信是一份文件，列出了GSA在与供应商谈
> 判时要提出的问题。区块链……成为整个报价的记录系统，
> 取代了政府和供应商之间来回发送的多封电子邮件，以及与
> 订约官员来回检查多个系统。它将准备时间从15至30天减
> 少到10天以内。^②

据阿列塔说，自动化不仅节省时间和金钱（大概能将分析
一个提案的直接成本降低近80%），而且它将解放工作人员去从
事更有价值的活动。阿列塔说："通过将这些业务流程自动化，
我们可以减轻我们的行业合作伙伴的负担，并允许订约专业人
员更多地关注关键的思考任务，而不是与多个系统互动的流程
任务。"^③

准确性和数据完整性是使用区块链来调解交易的进一步好
处，特别是当（像GSA那样）在成千上万的IT供应商和成千上
万的地方、州和联邦买家之间进行调解时。与需要多个数据库的

---

① Steven Kelman, "GSA's Blockchain Blockbuster," *LinkedIn*, LinkedIn Corp., 18 Oct. 2017. www.linkedin.com/pulse/gsas-blockchain-blockbuster-steven-kelman, accessed 17 Oct. 2019.

② 同上。

③ David Thornton, "GSA Experimenting with Blockchain to Cut Contracting Time," Federal New Radio, 16 Nov. 2017. federalnewsradio.com/it-modernization-2017/2017/11/gsa-experimenting-with-blockchain-to-cut-contracting-time, accessed 3 April 2018.

传统系统相比，区块链提供了一个更便宜、更灵活、更准确的平台来处理采购过程。阿列塔说：

> 在旧系统中，我们有多个数据库，有特定的数据元素和可以对其进行的操作。如果希望引入新的数据元素或新的方法来分析一些数据，我们就必须修改这些数据库。多个数据库还造成了数据从一个数据库传输到另一个数据库时出现错误的风险。[1]

通过区块链解决方案，供应商和采购商只需输入一次信息，而不是登录多个系统，而且只有一个共享账本和一个连接任何用户的开放API。根据凯尔曼教授的说法，"利用API满足任何特定用户需求的应用程序可以酌情修改，而不需要修改账本本身。此外，只有一个分类账，消除了从一个数据库向另一个数据库传输数据时可能出现的错误。"[2]

使用区块链的另一大好处是透明度。政府与供应商的所有互动，如征求建议书、建议和决定，都记录在区块链上，并可由获准的各方查看。例如，如果一个提议被拒绝，影响该决定的信息

---

① Jose Arrieta, remarks during Panel 1, "Blockchain and the Importance of Modernization," ACT IAC Blockchain Forum, Mayflower Hotel, Washington DC, 3 April 2018. www.actiac.org/2018-blockchain-forum-0, accessed 3 April 2018.

② Steven Kelman, "GSA's Blockchain Blockbuster."

可用于抗议和审计。透明度还为供应商提供了访问账本中关于他们信息的机会，这样他们就可以发现和报告任何错误。"我们不会互相分享多个行业伙伴的信息。"阿列塔说。所谓的许可区块链允许分布式账本管理者对谁可以查看数据进行酌情处理。"但这是一个透明的视图，多个利益相关者可以实时看到，它提供了所有相互之间互动的可信记录。"①

特拉华州的区块链计划

特拉华州拥有120万个注册的商业实体，具备完善的公司法体系和成熟的商业法庭，是公认的美国企业之都，甚至是世界企业之都。② 2016年，所有新的美国IPO中81%选择在特拉华州成立。该州仍然是超过一半的美国上市公司和67%的财富500强公司选择的所在地。③

2017年8月1日，特拉华州通过立法，允许公司使用分布式数据库和智能合约来维护股票发行和转让的登记册。州政府官员认为，区块链账本对于政府和在特拉华州注册的公司来说，具有

---

① David Thornton, "GSA Experimenting with Blockchain to Cut Contracting Time."

② "Corporate Headquarters," Division of Small Business, State of Delaware, n.d. dedo.delaware. gov/Industries/Corporate-Headquarters, accessed 6 April 2018.

③ Jeffrey W. Bullock, "Delaware Division of Corporations 2016 Annual Report," Delaware Division of Corporations, 2016. corp.delaware.gov/2016AnnualReport.pdf, accessed 6 April 2018.

节省成本、避免错误、所有权记录准确、行政职能自动化等巨大优势。

在旧制度下，公司秘书或转让代理人维护股票分类账，在股票易手时手动更新它们。这种基于纸张的系统使追踪股票所有权成为一种负担，特别是当公司随着时间的推移而增长和变化时。法律专家约翰·威廉姆斯说："在任何给定的时间点上重建股东，包括所持股份的确切数量和适用于这些股份的任何限制或协议，都会影响股东投票。"①

特拉华州的新立法将允许现有公司将其基于纸张的股份转换为分布式账本的股份，而新公司将从一开始就使用电子记录。公司记录将易于跟踪和核实，使公司能够节省大量的时间和金钱，避免昂贵的诉讼。

具体而言，基于区块链的分类账将如何改进目前的做法？答案在于区块链账本的安全性、不可更改性和高效性。

目前，大多数公司的股票分类账都存储在服务器或服务器网络的"云"中。这使得它们很容易受到黑客攻击和内部人员的操纵或数据输入错误。由于这种系统导致的记录不完全可靠，公司被要求保留文件的纸质副本以减少风险。

---

① John Williams, "Stock Ledgers Revolutionized with Delaware Corporate Blockchain Legislation," *Delaware Business Times*, 28 June 2017. www.delawarebusinesstimes.com/stock-ledgers-revolutionized-delaware-corporate-blockchain-legislation, accessed 6 April 2018.

相比之下，区块链技术允许公司在一个分布式数据库上存储、管理和共享加密的数据。该系统使用一个巨大的加密服务器网络，称为节点，以保存文件或加密文件的数字签名。该技术没有中央存储库，相反，数字资产广泛分散在蜘蛛网般的服务器上，只有持有加密密钥的人才能获得。

分布式分类账不能被编辑，即使是拥有所有访问密钥的人也不能编辑。股东记录可以被添加，但不能对记录进行追溯调整。这个过程产生了一个高度可靠的审计线索，清楚且无可争议地表明每个股东是如何获得股票以及从谁那里获得的。在法庭上，如果原告对某一时刻的股东身份有异议，这种线索将是至关重要的。

消除纸质记录是一个重要的胜利，用户可以通过加快公司注册、合并、收购、IPO和其他复杂的商业交易来获得潜在的更大效率。例如，基于区块链的智能合约将使各方有可能在满足特定条件（如期权到期）时自动更新、删除并对记录采取行动。其他可能性包括自动更新以反映姓名和地址的变化，以及对抵押品描述和担保方的修正。

区块链股票分类账的早期采用者包括Medici Ventures和Overstock.com，在法律界也有支持者。泽伯克维奇（John Mark Zeberkiewicz），特拉华州Richards，Layton和Finger律师事务所的合伙人，告诉Bloomberg BNA，"这项技术有可能非常强大"，

"它可以用来创建不可更改的任何数量的交易记录，不仅限于股票的发行和转让，理论上是任何牵涉或以任何方式触及公司内部事务的交易。"[1]

瑞典的土地登记处

世界银行报告说："尽管（人们）认识到土地权的重要性，但世界上70%的人口仍然无法获得适当的土地所有权或地界。"[2] 即使是拥有正常土地登记的国家，跟踪谁拥有什么也很困难，因为这个过程主要是基于纸张，由人工驱动，因此速度慢、成本高、不透明，而且容易出现人为错误和腐败。正如科技记者Joon Ian Wong所说："让每个人在财产交易的每个阶段都达成一致，并将其永久记录在某处，是安全、协调和信任的壮举。"[3]

瑞典在将国家土地登记放在区块链上取得了最大的进展。自2016年6月以来，瑞典测绘、地籍和土地登记局（Lantmäteriet，

---

[1] Sara Merken, "Delaware Blockchain Move Drawing in Companies, Law Firms," *The Bureau of National Affairs*, Bloomberg Next, 11 Aug. 2017. biglawbusiness.com/delaware-blockchain-move-drawing-in-private-companies-law-firms, accessed 17 Oct. 2019.

[2] Caroline Heider and April Connelly, "Why Land Registration Matters for Development," World Bank Group, 28 June 2016. ieg.worldbankgroup.org/blog/why-land-administration-matters-development, accessed 9 April 2018.

[3] Joon Ian Wong, "Sweden's Blockchain-Powered Land Registry Is Inching Toward Reality," *Quartz*, Quartz Media Inc., 3 April 2017. qz.com/947064/sweden-is-turning-a-blockchain-powered-land-registry-into-a-reality, accessed 17 Oct. 2019.

瑞典最古老的公共机构之一）一直在测试如何在区块链上记录财产交易，与区块链创业公司ChromaWay、Landshypotek银行、SBAB银行、移动网络运营商Telia和咨询公司Kairos Future合作。早期的结果是有希望的：他们缩短了大约四个月的过程，并提供了一系列其他的好处，包括更大的用户安全，更透明的交易，增加土地登记和抵押契约登记的数据弹性，增加房地产市场的流动性，以及更好的抵押契约处理——要知道瑞典社会的总收益超过1亿欧元（1.06亿美元）。[1]

根据Wong的回忆，Lantmäteriet项目的所有者Mats Snäll曾说："区块链技术提供了真正的数字信任。这是迄今为止唯一能处理数字原件的解决方案，既能验证法律行为和流程，又能保证透明度。"[2] 在瑞典向公众推广新系统之前，仍有一些法律和技术问题需要解决，包括从治理和流程整合到数字签名的有效性。

瑞典走在前面，那些土地所有权不太确定、欺诈行为比较普遍的国家也可能会从基于区块链的系统中获得最大利益。虽然区块链不能消除错误数据的输入和对可信输入的要求，但对于仅有有限甚至没有可靠土地记录的国家，他们将把区块链登记处视为

---

① For the full report, see "The Land Registry in the Blockchain," Kairos Future, March 2017. chromaway.com/papers/Blockchain_Landregistry_Report_2017.pdf, accessed 9 April 2018.

② Joon Ian Wong, "Sweden's Blockchain-Powered Land Registry Is Inching Toward Reality."

保障财产所有权的有效手段。根据世界银行的说法，数字土地登记处可能是中期内增加国内生产总值的最具成本效益和最快的方式。它将成为更好的土地投资的基础，使抵押贷款、信贷和保险市场得以发展，并成为经济中最基本的部分之一：土地和房地产的信任机构。

加拿大账户的单一分类账

德勤认为："各组织传统上都将交易记录在分类账中，并在上锁后保存。这些分类账通常是孤立的，以保护其准确性和神圣性，在开展业务时，每个组织都保持自己的独立记录，以独立核实信息。"[①] 大多数组织，包括加拿大政府，都以电子兼手工的形式保存各种试算表、日记账、分类账摘录、账户核对和支持性电子表格文件。

在维护加拿大的账户时，库务局必须合并102个部门的财务分类账，每个部门都有自己的财务系统。在准备汇总试算表时，各部门会将其详细的财务信息汇总到政府范围内的编码；但库务局对进行这种合并所需的操作以及实际的详细信息本身并不了

---

① Mark White, Jason Killmeyer, and Bruce Chew, "Will Blockchain Transform the Public Sector?" *Deloitte Insights*, Deloitte Touche Tohmatsu Ltd., 11 Sept. 2017. www2.deloitte.com/us/en/insights/industry/public-sector/understanding-basics-of-blockchain-in-government.html, accessed 17 Oct. 2019.

解。错误和缺失的数据需要花费大量的人力和物力来纠正。缺乏对部门数据的可见性也限制了公众对政府支出和收入流的监督和分析。

通过拟议的区块链解决方案，加拿大可以将多个孤立的部门分类账合并为一个单一的共享分类账，它将保留加拿大政府执行的所有交易。各部门将不再提交总的财务报表，因为区块链将即时把每个部门的会计条目编码到由库务局管理的单一共享账簿中。

使用许可区块链将确保分类账是可信和安全的，同时保持政府的主要参与者可以轻松访问。这样一个系统将消除层层冗余，提高数据的完整性和颗粒度，加快审计要求，并使库务局能够将其精力重新集中在能够提高政府会计和报告职能效率和透明度的活动上。

解决方案

为库务局提出的解决方案将采取分布式区块链账本的形式。虽然分布式账本和区块链这两个术语经常被当作同义词，但区块链是一种特殊类型的分布式账本，它被部署在交易各方可能不完全信任彼此而同意账本记录更新的情况下，也就是说，一个用户可能不接受另一个用户报告的"真相"。区块链使用P2P协议，而不是使用第三方或离线对账过程。

在区块链上，参与网络的节点将交易安排在称为区块的组或批中。当各方向网络广播他们的交易时，网络上的各个节点会验证交易数据是否遵守了该特定区块链网络的规则和标准，以及现有数据是否具有完整性。一旦大多数节点同意数据是有效的，网络中的所有节点就会将该数据作为一个新的区块存储在时间链中。

加密哈希函数允许用户在每个区块中"哈希"数据，这导致代表存储信息的数学指纹的持续存在。当一个新的区块被组装起来时，前一个区块的散列值被用来计算新区块的散列值，在区块之间形成一个链接。每个区块都指的是前一个区块，这就形成了一个加密链接的链——由此得名，区块链。链上存储的数据和数据引用是区块链网络成员的一个多边接受的共同存储库。各方只能通过向账本记录添加新信息来更新数据。[①]

我们可以把区块链想象成具有顺序验证集的数据库，不存储在中心位置或由少数管理员管理。它们是同时存在于多个节点（计算机）上的P2P网络：任何感兴趣或获得许可的一方都可以维护一个副本。它们在设计上是分布式和冗余重复的。

---

① 一个关于区块链如何工作的优秀说明，参见 Anders Brownworth, "1. How Blockchain Works," *Blockchain.MIT.edu*, Massachusetts Institute of Technology, n.d. blockchain.mit.edu/how-blockchain-works, accessed 17 Oct. 2019.

解决方案架构

在拟议的解决方案中，区块链技术将使各部门能够使用一个单一的共享账本记录和验证他们的交易，该账本将履行库务局的所有会计和审计职能。条目将被即时散列并加盖时间戳，从而为每个条目创建了一个不可更改的记录。

我们可以设置具有不同程度访问控制的区块链。公共区块链的创造者，包括比特币、以太坊和大多数加密货币，将其设计为任何有计算机和互联网接入的人都可以访问。这些公共区块链平台消除了在使用P2P协议的任何交换价值中对中介的需要。

相比之下，私有区块链本质上重新定义了中介。私有区块链网络中的节点需要邀请，并且必须由网络管理员或一套管理它的协议进行验证。访问控制机制可能会有所不同：现有的参与者可以决定未来的进入者，监管机构可以颁发参与许可证，或者一个财团可以决定将谁纳入网络。

根据区块链的架构，网络内也可以有不同层次的访问和参与（见图5-1）。例如，有权限读取账本的节点，可能不会得到写入账本或创建新条目的权限。运营商可以只允许某些节点执行验证过程，而这些受信任的各方将负责把新验证的交易传达给网络的其他部分。确保对这些节点的访问责任，包括确定何时以及为谁扩大受信任方的集合，由区块链系统运营商承担。

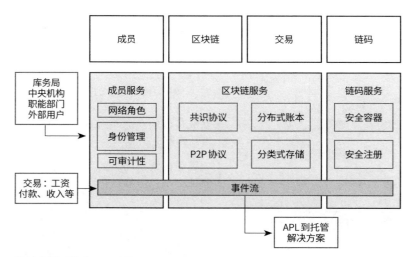

资料来源："简介：2.0版"，Hyperledger Fabric Documentation，Hyperledger，2017年，2018年3月20日访问。由Anthony Williams根据CC BY 4.0改编。

图5-1　政府区块链的潜在架构

库务局可以建立一个有权限的分布式账本，并允许每个联邦部门访问相同的账本副本。广义上讲，私有区块链的好处包括更快的交易验证和网络通信，修复错误和逆转交易的能力，以及限制访问和减少外人攻击的能力。

使用许可网络，库务局可以将不同的角色分配给不同的部门（见表5-1）。例如，Hyperledger Fabric允许不同类别的网络参与者：网络所有者、业主、成员、用户和审计人员。

表5-1　分配给不同政府行为者的潜在角色、权利和责任

公　署	网络角色	权利与责任
库务局	网络运营商	运营商建立并定义链式网络的目的。启动网络后，他们成为网络业主，可以验证交易，并邀请其他商业伙伴使用或共同拥有该网络。
中央机构（国库局、财政局）	网络所有者	网络所有者是网络的利益相关者，他们既可以发起和验证交易，邀请新成员或用户加入网络，也可以批准新的业主。
职能部门	网络成员	成员是区块链网络的参与者，不能验证交易，但可以在网络上发起新的交易。
政府审计机构	网络审计员	这些个人或组织有询问交易的权限。
公民、企业、供应商、研究人员	网络使用者	网络的终端用户可以通过应用程序读取和启动链式网络上的交易。与网络业主和成员不同，用户并不拥有节点。他们通过一个成员或所有者节点与网络进行交易。

公有与私有区块链的共识机制

在公共区块链上，参与者向区块链提交交易，但如果没有共识，区块链就不接受新的数据。节点网络验证新交易的过程被称为共识协议。在公共区块链系统中，所有节点都遵循一种算法，通过投入软件和硬件资源，用蛮力解决一个问题（即解决一个密

码学难题）来验证交易。首先找到解决方案的节点会得到奖励，而每一个新的解决方案，以及用来验证它的交易，都构成了下一个密码难题的基础。

这个过程很需要时间，目前在比特币的区块链上大约需要10分钟。在1~2个小时内，交易没有被认为是完全验证的，在这之后，它们在分类账中的深度就足够了。因此在计算上引入一个竞争版本的分类账（称为fork）是非常昂贵的。此延迟是系统的一个漏洞，因为最初显示为已验证的交易稍后可能会丢失该状态。这也是金融交易员、物联网设备以及任何依赖快节奏交易的参与者使用的一个重大障碍。

最广泛采用的向链上添加新区块的方法是中本聪共识协议。在这种情况下，创建区块的速度受到限制，通常是通过使用PoW，即处理节点只能通过证明一个困难的计算任务已经完成来添加一个新区块。PoW被广泛使用，但完成困难任务所需的辅助工作在经济上可能是低效的，在库务局的一般情况下是不合理的。

另一种选择是PoS，在这种情况下，可以在下一轮添加新区块的处理节点时，由其在全球区块链和/或该轮中的持股规模决定。PoS在计算上更有效率，但它尚未被广泛采用，因为人们担心奖励那些已经在网络中参与最深的人必然会创造一个越来越集中的系统。中心化不利于一个真正强大的网络，所以PoS的方法并不适合这个用例。

不同于中本聪共识，这里提出的私有区块链可以使用传统的复制算法。例如，Hyperledger、Stellar和Ripple使用实用的拜占庭容错，这对交易的完成提供了更强的保证、更高的计算效率，并且支持更少的处理节点，这些节点都必须是受信任的行为者。[1]

实用的拜占庭式容错是如何工作的

当网络中的一个节点收到一个消息时，它使用该消息和它的内部状态（即在面向对象的编程环境中，其内部变量在任何特定时间的值）运行一个计算或操作。[2] 该计算告知节点如何解释该消息（例如，是否接受一个有效的交易）。然后，该节点将其决定广播给网络中的所有其他节点。区块链根据节点提交的总决策所确定的共识决定进行更新，也就是网络上验证节点的多数投票。[3]

对于库务局的单一分类账，各部门将发起交易（例如，向

---

[1]　Miguel Castro and Barbara Liskov, "Practical Byzantine Fault Tolerance," *Third Symposium on Operating Systems Design and Implementation*, New Orleans, Louisiana, Feb. 1999. MIT Computer Science and Artificial Intelligence Laboratory, pmg.csail.mit.edu/papers/osdi99.pdf, accessed 17 Oct. 2019.

[2]　更多关于 *internal state*，参见 Roger Hartley, "Internal State," *C++ Concept Map*, Robert Hartley's Home Page, Computer Science, New Mexico State University, 2003. www.cs.nmsu.edu/~rth/cs/cs177/map/intstate.html, accessed 17 Oct. 2019.

[3]　Andre Boaventura, "Demystifying Blockchain and Consensus Mechanisms: Everything You Wanted to Know But Were Never Told," *Medium*, Oracle Developers, 14 May 2018. medium.com/oracledevs/demystifying-blockchain-and-consensus-mechanisms-everything-you-wanted-to-know-but-were-never-aabe62145128, accessed 17 Oct. 2019.

雇员或供应商付款），库务局（可能还有其他联邦实体）将询问交易以确保其有效。政府可以定制其验证交易的方法。例如，Hyperledger Fabric 使用背书政策来定义哪些网络成员在将交易添加到账本之前必须同意交易的结果。[①] Fabric 包括一个针对特定领域的语言，用于背书政策，如：加拿大政府对等体 A、B、C 和 F 必须全部认可 P 类型的交易（如工资交易）；网络中的大多数（51% 以上）对等体必须认可 V 类交易（例如，支付给供应商）；A、B、C、D、E、F 和 G 中至少有三个同行必须认可 R 类型的交易（例如，部门收入）。

无论使用何种协议，一旦网络成员达成共识，交易数据就会被打上时间戳，其相应的元数据会被附加到分类账上，并复制到网络上的所有其他节点（成员）。在这个例子中，网络将把经过验证的交易添加到加拿大政府的分类账中，并更新 DFMS。

用户体验

区块链账本将为政府部门、库务局和政府审计人员的用户体验带来若干有利的变化。

对账和报告的自动化。各部门在区块链上直接输入和验证交

---

① "Endorsement Policies," Operational Guides, *Hyperledger Fabric Release-1.4*, Hyperledger, n.d. hyperledger-fabric.readthedocs.io/en/release-1.4/endorsement-policies.html, accessed 19 Oct. 2019.

易的能力,将消除RG-GL和部门财务管理系统之间对于大量时间的离线或批量对账过程的需要。相反,区块链中经过验证的交易将被用来同步更新库务局总账和DFMS。

透明度和颗粒度。库务局和政府审计师将获得对联邦部门网络中进行的个别交易(即收入和付款)。在目前的系统下,每月收到的信息是由所有部门编制的汇总级试算表,将其详细的财务信息汇总到政府范围内的编码(库务局无法获得的信息)。由于在区块链上记录的交易可以被编码,共享区块链账本可以合并交易,以便产生加拿大的公共账户,而又不会失去交易数据的颗粒度,这些数据将存在于共享账本中。

减少欺诈。区块链的解决方案将确保政府的财务记录是不可篡改的,并将缩小输入欺诈性交易或伪造信息的范围。使用加密链接的区块将确保没有人可以在不被发现的情况下改变或删除记录。

增值的审计。区块链账本将允许政府审计人员自动验证各个部门财务账目背后的大部分最重要的数据,大大降低进行财务审计所需的成本和时间。有了区块链支持的数字化,审计人员可以部署更多的自动化、分析和机器学习功能,比如,在近乎实时的基础上自动提醒相关方注意异常交易。支持性文件,如合同、采购订单和发票,可以被加密并安全地存储或链接到区块链上。

这些改进将使审计人员腾出时间,用于他们可以增加价值的地方，如分析复杂的交易，建议改进公共开支程序，并确保各部门有足够的内部控制和程序来衡量和报告其业绩。

调整库务局的一般任务和工作流程

引入共享区块链账本将给库务局的任务和工作流程带来实质性变化：将劳动密集型的对账过程自动化，将使库务局能够更专注于提升政府会计和报告职能的效率、及时性和透明度。

网络治理。作为区块链网络的治理者，库务局将负责管理参与者和他们在发起和验证交易中的各种角色。库务局还将负责对验证交易的共识协议进行的任何更新。

区块链培训。过渡到区块链解决方案需要对财务主管和部门领导进行教育和培训。库务局可以与联邦政府的技术领导人合作，向高管们介绍区块链的工作原理以及它将如何转变财务管理和会计。

数据的完整性。区块链账本的成功取决于进入的数据质量。通过减少在人工对账上的花费，接管者可以更多地参与对部门层面的数据管理行为进行质量控制。

数据透明和开放政府。在公共区块链上，任何公众成员都可以查看每条记录；任何人都可以验证交易的真实性。对于向加拿大人发布有关政府收入和支出的有意义的信息来说，这种颗粒度将是矫枉过正的，并将损害与政府交易的个人和实体的隐私。在某些情况下，它可能对国家安全构成威胁。

然而，库务局可以建立与区块链分类账对接的外部应用程序，以便在不牺牲隐私或国家安全的情况下获取信息。例如，库务局可以创建带有规则和算法的智能合约，一旦满足预定条件，区块链账本中的数据就可以自动与第三方共享。研究人员、记者、公民、行业协会和其他有关方面都可以使用这种应用程序。

面临的挑战和风险管理

区块链是一项新兴技术，因此对早期采用者来说有一些风险。一方面，区块链生态系统的灵活性为组织提供了定制化的实施，以满足其需求。另一方面，这种多样性可能会阻碍标准和最佳实践的发展，为培训劳动力以及为政府用户建设、运营、保障、维护和捍卫技术带来负担。以下是库务局在评估使用区块链为加拿大公共账户创建单一数字分类账的潜力时必须考虑的一些关键风险。

区块链实施技能。区块链解决方案目前是用现代编程语言构建的。例如，比特币使用C++，以太坊使用JavaScript和Solidity进行智能合约，而Hyperledger则使用Go语言和Java。已有的软件供应商的程序员可以以最低的要求转向区块链开发，而政府的

IT 员工可能需要接受区块链和基础编程语言的培训。寻找合适的人才来管理政府范围内的区块链实施将是一个挑战，技术行业目前缺乏技术工人，而政府在招聘方面也面临挑战。

与区块链的互操作性。 区块链不是一种即插即用的技术。相反，区块链解决方案需要取代，或与现有系统紧密结合或互操作。大多数联邦部门有老化的基础设施或遗留的 IT 系统，这可能会阻碍区块链的采用。考虑到 102 个联邦部门，每个部门都有自己独特的财务管理系统，过渡到支持区块链的账本将不会顺利。我们需要调查这些系统的区块链兼容性，作为我们可行性研究的一部分。

使政策和程序现代化。 为了在加拿大政府范围内采用区块链，每个联邦部门必须考虑其现有的政策、程序和财务管理做法，并更新不兼容的内容。根据美国技术委员会暨行业咨询委员会的区块链工作组的说法，过时的遗留政策将阻碍 IT 运营向分布式模式的过渡。特别是，遗留的数据交换程序将阻碍区块链平台的运作，并限制其与其他政府系统的互动，无论是内部还是外部。如果参与的联邦部门不能与它一起发展，区块链系统将不会随着时间的推移而茁壮成长。"区块链仍然是一项非常早期的技术，对于任何早期采用者来说，都需要有健康的灵活性和适应性。"[1]

---

① Blockchain Working Group, "Enabling Blockchain Innovation in the US Federal Government: A Blockchain Primer," *ACTIAC.org*, American Council for Technology-Industry Advisory Council, 16 Oct. 2017. www.actiac.org/system/files/ACT-IAC%20ENABLING%20BLOCKCHAIN%20 INNOVATION_3.pdf, accessed 17 Oct. 2019.

计算能力。运行一个记录加拿大政府所有交易的政府范围的区块链账本，需要大量的计算能力。为了达成共识，网络中的每个节点都必须解决一个加密问题并展示PoW。PoW方法所需的计算能力和电力消耗随着网络规模的扩大而增加。

安全性。区块链网络的安全性通常随着支持共识的成员数量的增加而增加，因为更多的分享和同意数据意味着，需要更多的节点串通或同时被操纵，才能试图攻击系统和改变其个人数据库。理论上，矿工可以串通起来将虚假交易追加到区块链中，但成功的概率会随着验证每笔交易所需的节点数量的增加而减少。

尽管如此，巨大的矿池和其他大规模的比特币开采集团集中在电价低的国家，使社区成员越来越担忧，因为这种集团有可能建立有效垄断区块链控制权所需的临界数。

在没有数字的情况下，私有区块链通过让其运营商控制谁可以阅读已验证交易的分类账、谁可以提交交易，以及谁可以验证交易来实现安全。换句话说，安全的基础是将参与限制在受信任的行为者身上。库务局的用例中将参与限制在联邦部门，应该可以排除恶意用户的存在。

实施区块链是具有挑战性的，但这些挑战并不是不可克服的。任何新技术都有风险，但公共部门有成功驾驭这些风险的经验，不过这一过程是缓慢而谨慎的。越来越多地采用云计算就是最近的例子之一。鉴于接管部门正在预先规划其IT现代化，他们现在有机会将区块链解决方案纳入其路线图，并与有意愿的早期采用者合作，推出小规模的概念验证和试点项目。同时，它可以利用从其他司法管辖区的早期采用者那里学到的经验教训和经过验证的最佳做法。

实施成本

区块链供应商的反馈表明，现在对设计、构建和实施区块链支持的总账的成本和效益进行准确估计还为时过早。供应商提出了这些考虑。

联邦政府财务管理系统的异质性。联邦政府的102个部门都有独立的财务管理系统。因此，我们需要对现有系统与区块链的互通程度进行更详细的技术评估，以及我们是否需要对DFMS进行全面升级、修改或替换，以便将支持区块链的分类账纳入加拿大公共账户的编制中。

适应区块链解决方案的部门能力各有不同。我们需要对支持区块链技术实施所需的能力建设、培训和流程重新设计等进行类似分析。在推出凤凰城支付系统的过程中，我们了解到持续的能力建设和支持实施的成本很容易超过最初的技术建设和系统实施的成本。

缺少可比较的参考案例。在这种规模的政府中，没有其他可比较的区块链技术的实施。土地和公司股票登记处的复杂程度明显低于整个政府对加拿大公共账户采用分布式账本的情况。爱沙尼亚对区块链系统的实施意义深远，但爱沙尼亚的官僚机构要小得多，遗留系统也少得多。

快速发展的区块链生态系统。区块链技术仍不成熟，并不断发展。区块链与领先企业的资源规划和财务管理解决方案之间的互操作性也在不断推进；这些进展如何推广到政府的现有用户还不清楚。因此，设计和实施的成本将取决于组件技术的发展状况。鉴于这些因素，再加上加拿大政府在凤凰城支付系统方面的经验，库务局应该对区块链技术采取谨慎和渐进的方法。

三式记账法

根据一些区块链爱好者的说法，区块链正在颠覆几个世纪以来的复式记账标准，并产生一种新的范式——三式记账，这将震撼首席财务官、控制员、公司审计师以及注册或特许公共会计师的世界。这是基于对复式记账法和三式记账法的误解而产生的夸张。

在复式记账法中，每笔财务交易至少在两个不同的账户中以借方和贷方的形式产生相等和相反的影响。它被用来完成这个方程式：

$$资产 = 负债 + 权益$$

换句话说，复式记账法允许组织保持其资产和负债的记录，以反映他们在任何特定时期拥有和欠下的东西，以及他们的收入和支出。

1982年，卡内基梅隆大学工业管理研究生院的会计和经济学教授井夙雄治（Yuji Ijiri），在全球标准的借方和贷方之后增加了第三个组成部分——动量。[①] 虽然他使用了"三式记账法"这个短语，但他并没有创造这个短语（这是大约在1900年由俄罗斯学者创造的），他也没有把他的系统看作范式的转变；他认为复式记账法具有高度的可扩展性。[②]

2005年，伊恩·格里格（Ian Grigg）认为，加密密封的交易记录实际上是一个共享的收据，相当于一个"第三条目"，可以扩展复式记账系统：

数字签名的收据，包括交易的全部授权，至少在概念层面上对复式记账法是一个巨大的挑战。数字签名的加密发明为收据提供了强大的证明力，并在实践中将会计问题减少

---

① Yuji Ijiri, "Triple-entry bookkeeping and income momentum," American Accounting Association, Sarasota, FL, 1982.

② Richard Mattessich, *Two Hundred Years of Accounting Research: An International Survey of Personalities, Ideas, and Publications* (from the Beginning of the Nineteenth Century to the Beginning of the Twenty-First Century) (London, U.K.: Routledge, 2008): 201, 239–240, 247, 336.

为收据的存在或不存在。这个问题通过共享记录得到了解决，即每个代理人都有一个好的副本。……这就导致了由中央收据清单连接起来的一对双重条目；每笔交易有三个条目。①

云会计软件公司SoftLedger的首席执行官本·泰勒（Ben Taylor）认为，格里格对这句话的运用让会计专业人士感到困惑，并误导了技术专家：数字签名收据的存在并不是对复式记账法的根本背离。他指出了一个常见的误解，即"把每条信息写到区块链上实际上是一个第三条记录。但事实上并不是"。②

众多区块链评论家认为，"复式记账"指的是在每一方的独立会计记录中记录两方之间的单一交易，例如，买方和卖方在各自的账簿中记录资产的销售和购买。③ 伴随这种对复式记账法的歪曲，在区块链上记录交易的行为在双方之间"创造了一个持久的会计记录的连锁系统"，"而不是这些分录单独出现在独立的账

---

① Ian Grigg, "Triple Entry Accounting," Working Paper, 25 Dec. 2005. iang.org/papers/triple_entry. html, accessed 12 June 2018.

② Ben Taylor, "Triple-Entry Accounting and Blockchain: A Common Misconception," *Forbes*, Forbes Media LLC, 28 Nov. 2017. www.forbes.com/sites/forbesfinancecouncil/2017/11/28/triple-entry-accounting-and-blockchain-a-common-misconception/#15f854f0190f, accessed 12 June 2018.

③ 参见 Daniel Jeffries, "Why Everyone Missed the Most Important Invention of the last 500 Years," *Hackernoon*, Artmap Inc., 22 June 2017. hackernoon.com/why-everyone-missed-the-most-important-invention-in-the-last-500-years-c90b0151c169, accessed 12 June 2018.

簿集上"。[①] 因此，第三分录的概念是有缺陷的。

这种错误的解读是不幸的，但它不应该削弱区块链在会计应用中的价值。将交易实时写入区块链并在多方之间进行的能力是强大的。一个显示整个交易顺序和关系的账本不仅提供了可靠的审计跟踪，而且提供了实时状态（与各方相关的所有交易的网络状态）。

小结与建议

在一个又一个领域，算法技术已经成为记录、启用和保护数量巨大且种类繁多的交易的工具，在许多新兴技术中纳入了规则、智能合约和数字签名。从爱沙尼亚到美国的司法机构都在使用区块链来推动商业登记、身份管理、电子投票、医疗保健和国际贸易的创新。基于我们的研究，本章建议如下：

显著提高流程的效率。对于加拿大政府来说，试算表、日记账、分类账摘录、账户对账以及支持性电子表格文件可能以各种电子和手工格式存在。通过拟议的区块链解决方案，它可以将多个独立和孤立的部门分类账合并为一个单一的共享分类账，该分

---

① Blockchain ABC, "Triple Entry Accounting," n.d. blockchainabc.blogspot.com/p/blog-page. html, accessed 12 June 2018. The post claims that Ian Grigg invented the term; Grigg did not. See Mattessich, *Two Hundred Years of Accounting Research*.

类账将保留政府所有交易的完整、不可磨灭和权威的历史。直接在区块链上输入和验证交易，可以消除RG-GL和部门财务管理系统之间时间密集的离线或批量对账过程。

开始重新设想政府审计员的角色和责任。库务局和政府审计师将获得对个别交易的近乎实时的可见性，而不是汇总的摘要。通过让审计人员实时访问不可更改的审计证据（如协议、采购订单和发票），我们可以提高财务报告和审计的速度。审计人员可以花更多的时间来探究复杂的交易，建议如何提高公共开支的效能和效率，并确保各部门有足够的内部控制和流程来衡量和报告其业绩。

开始重新设想库务局的作用。特别是将劳动密集型的对账过程自动化，这将使库务局能够更加专注于提升政府会计和报告功能的效率、及时性和透明度。库务局的新角色将包括管理参与者及其在启动和验证分类账交易中的各种角色，以及建立外部应用程序，以便提高政府报告过程的透明度。

了解私人分类账和公共分类账之间的权衡。有了更高的安全性和访问控制，被许可的区块链解决方案将允许每个联邦部门和接管者，访问相同的分类账副本。私有或许可区块链的好处包括更快的交易验证和网络通信，以及修复错误、逆转交易、限制访问和减少外来者攻击的能力。使用许可网络，库务局可以选择将不同的角色分配给不同的部门。

将支持区块链的账本纳入前瞻性的 IT 计划中。 区块链仍然是一项新兴技术，对早期采用者来说有一定风险。技术人员将需要区块链和基础编程语言的培训。大多数联邦部门在关键职能方面有老化的基础设施和/或遗留的 IT 系统，可能会阻碍区块链的采用。除非参与的联邦部门与它一起发展，否则区块链系统不会长期成功。库务局现在有机会将区块链解决方案纳入其路线图，并利用其他地方的早期采用者的经验教训和成熟做法。

以渐进的方式进行。 鉴于实施方面的挑战，以及区块链技术不断发展的状况，库务局一般应采取谨慎和渐进的方法来处理区块链技术。拟议的第一步是对所讨论的成本和实施相关参数进行深入的可行性研究。在可行性研究的结果出来之前，库务局第二步应与两个或三个早期采用的部门合作，设计和测试一个 POC，并运行一个多年的试点，以测试假设和可行性研究的结论。

开发概念验证时的问题：

- 对于一个部门和整个政府来说，现行会计制度的管理成本是多少？
- 区块链解决方案将如何影响负责政府账户人员的任务和职能？
- 该系统是否与现有的法律法规相一致？
- 法律或监管框架的变化是否会促进其采用或有效性？

- 该解决方案能否利用公共或私营部门现有的基于区块链的会计工作？

- 该解决方案是否存在财务或信托风险？如果是的话，这些风险能否得到缓解？

- 区块链分类账将如何改变政府部门的用户体验和/或影响其他利益相关者，如政府审计人员和公众？

- 这样一个系统将使每个部门和整个政府花多少钱？

归根结底，库务局面临的核心问题是：我们是继续前进，投资于这项新兴技术，并接受技术、流程和组织设计方面的必要变革，还是专注于改进现有系统并优化其流程？

行动后审查中提出的问题：

- 建立一个区块链POC的成本是多少？

- 运行一个多年的试点过程需要多少钱（包括支持实施区块链技术的费用，如对流程重新设计、能力建设和持续的技术支持的投资）？

- 在试点过程中，行政效率是否得到实现或展示？

- 基于这些成本和效益，在联邦政府范围内推广该解决方案的估计成本和效益是什么？

- 如何分析现状与基于区块链的系统的成本效益？

- 如果各部门共同参与建设和管理共享区块链账本，政府将如何核算各部门按比例分摊的费用？

- 鉴于估计的效益，政府应该在多长时间内看到其投资的回报？

与利益相关者合作。库务局应与相关部门的财务经理密切合作，了解沉没成本、运营成本（即部门管理费）以及库务局承担的成本。在比较现状与基于区块链的流程的成本和收益时，这些将是重要的数据。库务局和部门财务经理应协调跟踪和分析区块链试点带来的效率和效益。鉴于学习曲线和组织调整的作用，参与者可能要到试点的第二年才能实现效率和效益。

Chapter 6

MANAGING
BLOCKCHAIN
TRANSPARENCY

06

管理区块链
透明性

私人/开放世界的战略

安德烈亚斯·帕克

区块链透明度概述

区块链技术的出现迫使我们重新考虑交易和合同公开披露的好处和坏处。分布式账本的实施、应用和监管涉及的选择将严重影响信息披露和经济互动。

区块链技术可以促进对公司投资决策的监督，它以一种相对便宜的方式存储合同和交易，并且对任何能够访问互联网的人来说都是固有的。

无论区块链是公开的、无权限的，如比特币或以太坊区块链；抑或是私有的、有权限的，如Ripple或Hyperledger的实现，都不重要：原则上，交易是可追踪的，行动归于标识符。因此，该技术具有天然的高透明度。

用户仍然可以在私人区块链和公共区块链中保护自己的隐私：有些方法是程序性的，如涉及协议的智能使用；还有些方法是技术性的，如使用数学。

实时信息对称性简介

2001年10月19日，安然公司多年的成功故事结束了：该公司宣布季度损失6.38亿美元，股东权益减少12亿美元。经过SEC和美国司法部的调查之后，世界了解到安然管理层伪造了账目，并在复杂的会计结构中隐藏了大量的债务义务。安然公司的高管被判处24年监禁，这对成千上万失去工作和养老金的安然公司和安达信公司的员工以及看到650亿美元股权消失的股东来说，是一个微不足道的安慰。后来又发生了几起会计丑闻，美国国会通过了《2002年萨班斯-奥克斯利法案》，收紧了披露、会计和问责标准。

监管者和立法者一直在努力解决的根本问题是什么？贷款人想知道借款人是否有可能偿还贷款，股权投资者想知道他们是否有可能获得投资回报，特别是一家上市公司的当前市场价格是否确实反映了股票的内在价值。然而，银行、公司、会计师事务所和政府机构的经理们一次又一次地陷入谎言之中。

信息不对称，即交易的一方比另一方拥有更好的信息，并且可以利用这些信息对后者造成损害，这对市场的运作是有害的。出于这个原因，产生了一个精密而繁重的规章制度，通过规定定期和准确的信息披露来减少这种不对称。会计规则给了管理者在公司内部重新分配资金和收入的余地。此外，会计报告的公布是断断续续的，有充分的证据表明，经理们从事了许多经济上毫无意义但成本很高的活动，如收益"平滑"。最后，对账目的外部认证是昂贵的。

在前数字时代，提供断断续续的报告是适当的、耗时的、昂贵的：管理层需要从各个单位汇总信息，并在邮寄给股东之前交付给第三方检查和核实。今天，公司有了电子会计系统：高管们可以实时获得财务信息，但却选择不与投资者分享这种原始和未经审计的数据流。

原则上，区块链技术允许企业公开、直接、实时地披露经过验证的金融交易以及一套广泛的合同。这些公布的交易将以代码的形式出现，这将消除公司财务状况和承诺的模糊性。尽管欺诈活动仍有可能发生，但许多导致如安然公司消亡的交易将不再可能发生。[1] 资产不可能同时为两方所拥有，隐藏债务将是不可能

---

[1]　例如，安然公司成立了许多"特殊目的实体"（SPE），这些公司（合法）成立的时间范围有限，以允许管理特定的风险。通常情况下，这些特殊目的实体由独立的股权投资者提供资金。安然公司使用了自己的股权，从而使安然公司的股东完全暴露在据称由特设机构对冲的风险中。如果特设机构的交易被记录在区块链上，这种活动将是可见的。

的，"未来的安然公司"也不可能像安然公司那样吸引媒体的积极关注和额外资金。

共享知识的好处

资产所有权和合同的一个重要组成部分是归属：谁持有资产，谁建立了合同并成为合同方？区块链通过记录资产的起源和交易，以及分布式（而非中心化）账本中所有权的变化来存储这一信息。这种交易和合同的完整记录确定了资产的当前所有者。所有权归于一个地址，这是一组字母和数字，可以被认为是一个标识符。

通过在区块链上记录交易，一个有多方参与的网络对资产的过去和当前所有权有了共享的知识。因此，该技术的一个固有部分是，关于过去的行动和目前的所有权有一定程度的透明度。事实上，在默认情况下，交易的归属对任何能够进入网络的人来说都是完全透明的。原则上，地址或ID是匿名的。

如果安然公司的管理层被要求公开披露公司的地址，那么投资者和监督机构就可以追踪资产和负债的流动。基于区块链的交易的好处是，披露是固有的。原则上，那些能够接触到区块链信息的人可以拥有与公司管理者相同的公司信息。这一特点可能会降低生成会计报表和进行审计的成本。[①] 还有进一步的成本节约：信息不对称是一种风险，金融家需要对此进行补偿。通过减少信息不对称，公司减少了风险，降低了资本成本；他们有更多的资金用于投资和研究、并制造更好的产品、增加就业。因此，区块链技术可以成为促进经济增长的催化剂。

多大程度的透明度才算过高

就其所有的优点而言，透明度影响着市场参与者的经济互动，而且它可能有坏处。例如，一个投资交易商被客户要求吸收大量头寸，因为客户有流动性需求。现在投资交易商的账面上有一个他不想要的风险。在一个相对流动的市场中，这个问题可能不大，因为交易商很可能能够迅速交易掉这个头寸。但是，在一个流动性较好的市场中，客户可能一开始就不会与交易商接触。在一个缺乏流动性的市场上，潜在的交易对手很少，交易商不得不担心挤兑：一个资本雄厚的强盗交易商可能会使市场对交易商不利，迫使交易商以火爆的价格清算头寸。交易商不希望公众看

[①] Michael Minnis, "The Value of Financial Statement Verification in Debt Financing: Evidence from Private US Firms," *Journal of Accounting Research* 49, No. 2 (May 2011). onlinelibrary.wiley.com/doi/10.1111/j.1475-679X.2011.00411.x/epdf, accessed 30 Oct. 2017. 据Minnis称，由注册会计师审计其账目的中小型公司大大增加了获得贷款的机会，并获得平均低69个基点的利率。审计费用在1.5万美元到2.5万美元之间。基于区块链的账目审计将完全自动化，只需支付名义成本。

到其高风险的头寸。

我们应该关心经销商吗？我认为我们必须。仓位挤兑的风险是真实的，交易商希望得到补偿，因此，要么交易非流动性资产的成本上升，要么非流动性资产的市场完全崩溃。

换句话说，在高度透明的区块链上结算交易有合理的理由，也有对这种透明度的合理担忧。事实上，当面对公开记录所有交易的公共区块链的概念时，金融业的高管们被解雇了——而并不是在监视之下！

另一种选择是许可的私有区块链，由银行等已知和可信赖的实体财团组织和控制，假设这种私有分布式账本或区块链的可见度水平是一种设计选择。但事情并不那么简单：即使是私人区块链，可能由银行财团组织，但仍然涉及分布式网络的每个节点中每个人的交易记录。换句话说，即使在私有区块链中，我们的竞争对手也能看到我们的活动。

如果银行担心缺乏隐私，那么他们也不应该使用互联网。相反，我认为围绕透明度的讨论应该集中在理想的、社会最优的透明度水平上。对于希望建立私有区块链的公司来说，这个水平是一个关键的设计选择。此外，监管者和立法者需要仔细思考他们对公共区块链的企业用户提出哪些披露要求。

在本章中，我概述了区块链上的信息记录与当前世界的资产转移有何不同，以及谁能看到什么信息。透明度的变化会产生经济后果，并可能产生赢家和输家。因此，我将描述反对和支持透明度的商业案例。最后，我讨论现有的技术解决方案，以减少区块链内在的完全透明。

区块链技术的原生透明度

所有权转让：中央登记处与分布式分类账

为了说明可能的透明度问题，让我们看看区块链技术的工作原理，以及它们与行动和持有的透明度之间的关系。

所有非实物、非登记的资产转让都需要一个机制来改变所有权的记录。目前，中心化的分类账保存着大多数这样的记录，只有高度信任的各方可以访问和修改这些记录。现金被保存在银行账户中，而银行账户就是一个中央登记簿。房屋所有权的记录保存在财产登记处。股票等有价证券也保存在中央证券保管处，如美国的DTCC或加拿大的证券保管处（CDS）。① 最后，大多数

---

① 在股票的所有权和记录所有权方面有一些有趣的细节。从形式上看，所有的美国股票都是由DTCC拥有的，而股东只是对原始证书持有债权。在加拿大，CDS记录所有权和转让，但这些转让只在经纪人一级记录。这一程序对发行人有重要影响。例如，假设加拿大帝国商业银行（CIBC）的客户买入10万股巴里克黄金，卖出8万股。那么CDS只记录了2万股的净转移。当巴里克需要联系其所有者时（比如说，年度股东大会），它需要联系另一个第三方，即Broadridge，以收集当前持有人的信息。作为一个垄断者，Broadridge的服务要付出相当大的代价。

双边合同的记录通常由有关各方保存，合同条款引发的交易因此涉及复杂的账户核对过程。消费者贷款协议通常另外在信用局登记，如Equifax或TransUnion。[①]

区块链技术是一种在分布式账本中改变记录的共识协议，它的设置定义了谁可以对账本进行修改，以及在什么情况下进行修改。在其核心，区块链是一个只存储"交易"的附加协议，即原则上，交易可以是贸易，但也可以是基于文本的信息，如一段编程代码。区块链的关键特征是，通过记录交易，确保对资产的当前所有者达成共识。任何人都可以使用公共网站Etherscan.io探索以太坊区块链上的代币转移，该网站从以太坊区块链上提取数据；或者使用网站Blockchain.info探索比特币区块链。

所有权转移：公共区块链与私人区块链

让我们考虑一下数据存储方面的差异。迄今为止，大多数公司仍然将企业数据存储在一个中央数据库中。这种设置很简单，也很容易理解。另外，由于所有的信息都在一个中心位置存储和改变，一方不能出售相同的资产两次。例如一个银行账户，鲍勃不能向苏和爱丽丝发送相同的美元，也不能在两次交易中使用相同的资产

---

① 与这些集中式账本的例子相比，分布式账本在所有地点存储所有的信息。

作为抵押品。数据存储的集中化防止了这种重复消费问题。

　　然而，中央数据库还有许多令人担忧的问题，其中最重要的是安全问题：如果数据库因重大硬件故障而失效，那么所有数据都可能丢失。出于这个原因，中央数据库的保管者总是进行备份——而备份模式离分布式数据库又近了一步。也就是说，保管人需要不断地更新他们的备份以避免数据丢失，因此需要一个备份协议来确保备份中的数据是准确的。

　　分布式数据库与中央备份系统有共同的特点，即它将所有信息保存在几个地方。关键的区别是，在分布式数据库中，没有一个单一的主要位置，所有的变化都来自此，每个站点都可以对数据进行修改。

　　这种设置有许多好处：没有单点故障，所有数据都可以在本地获得，而且系统可以被设置成不同的地点且不需要互相信任，但所有的地点都能持续地同意数据库的内容。来自R3的Richard Gendal Brown的说法，"一个系统……由多方操作，他们都不完全信任对方，但还是就一组共享事实的性质和演变达成并保持共识。"[1]

　　然而，分布式数据库的一个副作用是所有信息都存储在所有地点。因此，如果一组银行组织了分布式账本（其中每个银行都

---

[1]　Richard Gendal Brown, "A Simple Explanation of Enterprise Blockchains for Cryptocurrency Experts," *Richard Gendal Brown Blog*, WordPress, 7 July 2017. gendal.me/2017/07/07/a-simple-explanation-of-enterprise-blockchains-for-cryptocurrency-experts, accessed 30 Oct. 2017.

是一个网络节点），那么每个银行都持有所有其他银行的账户信息。这样的安排让高管们心生疑虑，因此我们需要了解信息所揭示的内容（因为存储信息并不等同于访问信息）。

分布式账本有两种主要类型：公共和私人。

公共账本是无权限的：任何人都可以成为网络节点，任何人都可以在账本上输入记录。最突出的例子是比特币和以太坊区块链。事实上，成为网络节点的过程是使用区块链的一部分：作为使用以太坊区块链的第一步，人们需要下载一个钱包软件，例如"Mist钱包"。这些钱包监控以太坊区块链，以便找到已经发送到钱包的交易。作为这个过程的一部分，人们从以太坊区块链上下载信息，成为一个节点。

相比之下，私人分布式账本是由单个公司或公司联盟建立的，在几个关键方面与公共分布式账本不同。首先，私人网络可以是许可制的，因此可以限制记录交易的使用者，并可以查看整个网络的信息和资产流。对于金融机构来说，这个特点很重要，因为它允许他们遵守KYC立法，这通常是遵守反洗钱规则的前提条件。其次，原则上这些网络不需要一个无信任协议。一个缺点是，财团的解决方案会引起典型的信托的串通和榨取租金的幽灵；例如，网络成员可能会限制进入，固定价格，并在费用上串通。因此，从竞争政策的角度来看，最好是规定一个无信任协议，以消除希望加入联盟网络的新加入者的壁垒。

图6-1说明了区块链交易验证的工作原理。[①] 关键的想法是用户的区块链地址（隐含地）存在两个部分：一个公共部分和一个私人部分。每个人都可以看到与地址的公共部分相关的每一笔交易，私人部分则用于签署交易。此外，公钥是验证用户确实授权交易的一个关键组成部分。第6章附录中解释了如何获得一个地址并向该地址转移资金。[②]

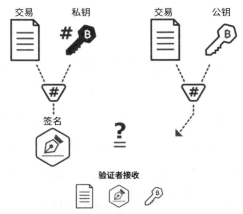

图标 © 2017 Smashicons and Freepik. 经许可使用。

图6-1　用公钥和私钥对交易进行签名和验证

① 这里有一个简单的数学描述。公钥PUK本质上是私钥PRK的散列，其中散列是将任意长度的文本转换为固定长度的字母和数字组合。就所有的实际情况而言，这个哈希值不能被倒置，因此，没有人能够从PUK中推导出PRK。在数学上，我们写 H（PRK）= PUK。接下来，将交易文本（MSG）与私钥的散列值结合起来，然后对两者进行散列，得到签名SIG，H（MSG + H（PRK））= SIG。那么，验证是如何进行的呢？验证者有SIG、MSG和PUK，所以它们所要做的就是检查H（MSG+PUK）是否=SIG。

② 在公共区块链上创建一个地址是很简单的。① 去网站MyEtherWallet.com；② 输入一个任意的字符串和密码。然后，该网站根据这些信息创建一个公共ID和一个私人ID。

一言以蔽之：区块链转账如何运作

第0步，双方就特定资金或其他资产的转移达成协议。

第1步，某个标的的买方（由一个地址识别）向区块链网络发送消息，要求启动对卖方（一个地址）的转让。

第2步，网络检查买方是否有指定的资金，以及买方是否能验证他被授权启动转账；这种验证需要用私钥/地址的私有组件以便对交易进行签名。

第3步，交易被捆绑成区块，并根据区块链的协议添加到链上。

第4步，一旦一个区块被添加到链上，交易就结算了。这也暗含着买方的账户已经减少，卖方的账户增加了转移的金额。

这一讨论的启示是，区块链记录了所有带有买家和卖家ID的交易，这些信息被保存在每个节点上，因此，这些信息在一个广泛的网络中被共享。关键是人们不能把带有区块链协议的私人分布式账本误认为是保证隐私的解决方案。相反，上述协议和所有权归属ID原则上在私有区块链中要以同样的方式工作。主要区别在于私有区块链可以控制网络成员以外的人是否看到交易记录。

透明度是一种风险，也是一种资产

在许多情况下，透明度是一把双刃剑，一些可能从透明度中获益最大的各方也是最狂热的反对者。本章的引言中我已经强调了中介机构是强有力的反对者，例如，因为吸收客户的存货使中介机构面临风险。过去的交易和持有量的透明度也可以帮助他们识别可能的对手方。[①]

作为一种战略风险的透明度

公司债券的市场说明了这个问题的复杂性。在20世纪初，公司债券经常在纽约证券交易所等证券交易所进行交易。但随着时间的推移，这个市场几乎完全转移到了场外交易；即使交易技术有了很大的进步，但这个价值数百万美元的市场仍然是用令人惊讶的低技术，因为大多数交易是通过电话交谈或通过Bloomberg chat安排的。

该行业还强烈抵制增加透明度的尝试，甚至在交易后信息方面。例如，美国全国证券交易商协会（NASD）在2002年推出的交易报告和合规引擎（TRACE），以及加拿大投资行业监管组织的类似努力都受到了很大的阻碍。O'Hara, Wang和Zhou提供了一个可能的解释：活跃的交易员，即大多数的老客户，可以得到更

---

① 2008年金融危机后出台的一些法规，严重限制了金融机构吸收客户订单的能力。具体来说，沃尔克规则将银行的自营交易限定为做市商活动。特别是在流动性差的市场，在作为做市商活动一部分的持仓和为投机价格变化而持仓之间划清界限可能很困难。因此，交易商可能会感谢那些允许他们缩短预期持有库存时间的技术进步。

好的价格，而占主导地位的交易商往往提供更差的价格。^① 这些发现表明，经销商有利润需要保护。然而，非竞争性的利润率最终会由发行人承担，因为投资者会对流动性成本进行定价。

同时，像Algomi这样的初创金融科技公司，提供系统性的公司债券交易头寸的算法匹配，他们的一些最大客户是中介机构。换句话说，交易商认识到提高流动性技术的有用性。同样，有充分的证据表明，在引入TRACE之后，市场价格明显变得更加精确。更准确、有效的价格对整个中介机构有利，因为糟糕的定价会增加风险。

然而，卖方中介机构并不是唯一担心透明度过高的一方。一系列的研究表明，机构投资者尤其非常担心竞争对手会模仿他们的交易策略。例如，共同基金被要求定期公开披露他们的持股情况；Christoffersen、Danesh和Musto的文件显示，积极管理的共同基金通常会尽可能长时间地推迟公布这一信息。^② 换句话说，

---

①   Maureen O'Hara, Yihui Wang, and Xing (Alex) Zhou, "The Execution Quality of Corporate Bonds," Fordham University Schools of Business Research Paper No. 2680480, *SSRN.com*, 1 June 2016. Elsevier, ssrn.com/abstract=2680480, accessed 30 Oct. 2017. See also Gjergji Cici, Scott Gibson, Yalin Gündüz, and John J. Merrick, "Market Transparency and the Marking Precision of Bond Mutual Fund Managers," Bundesbank Discussion Paper No. 9 (2014). Elsevier, ssrn.com/abstract=2796963, accessed 30 Oct. 2017.

②   Susan Kerr Christoffersen, Erfan Danesh, and David K. Musto, "Why Do Institutions Delay Reporting Their Shareholdings? Evidence from Form 13F," Rotman School of Management Working Paper No. 2661535, University of Toronto, Ontario, 15 Aug. 2015. Elsevier, papers.ssrn.com/sol3/papers.cfm?abstract_id=2661535, accessed 30 Oct. 2017.

这些基金试图尽可能长时间地混淆他们的活动，大概是因为他们担心会失去竞争优势。此外，在更短期的基础上，机构交易者花了很多精力来隐藏他们的交易活动：他们不一次性交易大量的订单，而是使用复杂的算法，将大订单"切碎"成小块。他们这样做是为了避免被整个市场发现，因为正如Kervel和Menkveld所报告的那样，他们在一天内处理订单的时间越长，其他聪明的算法交易者就越有可能发现这些订单并对其进行价格调整。[1]

在过去的20年里，许多公司离开了公共股票市场：美国的上市公司数量自20世纪90年代末的高峰期以来下降了40％以上，一些退出的公司是家喻户晓的，如戴尔或Safeway。其他非常成功和著名的公司，如优步，则刻意避开了公开市场。[2] 造成这种趋势的原因很多，但强制要求上市公司公开披露是经常被引用的一个原因。[3] 首席执行官必须公开披露他们的薪水，

---

[1] Vincent van Kerveland and Albert J. Menkveld, "High-Frequency Trading around Large Institutional Orders," WFA Paper, 29 Jan. 2016. Elsevier, ssrn.com/abstract=2619686, accessed 30 Oct. 2017.

[2] Geoff Colvin, "Take this Market and Shove it," *Fortune*, Fortune Media IP Ltd., 17 May 2016. fortune.com/going-private, accessed 30 Oct. 2017.

[3] Nancy L. Sanborn, Phillip R. Mills, and Saswat Bohidar, "Going Private Transactions: Overview," Practical Law Company, 2010. Davis Polk & Wardwell LLP, www.davispolk.com/files/uploads/davis.polk.going.private.pdf, accessed 30 Oct. 2017. 他们声称，"《交易法》和《2002年萨班斯-奥克斯利法案》，……除其他外，要求定期披露可能是竞争性或战略性的商业信息，并规定了不灵活的公司治理要求。"事实上，许多文献研究了《2002年萨班斯-奥克斯利法案》是否导致了私有化交易的增加；见 Ellen Engel, Rachel M. Hayes, and Xue Wang, "The Sarbanes-Oxley Act and Firms' Going-Private Decisions," *Journal of Accounting and Economics* 44, No. 1–2 (2007): 116 –145. doi.org/10.1007/BF03342753 or leeds-faculty.colorado.edu/Bhagat/SOX-GoingPrivate.pdf, accessed 17 Oct. 2019。

而财务披露可能使公司面临泄露竞争性或战略性商业信息的风险。

除了一些当事人希望不公开的情况外，还有一些情况下隐私是必要的。一个很好的例子是基于区块链的投票。使用区块链进行投票的基本思想是向合格选民发行一次性数字代币。由于代币的供应和分发受到控制且可审计，因此很难操纵投票。然而，在民主政治选举中，投票必须是私人的，因此隐私是必不可少的。在其他情况下，公众投票可能是可取的，例如，在股东大会期间的投票中，股东可能想知道他们的代理投票是否按承诺使用。

现有的区块链技术可以解决这里强调的许多透明度问题。这里提出的论点并不反对使用区块链解决方案。

作为一种战略资产的透明度

互联网以及电子文件、数据的出现，大大增加了投资者、消费者、贸易伙伴和监管机构可以获得的关于公司、政府、非政府组织和个人的信息。随着时间的推移，这些实体中的许多人已经学会了接受透明度，并将其用于自己的利益。区块链技术使企业能够直接和间接地从透明度中受益。

间接影响：声誉和感知的诚信

在管理科学中，有一篇长期存在的文献，研究透明度的间接影响。[①] 这篇文献认为，透明度应该是负责任的管理实践的核心原则，研究人员已经发现了大量的证据，表明接受透明度的组织受益匪浅。在我看来，这些好处是间接的，因为许多报告中提到的来自公司公开性的好处随着时间的推移会改善合作关系。例如，在许多商业交易中，一方获得了关于另一方的知识，为了一个成功的关系，各方需要相互信任，交易的一方不会利用这些知识。公司增加信任的一个常见方法是公布所采用的道德行为准则，使员工更容易知道什么是可预期的，并在商业交易中创造信誉。此外，及时与合作伙伴和供应链成员分享相关信息可以提高信任度，并能普遍提升公司的品牌形象。

正如塔普斯科特所概述的，在透明度和公众监督增加的情况下，公司的成功有5个要素：

- 创造真正的价值，经得起透明度带来的审查。

[①] Denise L. Parris et al., "Exploring Transparency: A New Framework for Responsible Business Management," *Management Decision* 54, No. 1(2016): 222−247. doi.org/10.1108/MD-07-2015-0279, accessed 30 Oct. 2017.

- 了解客户并建立关系资本。

- 保护客户的隐私。

- 行为要正直，因为在一个透明的世界里，失误很快就会被发现。

- 要坦诚，因为缺点可以很快被看到。[①]

这些原则中有许多适用于区块链上可见金融交易与合同的世界。事实上，帕里斯（Parris）等人将透明度定义为"利益相关者认为一个组织提供关于自身学习机会的程度"。[②] 区块链上可见的交易和智能合约（编程代码片段）提供了"硬"信息（因此也是学习机会），因为这些信息是可验证的和不可改变的。

透明度的一个极端案例是DAO。[③] 作为一个风险基金，所有DAO的投资和治理都是透明的，因为底层代码是开源的，所有人都可以看到。DAO治理的基本理念是，DAO代币的所有者将投票决定是否资助拟议的项目。DAO的这种自主的、非人类的运作

[①] Don Tapscott, "Transparency as a Business Imperative," *Association Management* 57, No. 4 (April 2005): 17 –18. EBSCO, connection.ebscohost.com/c/articles/16701312/transparency-as-business-imperative, accessed 30 Oct. 2017.

[②] Denise L. Parris et al., "Exploring Transparency."

[③] 第一个DAO是在2015年秋季通过众筹活动推出的。在当时，它是最大的众筹项目。见 David Z. Morris, "Leaderless, Blockchain-Based Venture Capital Fund Raises \$100 Million, and Counting," *Fortune*, Fortune Media IP Ltd., 15 May 2016. fortune.com/2016/05/15/leaderless-blockchain-vc-fund, accessed 16 May 2016。

模式并非对所有公司都实用，但它与"正常"的公司决策形成了鲜明的对比，在后者情况下，高管对资金的使用有很大的自由裁量权，股东很少有直接的发言权，对其CEO的决策往往只有有限的或间接的了解。[①]

举一个存储在区块链中的"硬"信息如何帮助一个实体的例子，考虑一个历史上腐败的国家，这个国家的政府如何才能提高其地位？归根结底，它很难证明自己不贪污。区块链技术可以成为一个解决方案。在目前，通常不可能可信和有效地揭示一个政府的所有相关交易和商业交易——但当所有的交易和合同都记录在区块链上时，没有什么可以隐藏。而且，由于资金和合同条款可以被追踪，政府可以可信地记录其行动没有进一步的腐败。

直接利益：脱离中介，改善治理

透明度也有直接的好处：在区块链上记录的交易通常是金融性质的，在区块链上记录交易，从而记录持有量，可以在市场互动中产生直接的程序优势。许多金融资产，如公司债券，流

---

① 从博弈论的角度来看，DAO的投票结构是否会产生理想的结果还不清楚。根据肯尼思·阿罗（Kenneth Arrow）在不可能定理方面的见解，大量博弈论文献探讨了在备选方案上投票的含义。主要的见解是，在设计投票系统时有许多陷阱，需要小心才能使其正确。

动性很差，这意味着有意愿的交易者很难找到交易对手；最近的监管变化，如沃尔克规则，使这种情况更加严重。[1] 一个问题是，在目前的市场结构下，大多数交易都是通过交易商离线安排的，很难知道谁在最近交易过某种产品（因此可能有持续的兴趣），或谁可能持有该证券（因此可能是交易的候选人）。可以说，这个市场的更大透明度可以增加投资者与投资者之间的互动（从而减少昂贵的中介费用）。Malinova 和帕克从理论上表明，具有公共区块链特征的设置（即使市场参与者采取措施隐藏自己的行为）相对于传统的不透明设置（即所有关于过去交易和当前持有的信息都留在交易商的信息孤岛中），可以提高分配效率。[2]

另一个例子是首次公开募股的市场。在 20 世纪 90 年代末网络泡沫的最后一次繁荣中，这个市场充满了问题。其中，一个关键问题是发行和准入规则。传统上，主承销的投资银行控制着谁能在发行中获得股份。对于受欢迎的 IPO，存在着许多利益冲突，例如，一个被广泛报道的问题是，承销投资银行有动机取悦他们

---

① Jack Bao, Maureen O'Hara, and Xing (Alex) Zhou, "The Volcker Rule and Market-Making in Times of Stress," Finance and Economics Discussion Series 2016 −102 (8 Dec. 2016). Washington: Board of Governors of the Federal Reserve System, doi.org/10.17016/FEDS.2016.102, accessed 30 Oct. 2017.

② Katya Malinova and Andreas Park, "Market Design with Blockchain Technology," *SSRN.com*, 26 July 2017. Elsevier, ssrn.com/abstract=2785626, accessed 30 Oct. 2017.

最好的客户，给他们低价的股票。^① 另一个问题是阶梯式的过程，即投资者只有在承诺以更高的价格购买更多的股票时，才会获得发售的股票。^② 在目前的投资银行界，承销商不可能轻易说服发行人和投资者相信利益冲突在他们的建议和决策中不起作用。与此形成鲜明对比的是目前火热的ICO市场（无论好坏），其中许多项目，就所有实际目的而言，看起来像证券发行。^③ 这个市场的分配机制是完全透明的，因为它是决定代币如何分配的那段公开可见的代码所固有的。^④

---

① 例如，在网络泡沫的高峰时期，为这种裙带关系提供一些证据；见 Jay R. Ritter and Donghang Zhang, "Affiliated mutual funds and the allocation of initial public offerings," *Journal of Financial Economics* 86, No. 2 (Nov. 2007): 337–368。doi.org/10.1016/j.jfineco.2006.08.005, accessed 30 Oct. 2017。另见 Tim Jenkinson and Alexander P. Ljungqvist, *Going Public: The Theory and Evidence on How Companies Raise Equity Finance*, 2nd ed. (New York: Oxford University Press, 2001)。

② Qing Hao, "Laddering in initial public offerings," *Journal of Financial Economics* 85, No. 1 (2007): 102–122. doi.org/10.1016/j.jfineco.2006.05.008, accessed 30 Oct. 2017.

③ 至于到底什么是代币，存在着一个灰色地带。所谓的美国 Howey 测试决定了一项交易是不是一种证券。是否有金钱的投资？对利润的期望？是否投资于一个共同的企业？利润是否来自发起人的努力？许多代币被设定为"用途"币，但我的解读是：① 存在价值的默示承诺，因此币的价格升值；② 这些币是作为公司内部人员的补偿。第一点产生了资本收益利润，第二点意味着财务奖励并暗示了期权价值。在实践中，代币像股票一样在加密证券交易所进行交易。事实上，美国证券交易委员会表示，DAO 代币是证券 (www.sec.gov/news/press-release/2017-131)。同样，在其投资者咨询部分，美国证券交易委员会强调，代币通常是证券，应被视为是证券 (investor.gov/additional-resources/news-alerts/alerts-bulletins/investor-bulletin-initial-coin-offerings)。

④ 讨论ICO的机制超出了本书的范围。然而，基本的想法是这样的：到目前为止，大多数 ICO 涉及使用以太坊区块链发行代币。对于这个区块链，代币是一个用以太坊智能合约语言 Solidity 编写的智能合约。这个合同或代码管理着发行协议。通常情况下，合同规定了接受付款的特定时间（以区块编号衡量），并规定一旦收到付款，谁会收到代币（例如，按比例、先到先得等）。合同的代码是公开可见的。更多信息，见 blockgeeks.com/guides/ico-basics。

在一篇著名的论文中，David Yermack强调了区块链技术可以为公司治理带来众多潜在的好处。[1] 例如，Yermack认为，区块链中透明的所有权归属可以帮助解决所谓的空头投票现象，即一个实体在没有公司经济利益的情况下对有经济意义的决策投票。[2] 通常的假设是，公司的经济利益和投票权是与股份的所有权相联系的。然而，衍生品合同使得一方有可能在没有公司经济利益的情况下获得大量的投票权。[3] 通过区块链的所有权归属，在任何时候，谁拥有一只股票，谁就拥有经济上合理的投票权，这都是透明的。

内幕交易是金融业和学术界争论不休的另一个话题，也是一个明显的用例。内幕人士已经被要求公布他们的交易和持股，但在交易和报告之间往往有很大的延迟。[4] 因此，如果所有的交易

---

[1] David Yermack, "Corporate Governance and Blockchains," *Review of Finance* 21, No. 1 (1 March 2017): 7–31. doi.org/10.1093/rof/rfw074, accessed 30 Oct. 2017.

[2] Susan E.K. Christoffersen et al., "A. Vote Trading and Information Aggregation," *Journal of Finance* 62 (2007): 2897–2927. Univ. of Penn. Scholarly Commons, repository.upenn.edu/cgi/viewcontent.cgi?article=1132&context=fnce_papers, accessed 30 Oct. 2017.

[3] 例如2012年Telus和美国对冲基金Mason Capital之间的纠纷。Mason Capital持有Telus有表决权股票的多头头寸，并用Telus无表决权股票的空头头寸来抵消这一头寸。因此，Mason Capital拥有投票权，但没有经济利益。

[4] 在加拿大，内幕交易者必须向内幕交易者电子披露系统（SEDI）提交内幕交易报告，并且必须在交易发生后的5日内披露交易情况。在美国，内幕交易者必须在交易发生后次月的10日前提交4号表格。除了内幕交易，还有长期以来的非法交易历史，这种交易通常会引起新闻关注。最近的一项研究发现，在并购（M&A）交易中，有25%的交易显示出期权交易中的知情交易水平有所提高。当内幕交易者被要求公开他们的区块链ID时，这类交易将透明可见。见Patrick Augustin, Menachem Brenner, and Marti G. Subrahmanyam, "Informed Options Trading Prior to M&A Announcements: Insider Trading?" *SSRN.com*, 26 Oct. 2015. Elsevier, papers.ssrn.com/sol3/papers.cfm?abstract_id=2441606, accessed 30 Oct. 2017.

都记录在区块链上，那么通过揭示他们的公共 ID，内部人士的交易会被立即显示。他们的所有交易都是可见的，这将消除昂贵的报告费用，并可以增加公众的信任。[①] 公众将能够更好地了解内幕人员的持股和交易，公司高管也将与他们的股东建立信任。这一论点尤其适用于那些对内幕交易违法行为执行得不如北美严格的司法管辖区。最后，内幕交易的透明度应减少内幕人员从事非法交易的倾向。由于透明度降低了内幕交易者的灵活性，局外人产生的关于公司的信息变得更加有利可图。

Yermack 强调，公共区块链的不可更改性改善了（公司）治理。在目前的系统中，土地记录可以被伪造，公司收入报表可以被操纵，期权授予可以被追溯。当所有这些数据都记录在公共区块链上时，进行这样的操纵就变得异常困难和昂贵。

在金融领域，合同和持股的透明度超出了解决公司治理核心的逆向选择和道德风险的范围，对风险管理有潜在的深远影响。2008年金融危机后的一个重大发展是，特定类型的衍生品合同，如掉期，被迫与新开发的中央对手方（CP）进行清算。其基本思想是，当 A 想卖给 B 时，A 就先卖给 CP，CP 再卖给 B。为什么要这样做？

---

① 这种说法有一个注意事项：目前，交易发生在专门的交易所。为了在那里进行交易，人们将持有的股份转移到一个交易所的钱包里。从形式上看，这个钱包拥有的股份和交易所的交易可以在这个钱包内发生。此外，一个交易所的钱包不一定是一个人的专属，而是可以混合几个实体的所有权。一个人只有将数字项目从交易所钱包转出到"正常"钱包并在区块链上结算时，才真正不可逆转地拥有该项目；另见第 6 章附录。

想象一下，如果A从C那里购买，但C破产了，那么，A将无法向B交货，也可能破产。因此，当与A交易时，B面临两个对手方风险：①A独立破产的风险和②C破产并将A拖下水的风险。

考虑一下美国国际集团（AIG）在金融危机之前，在信用违约掉期市场上的衍生品交易，很明显，AIG在那里持有大量的非对冲头寸。AIG的违约会引发其对手方的违约，导致整个金融系统的连锁反应。当所有的交易都由CP清算时，风险就集中在CP身上。虽然这个系统可以产生一个互利的风险分担水平，但也有问题：因为它是一个大到不能再大的实体，CP需要被严格监控、资本充足，并受到严格的监管。此外，目前只有少数合同符合CP清算的条件。CP必要性的根本原因是关于总风险的信息不足，这就造成了道德风险。正如我们从美国经济学家乔治·阿克洛夫（George Akerlof）的开创性工作中了解到的那样，信息不对称会导致市场崩溃。

可以说，区块链技术可能带来的透明度使基于市场的解决方案成为可能：当所有金融义务都是可见的，我们将能够在双边互动之外追踪对手方风险。未对冲的头寸将是可见的。此外，我们将能够编写带有保护性契约的智能合约，这样就可以通过代码迫使对手方及时建立对冲，或阻止其参与未对冲的合约。

最后，智能合约本身可以从根本上改善经济互动。智能合约可以通过在违约情况下自动转移所有权来促进抵押品的交付。这种自动化极大地提高了抵押品的执行力，增加了其价值，降低了风险，并有可能释放出资本。

我们使用合同来向他人（如股东）证明商品的转让将发生（或已经合法化）。我们可以在没有区块链和不透明的环境中使用智能合约；但在透明的区块链中，各方可能会出售未来付款的权利。换句话说，企业或许能够直接从合同中出售现金流，或直接担保现金流风险。此外，正如Cong和He所展示的，智能合约可以缓解信息不对称，导致进入和竞争的加强，然后提高社会福利和消费者剩余。[①]

总的来说，有一个坚实的商业案例支持区块链技术所带来的交易和合同的透明度，这些优势远远超出了解决头版丑闻所带来的担忧。事实上，公司实体的隐私已经很有限，特别是与个人相比。推测监管可以简单地要求基于区块链的互动披露（如果区块链确实成为金融交易的标准，那么这种类型的披露在程序上并不昂贵），这也并非不合理。

最后，我在这里提出的论点的有效性在IBM最近对C-suite高管的研究中得到了证实。[②]绝大多数已经积极采用区块链技术的高管报告说，该技术将创造更多的信任，例如，通过可追踪的交

---

① Lin William Cong and Zhiguo He, "Blockchain Disruption and Smart Contracts," *SSRN.com*, 10 July 2017, last revised 17 March 2019. Elsevier, ssrn.com/abstract=2985764, accessed 7 Oct. 2019.

② IBM Institute for Business Value, "Forward Together: Three Ways Blockchain Explorers Chart a New Direction," *Global C-suite Study*, 19th ed., May 2017. public.dhe.ibm.com/common/ssi/ecm/gb/en/gbe03835usen/GBE03835USEN.PDF, accessed 30 Oct. 2017.

易审计跟踪，可以通过提供过去行为的透明度来建立声誉。

解决方案：区块链中隐私的技术方法

区块链的主要目的是确保记录的真实性——在默认情况下，分布式账本的设置不是为了保证其用户的隐私。事实上，有充分的证据表明，公共区块链中的交易并不隐私，个人的行为有可能被追踪。[①] 从互联网论坛的讨论语气来看，许多加密货币的支持者，特别是比特币的支持者，担心他们的交易是否可以被追踪或检测到，例如被政府追踪或检测到。

相比之下，大多数企业用户已经习惯于政府对他们的行为进行审计，他们对政府本身的担心较少。事实上，他们可能真的欢迎一个能更容易追踪的系统。不过，企业用户主要担心他们的行为是否可以被他们的竞争对手追踪到，从而削弱他们的知识产权。

程序性的变通方法：多个ID的使用

那么，区块链上的行动是否完全可追踪和可归属的？答案是

---

① 在一篇2013年的文章，Forbes（tinyurl.com/ycavqqpd）详细描述了他们在丝绸之路上的非法活动是如何被追踪的。当时，他们依靠的是加州大学圣地亚哥分校的Sarah Meiklejohn开发的方法；大约在同一时间，Ivan Pustogarov开发了比特币区块链上的交易匿名化技术（见crypto.stanford.edu/seclab/sem-14-15/pustogarov.html）。

否定的。有几个简单的、低技术的、程序性的变通方法，允许用户混淆他们的行为。

让我们用一个具体的例子来解释这些想法。一个共同基金想对一家最近发行的公司进行大量投资，该公司的证券是基于区块链的代币。该共同基金将把法定货币（如加元）转换成基于区块链的货币（如以太币）。这种转移将在一个基于区块链的交易所发生。交易所会知道谁买了以太币（因为他们必须遵守KYC法规）。转账完成后，该基金将使用新购买的以太币购买加密证券。正如本章附录中概述的那样，通常这种转移是在交易所钱包中进行的，该钱包结合了众多市场参与者的行动。为了最终结算，基金随后会将证券转移到一个非交易所钱包。但基金不必使用已知的钱包，也不必向公众透露钱包的ID。相反，该基金可以创建一个专门的新钱包，或者基金可以创建任意数量的新钱包，并在这些钱包中分割持股。如果做得仔细，外人是不可能拼凑出这个大额购买的。这种解决方案也可以使用所谓的分层确定性（HD）钱包进行正式编程，这些钱包在算法上为大宗交易的每一块都生成一个新的公钥。

HD钱包也被提议作为私人分布式账本中隐私的解决方案。假设一个私人网络是由大型银行和经纪人组成的财团经营的。他们每个人都将创建一个（或多个）HD钱包，并在自己的系统内记录个人客户的持有量。这种安排类似于目前股票交易的结算。

也就是说，目前股票交易的结算发生在中央存管机构，如美国的DTCC或加拿大的CDS，而结算是在经纪人层面。主要的区别是，HD钱包结算是在分布式账本上，而不是在中央数据库。与中央存管解决方案相比，分布式账本没有任何信息优势，即使对于能够访问账本的人来说也是如此（特别是对于加拿大来说，那里的交易通常带有经纪人的属性）。

另一个与HD钱包有关的产生隐私的解决方案是合并和重新分割的操作：在这个协议下，几个实体匿名向智能合约提交新的地址；合约从各方收集相同数量的加密证券单位（例如，每个人100枚比特币），然后合约将金额重新分配给新的地址。[1] 从外面看，我们无法进一步跟踪金钱的踪迹。然而在有许可的区块链中，ID将是已知的，监管机构或税务机关将能够追踪到个人。这样做的主要目的是为了向外部观察者混淆自己的行为。

高科技的解决方案：零知识证明

除了上述的低技术解决方案外，现代密码学提供了几种高科技和优雅的方式来获得隐私。关于交易的常见隐私相关问题是，

---

[1] 这里的解决方案与所谓的"CoinJoin"方法有关；Vitalik Buterin, "Ethereum: Platform review; Opportunities and Challenges for Private and Consortium Blockchains," Ethereum Foundation, 2 June 2016. static1.squarespace.com/static/55f73743e4b051cfcc0b02cf/t/57506f387da24ff6bdecb 3c1/1464889147417/Ethereum_Paper.pdf, accessed 30 Oct. 2017.

一项信息的所有者希望提供加密证明，证明他是该信息的有效所有者，而不必将该信息透露给验证者（即网络）。

例如，在基于区块链的投票中，零知识是关键。对于这种投票，人们会收到一个投票代币。在投票时，代币持有人需要验证他是代币的合法所有者；但在秘密投票中，验证者不能看到谁是所有者，因为这种知识可能让验证者追溯到投票者的实际投票。毕竟，在公共区块链中，每个网络成员都保留了所有信息的记录。

迄今为止，解决这个问题的最复杂的方法可能涉及所谓的零知识证明。图6-2显示了这种验证的工作方式。[①]

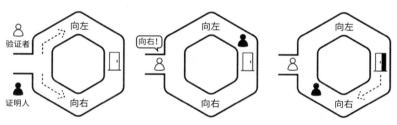

图标 ©2017 Smashicons 和 Freepick。经许可使用。

图6-2 零知识证明的示意图

一个证明人想证明他有通往山洞里的秘密门的钥匙。无论他是向左走还是向右走，总是可以使用钥匙，从任何一个方向返

---

① "What is zkSNARKs: Spooky Moon Math," *Blockgeek*s, Blockgeeks Inc., n.d. blockgeeks.com/guides/what-is-zksnarks, accessed 30 Oct. 2017.

回。验证者没有看到证明人去了哪个方向，就要求他从右边的隧道返回。证明人拿着门上的钥匙，打开门，从右边的隧道返回。当然，他可能是幸运的；没有钥匙的人可能一开始就走了右边的隧道。但是他们重复了很多次实验，证明人从正确的隧道中出现的机会每次都在减少。

一个零知识证明的标准例子。假设鲍勃是色盲，但他并不知道。爱丽丝想向鲍勃证明，绿色和红色之间是有区别的。鲍勃拿了两个斯诺克球，一个是红色的，另一个是绿色的，但它们在其他方面是相同的。对鲍勃来说，它们看起来完全一样，他怀疑它们实际上是不可以区分的。爱丽丝想向他证明，它们实际上是不同颜色的。同时，爱丽丝不想让鲍勃知道哪个是红色，哪个是绿色。

下面是证明系统。鲍勃拿着两个球，这样他每只手就拿着一个。爱丽丝可以看到这些球，但不告诉他哪个是哪个。然后鲍勃把两只手放在背后。接下来，他要么在两只手之间交换球，要么让它们待在一起，机会均等。然后他把球从背后拿出来。爱丽丝现在必须"猜"出鲍勃是否换了球。当然，爱丽丝可以通过简单地观察颜色来确定鲍勃是否调换了它们。如果它们是同一种颜色，那么无法区分，她将以50%的概率猜出正确的颜色。当然，一次尝试是不够的，但如果鲍勃和爱丽丝多次重复这个"证明"，那么爱丽丝每次都能猜对的机会就会消失，这只是运气。因此，鲍勃应该相信，这些球确实是不同颜色的。此外，这个证明是"零知识"，因为鲍勃从未知道哪个球是绿色的，哪个球是红色的；事实上，他没有获得关于如何区分这些球的知识。[①]

在写本章时，公共区块链以太坊的开发者正在将使用零知识证明的一般化版本选项作为以太坊区块链的一部分。他们采用的概念是zk-SNARKs，这是一个协议，某人可以只向验证者透露必要的信息，而不透露其他信息。Zcash是基于零知识证明的加密货币的一个例子。

一个公司什么时候会想要这样的选择？想象一下，一家公司在区块链上存储智能合约。一个贷款人想评估该公司的信用度，并要求透露该公司在现有合同的基础上可以期待哪些付款。该公司可能不希望向贷款人透露合同的所有细节（如对手方）。零知识证明是一种解决方案：公司可以证明它是即将到来的付款的接受者，而不需要透露所有的细节。

另一个提供隐私的基于区块链的加密货币是Monero。它是基于一个不同的概念，即所谓的可链接环形签名。这个想法是，系统将每笔交易真实的ID与其他ID的随机集合相混合。在签署交易时，用户会透露他是合法的所有者，但不会透露是哪一个。可

---

① 零知识证明的基本逻辑通常是用数学术语来阐述的，读者不必担心，例如，基于文本信息的语句与这个概念不相容。事实上，在实际的数学应用中，字符串是用所谓的哈希函数来转换的，它允许对关系进行简洁的数学表述。此外，正如我所描述的情况，在验证者和被验证者之间会有一个持续的来回，但这并不实际。当然，也有一些非交互式的加密协议。

链接性确保不会发生重复消费。

总之，有多种解决方案来确保隐私：一些是技术性的（如零知识证明），一些是程序性的（使用多个ID）。

在公共区块链与私人区块链中的实施

我上文描述了获得隐私的程序性解决方案是公共区块链的内在因素。但使用许多地址的直接缺点是，它创造了有形的成本：虽然创建ID是免费的，但每笔交易都涉及费用，以这种方式调用隐私是有成本的。除了成本之外，没有任何东西可以阻止实体使用任意数量的ID和隐藏他们的身份。

虽然隐私是公民个人的权利，但许多司法管辖区，如加拿大和美国已经限制了公司和高管的隐私。例如，公司内部人员必须披露其公司股票的交易，共同基金和一些对冲基金被要求披露其持有的股票。对于使用公共区块链的公司，监管者或立法者可以施加披露要求。例如，受监管的对冲基金或在区块链上发行类似证券的数字代币的公司可能被要求披露他们不时使用的地址。可以说，这样做是比目前行政上烦琐的披露更优雅的解决方案。此外，正如上文所论述的，公司和高管可以主动披露使用的地址，以利用透明度的战略价值。

使用高科技解决方案来实现隐私，如zk-SNARKs，与使用区

块链透明度作为战略资产的公司并不矛盾。例如，智能合约是区
块链技术最吸引人的特点之一，它可能涉及一方A向另一方B交
货，同时使用公司A的知识产权来完成交货所需的任务。公司A
不希望公司B看到其知识产权，也不希望更多的公众看到该知识
产权。这里的解决方案是使用zk-SNARKs来验证这些任务确实已
经完成了。希望公司（例如，关于相关的会计特征）将不必透露
合同细节，相反，他们仍然能够宣布最终的交付，或者他们可以
可核查地显示协议的关键参数。

在私有或许可的区块链中，公共区块链的程序性变通方法
也适用，但还有进一步的选择。一个用户是否可以创建多个ID
是一个设计选择。对交易的验证和结算的经济激励也是一种设
计选择，使用多个ID的成本也是如此。私有区块链还包括掩盖
用户ID的功能，或将交易子集的可见性限制在选定的一方的
功能。

对于私有区块链来说，更关键的是用户要了解ID的设置，要
了解网络治理和网络成员可获得的信息。例如，除了所有用户都
经过KYC程序外，其设置是否与公共区块链的设置相同？还是对
ID的使用有限制？所有的网络成员都以类似的方式使用ID吗？
网络的客户是否有平等的权限，或者一些机构给一些客户的信息
比其他客户多？

如果领先的金融机构确实要引入私人区块链来促进他们的互

动，那么信息和标识符的处理将需要大量的思考（而且可能需要漫长的立法和监管过程）。例如，区块链技术的主要好处是，它可以实现点对点的互动，这将导致进一步的非中介化。依靠银行财团运作的私人区块链的机构投资者需要了解他们或其他方可以从区块链中获得什么信息。

对于企业用户来说，出现了一个相关的问题，那就是基线信息。一个商业伙伴可能会让一个子集的信息可见。例如，一方可能会分享信息以建立一个良好的商业伙伴的声誉。然而，如果披露是有选择的，而不是全面的，那么用户就无法构建一个有意义的比较基准。

正如这一讨论所强调的，私人区块链可能会出现许多信息不对称的情况。由于现有的金融机构已经受到严格的监管，他们建立的任何私人区块链可能也需要受到监管。监管将需要确保减轻成员和非成员之间的信息不对称以及由此产生的利益冲突。

在金融史上，改变透明度制度是很困难的，这种举措往往会遇到很多阻力。[1] 我个人认为，私人或财团区块链的监管将很快变得非常麻烦，因为它需要覆盖多个意志坚定的司法管辖区。

在我看来，有两个突出的结果：第一个结果是，私人的、有

---

[1] 公司债券市场就是一个例子，过去的交易和报价信息很少，交易商对收集和公布这些信息表现出强烈的抵制。例如，贸易报告和合规引擎（TRACE）的实施遇到了许多阻力。在加拿大，公司债券交易数据自2016年以来才公布，且该信息仅涵盖一部分交易。美国国债交易数据直到2019年7月才被纳入TRACE，尽管该系统自2002年以来就一直存在。

许可的区块链与公共的区块链相同，只是对网络的访问由网络成员控制，但所有其他信息和透明度的特征与公共区块链相同。

第二个结果是，金融机构尝试设计一个精确模仿当前世界的分布式账本。事实上，由世界上大多数最大的金融机构组成的R3联盟正在推广自己的分布式账本，即Corda系统。R3将这个系统描述为一个开放的分布式账本，它保留了隐私，即作为账本一部分的公司只能看到与它有关的信息。[①] 在我看来，对Corda最好的描述是，它是一个由（算法）公证人提供冲突解决方案的双边协议和验证的交易系统。这个系统看起来像当前世界合同的数字化版本，使用了公共区块链中已经开发和部署的一些功能（如智能合约）。由于区块链技术经常被比作互联网，这里适当的比喻是，Corda看起来像21世纪的美国在线公司（AOL）。

最后，比特币或以太坊等公共区块链非常安全：PoW（可能还有PoS）协议使得攻击者需要控制各自网络的51%以上的计算能力。目前，获得这些资源的成本是一个天文数字；因此，在这些区块链上篡改记录在经济上是不可行的。私人区块链将成为黑客的大型、有利可图的目标；而且根据协议，一个被破坏的网络成员会污染整个账本。私人区块链的安全性是一个真实而重要的

---

① 我的个人观点是，从概念上讲，Corda实际上根本不是一个分布式账本。例如，账本记录的是交易，而Corda记录的是当前余额。

问题，尽管它超出了本章讨论的范围。[①]

小结与建议

当企业高管第一次了解到区块链的概念时，他们很快意识
到，原生的透明度从根本上违背了他们目前的程序，特别是对金
融机构而言。乍一看，私有区块链似乎是显而易见的选择——私
有一词表明，它们可以保持传统的金融交易的完全隐私。但事实
则更为复杂。

透明度是大多数区块链的本源，包括私人区块链。但如果我
们认为私有区块链是隐私的同义词，或者将公共区块链等同于缺
乏隐私，那就错了。相反，有一些技术解决方案，允许用户保持
他们的交易被掩盖。因此，即使在公共区块链中，透明度和隐私
也是选择。

考虑到这一点，区块链用户必须明白，当他们选择隐私而不
是透明时，他们会发出信号。坚持隐私可能会带来声誉上的损
失。当公司考虑将区块链技术纳入其业务运营时，他们应该考虑
高透明度对其业务的积极潜力。透明度可以增加信任，并有助于

---

① Wei-Tek Tsai, Xiaoying Bai, and Lian Yu, "Design Issues in Permissioned Blockchains for Trusted Computing," 2017 IEEE Symposium on Service-Oriented System Engineering, 6-9 April 2017. ieeexplore.ieee.org/document/7943306/?reload=true, accessed 30 Oct. 2017.

（对商业伙伴、客户和投资者）建立积极的声誉。在现有系统中增加披露功能在概念上可能很复杂，但有了区块链技术，透明是很直接的，而且披露可以不需要任何运营成本。

在未来几年，我们可能会看到提供标识符掩盖功能的私有区块链的实施。尽管这有内在的安全问题和信号效应，但走这条路的高管们面临着有关私人区块链中信息治理的重要问题：谁知道什么？谁来掩盖和解除标识符？谁来控制和监督接下来的协议？至关重要的是，不要以产生不对称信息、逆向选择和道德风险的方式建立私人区块链，否则我们会看到一整套阻碍创新的法规。

我希望高管们能够接受透明度的积极网络效应。修改现有的披露做法是具有挑战性的，而且从历史上看，我们只有在丑闻发生后才会看到有意义的变化。这项新技术的出现是一个独特的机会，让我们重新考虑和接受透明度，并利用一个开放世界的经济利益。

附录：如何访问以太坊区块链

以太坊区块链上的项目与公共地址有关，公共地址是数字和字母的组合。例如，我的公共地址是0xb1f0ab5ba4DBABAACba-71baB7d6bF79D64EE397c。

为了接收付款，我们需要有这样一个地址。例如，通过使用

*MyEtherWallet.com*网站，创建一个地址是很简单的。为了创建一个地址，我们输入一个任意的字符串作为密码。然后，该网站根据这些信息创建一个公共ID和一个私人ID，以及一个包含相关信息的文件：

你的地址：

0x15b71d3db7F17B31e911517252EeE6a7445eA66C

你的私钥：

e36979144c398043f8606a349b01acecc1b8a0ffdb9a5552871-0621434fdb538

请注意，这些信息仅用于说明问题。它不是建议。任何人都不应该使用这一特定信息。我现在可以接收到这个地址的付款；但是，这个地址本身并没有用。也就是说，要进行支付，需要获得一个钱包。一个标准的钱包是Mist，可在github.com/ethereum/mist/releases获得。

我们如何才能获得以太坊网络的原生货币——以太币？至少有三种方法：

（1）我们成为矿工，意味着我们使用我们的计算机参与以太坊区块链的验证活动。如果我们成功创建了交易区块，那么我们就会获得新造的以太币作为内置奖励。然而，成功的挖矿需要专门的计算设备——标准的中央处理器太慢了。

（2）第三方向我们的地址发送以太币，以换取一个现实世界的有价值的物品（例如，我们在Craigslist上出售的婴儿车）。

（3）我们将法定货币（如加元、美元）转换为以太币，并将其发送到这个地址。

关于最后一点，截至目前，将法定货币转换为数字货币是一个多步骤的过程。首先，我们需要在Coinbase、Kraken、Poloniex或QuadrigaCX等加密货币交易所创建一个账户。在这些交易所进行KYC，意味着我们需要通过提供信用卡号码和护照或驾驶执照的扫描件来验证我们的身份。一旦交易所验证了我们的身份，就会创建一个账户，我们可以通过使用信用卡或电汇等方式，以我们的名义向交易所汇款，为其提供资金。不用说，这个过程涉及不可忽略的费用。一旦资金到位，我们就可以在这些加密货币交易所购买以太币或其他数字资产。例如，Coinbase可以瞬间将法币转换为以太币。然而，转换交易还没有在区块链上结算——钱在技术上仍在交易所。因此，如果交易所被黑客攻击或破产，我们的钱就会丢失。为了成为以太坊的真正主人，我们需要将资金从交易所转移出去，并将其发送到一个地址，如上面列出的地址。

Appendix

附　录

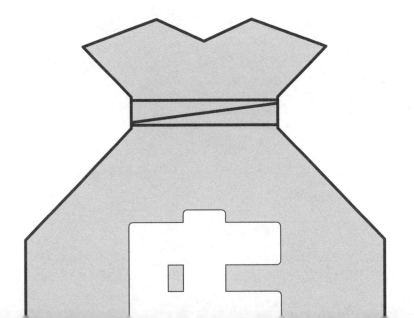

首字母缩写词和缩略词

ABS，新加坡银行协会

ATS，替代交易系统

AML，反洗钱

API，应用编程接口

ASICs，特定应用集成电路

CDFS，普通部门财务系统

CDS，加拿大证券存管机构

CHAPS，清算所自动支付系统，英国的RTGS系统

CLS，最初是指连续联动结算的首字母缩写

COALA，自动化法律应用联盟

CP，中央对手方

CPM，每米成本或每千人成本

CSD，中央证券存管机构

Dapp，去中心化的应用程序

DeFi，去中心化金融

DFMS，部门财务管理系统

DLT，分布式账本技术

DTCC，存管信托和清算公司

ECB，欧洲中央银行

ECO，生态系统代币发行

ECSA，经济空间局

EEA，企业以太坊联盟

ETF，交易所交易基金（Exchange-traded fund）

EVM，以太坊虚拟机

FASt Lane，联邦采购服务（FAS）和综合技术服务（ITS）的混合体

FinCEN，金融犯罪执法网络

FINMA，瑞士金融市场监管局

FX，外汇

GAAP，公认的会计原则

gpi，SWIFT全球支付创新

GPU，图形处理单元

GSA，美国总务管理局

HD，分层决定性的

HTTP，超文本传输协议

ICO，首次代币发行

IP，知识产权

IPFS，星际文件系统

IPO，首次公开募股

ISO，国际标准化组织

JBA，日本银行家协会

KSI，无钥匙签名基础设施

KYC，了解你的客户

Lantmäteriet，瑞典的土地登记机构

LLP，有限责任合伙企业

LoC，信用证

LVTS，大型价值转移系统

MAC，信息验证码

MAS，新加坡金融管理局

MSFO，金融业务月度报表

MTF，多边交易设施

NASD，美国全国证券交易商协会

NGO，非政府组织

nostro，（"我方在贵方的"）账户

OECD，经济合作与发展组织

OTC，场外交易

P2P，点对点

PDF，便携式文件格式

PKI，公钥基础设施

POC，概念验证

PoS，股权证明

PoW，工作证明

PS-GL，薪资系统—总分类账

RAIL，实时资产交换总账

RAIN，实时资产交换网络

RG-GL，库务局—总分类账

RTGS，实时总额结算

SAFE，未来股权的特别协议

SAFT，未来代币的简单协议

SAFTE，未来代币或股权的简单协议

SEC，美国证券交易委员会

SegWit，分离式见证

SMTP，简单邮件传输协议

STO，证券代币发行

SWIFT，全球银行间金融电信协会

TCP/IP，传输控制和互联网协议

TGEs，代币生成事件

TRACE，贸易报告和合规引擎

VC，风险投资或资本家

vostro，（"贵方在我方的"）账户

XML，可扩展标记语言

zk-SNARK，零知识简洁的非交互知识论证

致谢

　　如果没有几十个人的贡献，这本书是不可能完成的。特别是，我们感谢那些正在塑造这个新产业的行业专家和企业家，他们慷慨地同意接受采访：ConsenSys 的 Joseph Lubin、Collin Myers 和 James Beck；MakerDAO 的 Rune Christensen 和 Greg Di Prisco；Winklevoss Capital Management 的 Tyler 和 Cameron Winklevoss；Morgan Creek Digital 的 Anthony Pompliano；CoinShares 的 Meltem Demirors；Props 的 Adi Sideman；Abra 的 Bill Barhydt；Messari 的 Ryan Selkis；Cosmos 和 Tendermint 的 Ethan Buchman；企业以太坊联盟的 Ron Resnick；微软的 Marley Gray；康奈尔大学的 Emin Gün Sirer；Brave 的 Brendan Eich、Kraken；数字资产交易所的 Marco Santori（原 Cooley LLP）；BraveNew 的 Lucian Tarnowski；埃森哲的 David Treat；SWIFT 实验室的 Damien Vanderveken；经济空间局的 Akseli Virtanen；Mediachain 的 Jesse Walden；以及 DTCC 的 Starkema Saunders、Jennifer Peve、Michael McClain、Daniel Thieke 和 Theresa Paraschac。

　　感谢区块链研究所的杰出研究人员，包括 Michael Casey、Primavera De Filippi、Andreas Park、Rachel Robinson、Bob Tapscott、Joel Telpner、Anthony Williams 等，他们的工作是本书

的基础。特别感谢CM Crypto Capital的Charlie Morris的反馈。

任何作家都知道一个优秀编辑的重要性。我们很感激拥有业内最好的编辑之一。区块链研究所的主编Kirsten Sandberg为BRI出版的每篇内容提供了结构、清晰度和叙事要旨。我们的整个编辑团队是推动我们内容的引擎，这包括多伦多的巴罗书店和上海的东方出版中心的团队，我们对他们所作的一切表示感谢。

感谢我们研究所的成员的持续参与：埃森哲、怡安、加拿大银行、加拿大贝尔公司、BioLife、BPC银行技术公司、Brightline Initiative、Capgemini、加拿大帝国商业银行、Centrica、Cimcorp、思科系统公司、多伦多市、可口可乐公司、德勤公司、达美航空公司、Depository Trust & Clearing Corporation、ExxonMobil Global Service Company、FedEx Corporate Services、Fujitsu、安大略省政府、Gowling WLG、Huobi、IBM、ICICI Bank、INSEAD、Institute on Governance、Interac、Intuit、ISED Canada、JumpStart、毕马威、Loblaw Companies、Manulife、微软、MKS（瑞士）SA、Moog、Nasdaq、Navigator、安大略省卫生和长期护理部、Orange、菲利普·莫里斯国际管理公司、宝洁公司、百事公司、PNC银行、Reliance Industries、Revenu Québec、Salesforce、SAP SE、Tata Consultancy Services、Teck Resources、腾讯、汤森路透、TMX Group、阿肯色大学、大学卫生网络、得克萨斯大学达拉斯分校和WISeKey。

感谢我们的先锋成员：Access Copyright、Aion、Artlery、Attest、区块链专家、Bloq、CarbonX、Cosmos、Decentral Inc.、EVRYTHNG、Huobi、Jumpstart、列支敦士登加密资产交易所、LongHash、Medicalchain、Navigator Ltd.、NEM基金会、Numeracle、Paycase Financial、Permanchain Technologies Inc.、Polymath、SGInnovate、斯莱恩公司、太空链公司、斯威特布里奇公司、泰洛斯基金会、威瑞菲公司和YouBase公司。

最后，感谢我们的附属机构：阿拉斯特里亚（Alastria）、区块链运输联盟（Blockchain in Transport Alliance）、南京区块链研究所（Blockchain Research Institute Nanjing）、数字商会（Chamber of Digital Commerce）、自动化法律应用联盟（Coalition of Automated Legal Applications）、企业以太坊联盟（Enterprise Ethereum Alliance）、医疗信息与管理系统协会（Healthcare Information and Management Systems Society）、Linux基金会托管的Hyperledger，以及伊利诺伊商会。

关于区块链研究所

区块链研究所由唐·塔普斯科特（Don Tapscott）和亚历克斯·塔普斯科特（Alex Tapscott）于2017年共同创立，是一个独立的全球智囊团，成立的目的是帮助实现数字经济的新承诺。几年来，我们一直在调查区块链技术对商业、政府和社会的变革性和颠覆性潜力。

我们的联合研究计划由主要企业和政府机构资助，旨在填补全球对区块链协议、应用和生态系统及其对企业领导人、供应链和行业的战略影响的巨大差距。可交付的成果包括灯塔案例、大概念白皮书、研究简报、圆桌会议报告、信息图表、视频和网络研讨会。

我们的全球区块链专家团队致力于探索、理解、记录和告知领导者这一新生技术的市场机会和实施挑战。研究领域包括金融服务、制造业、零售业、能源和资源、技术、媒体、电信、医疗保健和政府以及组织的管理、公司的转型和创新的监管。我们还探讨区块链在物联网、机器人和自动化机器、人工智能和机器学习以及其他新兴技术中的潜在作用。

我们的研究结果最初是属于我们的成员的，最终以知识共享许可的方式发布，以帮助实现我们的使命。要了解更多信息，请访问 www.blockchainresearchinstitute.org。

关于撰稿人

迈克尔·凯西

迈克尔·凯西是CoinDesk的首席内容官，CoinDesk是区块链和数字资产社区新闻、事件编程和研究的领先提供商。他还是Streambed Media的董事长和联合创始人，Streambed Media是一个早期视频制作和技术平台，旨在优化数字媒体行业的资本形成和创意产出。另外，他还担任麻省理工学院媒体实验室数字货币计划的高级顾问，是柯廷大学文化与技术中心的兼职教授。在2015年年中之前，凯西一直是《华尔街日报》报道全球金融的高级专栏作家，这是他20年平面新闻生涯的顶峰。他还为《华尔街日报》现场主持在线电视节目，并出现在各种网络上，包括CNBC、CNN、Fox Business和BBC。凯西经常就数字创新、全球化以及媒体和金钱的未来等话题发表演讲。他曾是推动、经历或面对数字化转型的初创企业和大型企业的顾问和咨询师。凯西名下有5本畅销书，包括《真理机器：区块链与万物的未来》和《加密货币时代：比特币和数字货币如何挑战全球经济秩序》，这两本书都是与保罗·维格纳合著的。凯西是澳大利亚珀斯人，毕业于西澳大利亚大学，拥有康奈尔大学和柯廷大学的高等学位。

亚历克西斯·科隆博

亚历克西斯·科隆博（Alexis Collomb）于2011年加入国家艺术与职业学院（CNAM），曾负责资本市场和企业融资方向的金融硕士课程，现负责CNAM的经济金融保险和银行部门，同时也是总部位于巴黎的ILB智囊团的区块链视角联合研究计划的科学联合主任。亚历克西斯在纽约的Donaldson, Lufkin & Jenrette开始了他的投资银行生涯。后来他加入了伦敦的花旗集团，最初担任股票衍生品策略师，后来担任跨资产策略师。他最初是一名电信工程师和计算机科学家，还拥有工程经济系统的硕士学位和斯坦福大学的管理科学博士学位，他是该大学系统优化实验室的成员。除了创新融资，他目前的研究重点是加密经济学、智能合约，以及分布式账本技术如何影响金融世界——特别是交易后的基础设施和保险业。作为一个经验丰富的初创企业顾问，他目前担任各种董事会职务，并且是LabEx Refi科学委员会的成员，这是一个专注于金融监管的欧洲研究小组。

普里马韦拉·德·菲利皮

普里马韦拉·德·菲利皮（Primavera De Filippi）是巴黎国家科学研究中心的研究员，也是哈佛大学Berkman Klein互联网与社会中心的副教授。她是世界经济论坛区块链技术全球未来委员会的成员，也是互联网治理论坛区块链技术动态联盟COALA

的创始人。2018年，哈佛大学出版社出版了她与Aaron Wright合写的《区块链与法律》一书。

安德烈亚斯·帕克

安德烈亚斯·帕克（Andreas Park）是多伦多大学的金融学副教授，被任命为罗特曼管理学院、管理和创新研究所以及密西沙加大学管理系的教授。他目前在罗特曼的金融创新实验室FinHub担任研究主任，他是多伦多大学区块链研究实验室LedgerHub的联合创始人，也是创造性破坏实验室的区块链实验室经济学家。帕克教授关于区块链、金融技术和金融市场交易的课程，他目前的研究重点是技术转型的经济影响，如区块链技术。他的作品发表在经济学和金融学的顶级期刊上，包括《计量经济学》《金融杂志》《金融经济学杂志》和《金融与定量分析杂志》。

克拉拉·索克

克拉拉·索克（Klara Sok）是法国国立科学技术与管理学院（Conservatoire National des Arts et Métiers）在Lirsa和Dicen-IdF研究中心的社会科学研究员。她是跨学科区块链视角联合研究计划的创始成员，并正在准备她关于区块链和加密货币的博士论文。克拉拉对引入比特币和其他基于区块链的信息和通信技术作为现有传统系统的替代品所产生的社会经济和组织变化感兴趣，即对金融服务行业感兴趣。她的研究质疑区块链如何通过其自动化可信信息流和以潜在的对立方式公开价值转移过程的能力，融入一个通用技术类别，这反过来又能使金融中介过程顺利进行，并逐步推动经济进一步增长。克拉拉正在共同开发OpenResearch——一个基于区块链的开放式同行评审平台。在担任波士顿咨询集团的组织分析师之后，克拉拉在爱德蒙罗斯柴尔德资产管理公司（Edmond de Rothschild Asset Management）担任了几年的亚洲新兴股票投资组合经理。她还曾在柬埔寨为联合国（贸发会议、妇发基金）、世界银行（国际金融公司）和世界经济论坛担任顾问。克拉拉毕业于奥登西亚商学院，并拥有巴黎政治学院的组织社会学硕士学位。

亚历克斯·塔普斯科特

亚历克斯·塔普斯科特是全球公认的作家、演讲者、投资者和顾问，专注于新兴技术对商业、社会和政府的影响，如区块链和加密货币。他与唐·塔普斯科特合著的《区块链革命：比特币底层技术如何改变货币、商业和世界》已被翻译成超过15种语言的版本。他在TedX旧金山的演讲"区块链正在吞噬华尔街"，播放量超68.1万次。[①] 2017年，亚历克斯共同创立了区块

---

① Alex Tapscott, "Blockchain Is Eating Wall Street," Presentation, TEDx San Francisco, 6 Oct. 2016, Video published by TED Talks, *YouTube.com*, 26 Oct. 2016. www.youtube.com/watch?v=WnEYakUxsHU, accessed 9 Aug. 2019.

链研究所，这是一个价值数百万美元的智囊团，正在调查区块链战略、机会和使用案例。他还（与唐·塔普斯科特）获得了数字思维奖，这是 Thinkers 50 的杰出成就奖之一。[1] 在此之前，亚历克斯是加拿大最大的独立投资银行 Canaccord Genuity 的高管。亚历克斯是阿默斯特学院的毕业生（成绩优异），是区块链项目和一些加密资产的积极投资者。在本书中提到，他拥有比特币、以太坊、ATOMs 和 Zcash，以及 Facebook、亚马逊、苹果和谷歌的股票。

鲍勃·塔普斯科特

鲍勃·塔普斯科特（Bob Tapscott）是一位公认的信息技术战略家、作家和演讲者，他在人工智能、金融科技和区块链等主题的会议上发表过重要讲话。鲍勃拥有成功领导大型国际软件项目方面的背景，不仅包括典型的技术设计和开发，还包括交付、衡量和提高公司整体绩效所需的培训、组织重组和工作流重新设计。作为副总裁或首席信息官，鲍勃曾领导花旗银行、汇丰银行和加拿大其他 Schedule II 银行的技术工作。最近，鲍勃担任了许多组织的作者、顾问，包括 SAP 的主数据管理、摩根大通的衍生品、VMware 和 DIRECTV 的战略。在 Jeppesen（现在是一家

---

[1] "Distinguished Achievement Awards 2017," *Thinkers50,* Thinkers50 Ltd., n.d. thinkers50.com/t50-awards/awards-2017, accessed 8 Sept. 2019.

波音公司），他设计了一个系统，为世界上大多数商用飞机（包括波音和空客）提供方向指示。他在支付管理方面的经验包括为多家加拿大银行运行清算和结算系统，以及成为加拿大支付前体（加拿大劳埃德银行和汇丰银行的加拿大支付协会）的董事会成员。

王芬妮

王芬妮是一位律师出身的区块链领域的企业家，在联合国儿童基金会（UNICEF）的首个区块链投资项目ixo网络（ixo Network）领导战略、法律和合作关系。ixo网络是一个以区块链为动力的平台，用于收集、验证和标记任何项目的影响数据，这些数据可以被货币化、共享或交易。王芬妮是一名美国合格的证券律师，曾为美国著名律师事务所WilmerHale和Latham & Watkins在纽约和伦敦从事证券辩护（包括SEC调查）和国际资本市场业务。在不从事ixo工作时，她参与了新兴代币经济的法律宣传，特别是通过她在COALA（区块链和法律领域的跨学科政策小组）担任工作组协调员的工作。她的职业生涯始于摩根大通的高收益研究分析师。她在乌干达创立了一家非营利法律服务机构。她拥有哥伦比亚大学的法律学位，曾是哈兰·菲斯克·斯通（Harlan Fiske Stone）的学者，并以优异的成绩获得伯克利大学的商业和法律研究学位。

安东尼·D. 威廉姆斯

安东尼·威廉姆斯是 DEEP Centre 的共同创始人和总裁，是国际公认的商业和社会数字革命、创新和创造力权威。他是开创性畅销书《维基百科：大众协作如何改变一切》及其续作《宏观维基百科：一个连接星球的新解决方案》的合著者（与唐·塔普斯科特合著）。除目前任命外，安东尼还是马尔克尔基金会美国经济未来倡议的专家顾问、布鲁塞尔里斯本理事会和渥太华治理研究所高级研究员、巴西自由教育项目——一项国家战略，使200万巴西人具备21世纪劳动力所需的技能——的首席顾问。他的技术和创新工作已在《赫芬顿邮报》《哈佛商业评论》和《环球邮报》等刊物上发表。